복 있는 사람

오직 여호와의 율법을 즐거워하여 그 율법을 주야로 묵상하는 자로다.
저는 시냇가에 심은 나무가 시절을 좇아 과실을 맺으며 그 잎사귀가 마르지 아니함 같으니
그 행사가 다 형통하리로다. (시편 1:2-3)

신학생 시절에 읽은 마틴 로이드 존스의 『설교와 설교자』는 젊은 가슴에 영광스러운 설교 사역에 대한 열정을 지펴 주었다. 그로부터 30여 년이 지난 후 출간되는 김영봉 목사의 『설교자의 일주일』이 다시 그 불길을 불러일으킨다. 내가 그동안 생각해 온 좋은 설교자상의 구체적인 모습과 일상이 고스란히 담긴 책을 만나니 반갑기 그지없다. 언젠가 같은 주제로 글을 쓴다면 꼭 해주고 싶은 말을 내가 도저히 할 수 없는 탁월한 방식으로 저자가 대신 해주었다는 사실에 시샘이 나면서도 감사한 마음이 든다. 단순히 설교의 이론을 제시한 것이 아니라, 오랜 목회와 설교 사역에서 체득한 풍부한 지식과 통찰과 지혜로 설교 사역 전반에 걸쳐 세밀한 부분까지 꼼꼼하게 짚어 주는 저자의 섬세함이 돋보인다. 교회 성장과 목회 성공이라는 목적을 이루기 위해 설교를 도구화하려는 이들에게는 이 책이 큰 도움이 되지 않을 것이다. 그러나 그리스도를 사랑하며 복음의 영광과 능력에 사로잡혀 황폐한 이 땅에 성령의 생명수를 흘려보내는 통로가 되기 원하는 설교자들에게는 요긴한 지침서가 될 것이다. 부디 이 책을 통해 무너진 강단의 권위를 회복하며 복음의 영광을 밝히는 새로운 설교자들이 구름떼처럼 일어나기를 소원한다.

박영돈, 고려신학대학원 교의학 교수

하나님의 말씀을 이 땅에 펼치는 설교 사역은 본질적으로 설교자의 몸부림을 통해 이루어진다. 성경을 통해 오늘도 말씀하시는 하나님의 계시의 말씀을 듣기 위한 몸부림, 삶의 현장과 사람들의 마음 깊은 곳의 소리를 듣기 위한 몸부림, 그리고 하나님 앞과 말씀 앞에 나 자신을 먼저 세우기 위한 몸부림, 그것을 통해 설교는 세워진다. 이민 목회 현장에서 설교 사역을 감당하고 있는 저자의 이러한 몸부림의 진솔한 이야기를 본서를 통해 들을 수 있게 되어 매우 기쁘다. 수없이 고개를 끄덕이며 그의 몸부림의 발자취를 따라가게 만드는 깊은 매력을 가진 책이다. 이 땅에 하나님의 신비를 더욱 선명하게, 그리고 신실하게 펼쳐 가기를 원하는 모든 설교자에게 일독을 권한다.

김운용, 장로회신학대학교 예배설교학 교수

오래전 부산학원복음화협의회를 섬겼을 때, 청년연합집회를 준비하면서 주 강사 초청 문제로 회의를 했다. 그때 세 분의 목사님이 추천되었는데, 모두 설교를 잘하기로 유명한 분들이었다. 그중 어떤 분을 강사로 모셔야 할지 난감해하고 있는데, 한 목사님이 이런 질문을 던졌다. "그 목사님들의 삶은 어떻습니까?" 결국 그 질문이 최종적으로 강사를 선정하는 기준이 되었다. 회의를 끝내고 나오면서 문득 이런 생각이 들었다. '이제는 삶이 설교여야 하는 시대가 되었구나!'

이 책에서 김영봉 목사가 가장 강조하는 것이 바로 설교자의 삶이다. 이것은 현재 한국 교회, 특히 목회자와 설교자를 향하여 주시는 하나님의 메시지라 여겨진다. 그동안 설교에 대한 책을 여러 권 읽어 보았지만, 이 책만큼 설교와 설교자에 대해 정확하고 적절하게 그러면서 풍성하게 다룬 책을 읽어 보지 못했다. 자신이 알고 있다고 다 잘 전달하는 것은 아니다. 그런데 저자는 자신이 배우고 읽고 실제 설교 사역을 통해 깨우쳤던 내용을 너무도 잘 정리하여 담아내고 있다. 그래서 누구든지 이 책을 쉽게 읽을 수 있을 것이다. 그러나 그 내용의 깊이가 결코 쉽지만은 않다. 이 책은 설교문 작성에 대해서도 너무나 소중한 지혜를 전해 주고 있지만, 단지 설교에 대해서만 다루고 있는 것이 아니라 목회 전반을 다루고 있고, 설교자의 인격과 삶을 다루고 있다. 그 모든 것이 저자의 실제 경험에서 나온 것이기에 읽으면서 마음이 뜨거워졌다. 설교의 본질과 품격을 추구하는 모든 이들에게 이 책을 적극 추천한다.

유기성, 선한목자교회 담임목사

김영봉 목사는 기독교 신앙의 상식을 밋밋하게 읊조리거나 선정적으로 강요하는 것이 아니라, 청중이 알아들을 수 있도록 설교할 줄 아는 설교자다. 그는 이 책에서 설교자의 실존과 설교 행위가 존재론적 깊이에서 하나라는 사실을 예의 필치로 설득력 있게 설파한다. 마틴 로이드 존스의 설교 신학과 결을 같이한다. 목회자 및 신학생들에게 설교 영성의 새로운 지평을 활짝 열어 줄 것으로 기대한다.

정용섭, 대구샘터교회 담임목사

존경받는 신학교 교수와 칭송받는 이민 교회 목회자의 자리를 내려놓고 힘겨운 목양지에서 새로운 사역을 펼쳐가는 저자의 삶 자체는 그 어떤 설교보다 강한 메시지다. 하나님의 관심이 한 편의 설교보다 한 사람의 설교자를 만드는 데 있다는 사실을 저자는 삶과 목회를 통해 보여준다. 본서는 부름받은 설교자란 어떤 사람이고 그가 전해야 할 메시지란 무엇이며 어떤 자세로 강단에 올라야 할지를 한눈에 보여준다. 이 책을 먼저 읽은 것이 나에게는 큰 특권이다. 한국 교회의 많은 설교자들이 그 특권을 꼭 누리기를 바란다.

류응렬, 와싱톤중앙장로교회 담임목사, 전 총신대학교 신학대학원 설교학 교수

설교자의
일주일

설교자의
일주일

김
영
봉

복 있는 사람

설교자의 일주일

2017년 6월 19일 초판 1쇄 발행
2023년 10월 27일 초판 8쇄 발행

지은이 김영봉
펴낸이 박종현

(주) 복 있는 사람
주소 서울특별시 마포구 연남동 246-21(성미산로23길 26-6)
전화 02-723-7183(편집), 7734(영업·마케팅) 팩스 02-723-7184
이메일 hismessage@naver.com
등록 1998년 1월 19일 제1-2280호

ISBN 979-11-7083-044-3 03230

이 도서의 국립중앙도서관 출판예정도서목록(CIP)은
서지정보유통지원시스템 홈페이지(http://seoji.nl.go.kr)와 국가자료공동목록시스템
(http://www.nl.go.kr/kolisnet)에서 이용하실 수 있습니다. (CIP 제어번호: 2017012221)

ⓒ 김영봉 2017

설교자로 형성되는 과정에서 알게 모르게 도움을 주신
모든 영적 길동무들께 이 책을 바칩니다.

설교자가 설교자에게

이 책은 2016년 8월 18일 서울영동교회에서 목회멘토링사역원 주최로 열린 설교 학교에서 강의한 내용을 바탕으로 집필한 것입니다. 강의할 때는 꽤 잘 준비했다고 생각했는데, 막상 책으로 엮기 위해 꼼꼼히 살펴보니 부족한 점이 많았습니다. 부족한 점은 보완하고 잘못된 점은 수정하다 보니 원고 분량이 강의 내용보다 상당히 늘어났습니다.

저는 오래전 아리스토텔레스의 수사학 이론을 처음 접할 때부터 그가 수사학을 보는 틀로 설교를 보기 시작했습니다. 제가 설교학을 전공했다면 아마도 그런 방향으로 연구했을 것입니다. 물론 아리스토텔레스가 다루는 연설과 기독교의 설교는 여러 가지 면에서 차이가 있습니다. 하지만 설득의 노력이라는 점에서 설교는 연설과 같은 성격을 가진다고 할 수 있습니다. 더구나 아리스토텔레스는 연설문 작성과 연설 행위에만 관심하지 않고 연설자의 인격과 성품 그리고 정서적 측면까지 고려합니다. 어릴 때부터 교회 안에서 자라면서 설교자의 설교와 삶의 불일치 문제를 경험해서 그랬는지 몰라도, 저는 그 점에 완전히 설득당했습니다. 그 생각을 마음에만 두고 있었는데, 작년에 '설교자의 일주일'이라는 제목으로 강의 초청을 받고서 그 생각을 정리하여 나누기로 했습니다. 처음 제목이 주어졌을 때 저는 '아, 설교자의 삶 전체를 다루어 달라는 뜻이구나'라고 받아들였습니다.

저는 아직도 설교자로서 만들어지고 있는 과정에 있습니다. 설교자로서 완성될 날은 오지 않을 것입니다. 다만 완성을 향해 나아갈 뿐입니다. 또한 저는 아직도 매 주일 설교 사역을 하고 있는 사람입니다. 그렇기 때문에 이 책은 저 자신에게 부담스럽습니다. 제가 설교학을 전공하여 공부한 사람도 아니고, 설교자로 잘 알려진 사람도 아닙니다. 설교로써 교회를 급성장시킨 사람도 아니고, 주목할 만한 역사를 이루어 낸 사람도 아닙니다. 그런 사람이 이런 글을 쓰는 것은 주제넘는 일입니다. 그런 줄 알면서도 이렇게 일을 저지르고 말았습니다. 헛된 종이 낭비가 되지 않기를 바랄 뿐입니다.

한 가지 믿는 구석은 있습니다. 제가 그동안 설교자로

서 만들어져 왔고 또한 지금도 만들어 가고 있는 과정의 이야기를 나누는 것도 나름 의미가 있을 것이라는 믿음입니다. 저의 글이 마틴 로이드 존스의 『설교와 설교자』를 대신하지는 못할 것입니다. 하지만 위대한 설교자의 조언이 아닌, 그저 그렇고 그런 설교자의 분투하는 이야기가 오히려 더 가까이 와닿을 수 있습니다. 나보다 멀리 앞서가는 사람은 따라갈 엄두가 나지 않지만, 옆에서 보조를 맞추면서 함께 가는 사람이 있다면 큰 힘이 될 수 있습니다.

또한 제가 그동안 섬긴 교회들을 생각하니 다양한 상황에 있는 독자들에게 다가갈 만한 여러 가지 경험이 제게 있겠다 싶었습니다. 저는 제 고향 당진에 있는 전형적 시골 교회에서 모태신앙인으로 자랐습니다. 청소년 시기에 인천으로 유학을 가서는 꽤 큰 교회에 다녔고, 청년 시절에는 대전에서 역사 깊은 중형 교회에 다녔습니다. 신학을 공부하고 나서는 파주와 서울에서, 그리고 미국 댈러스와 캐나다 해밀턴에서 교육전도사로 섬겼습니다. 개척 단계를 막 벗어난 소형 교회들이었습니다. 그러다가 삼십 대 중반에 토론토 강림교회를 담임으로 섬기기 시작했습니다. 이미 교회로 모이고 있던 30여 성도들과 개척을 한 셈이었습니다. 저로서는 첫 단독 목회였기에 정열을 쏟아부었고 짧은 기간에 성장을 경험했습니다. 그러던 중에 협성대학교의 부름을 받아 귀국했습니다. 밀월 기간을 다 마치지 못하고 헤어진 셈입니다.

　　10년 동안의 교수 사역을 마감하고 섬기게 된 두 번째 교회는 미국 뉴저지에 있는 백인 교회였습니다. 1980년대 전성기 이후로 점진적인 쇠퇴 과정을 밟고 있던 교회로 파송을 받아 2년 동안 섬겼습니다. 많으면 50명, 적으면 20명 정도가 모였습니다. 세 번째 목회지는 워싱턴 DC와 근접해 있는 와싱톤한인교회였습니다. 동부에 있는 이민 교회 중에서 가장 오래된 교회 중 하나였고, 역사적 배경과 지리적 위치 때문에 지식층 교인들이 중심이었습니다. 이민 교회로는 대형 교회에 속했습니다. 그곳에서 11년 동안 섬기다가 2016년 7월부터 버지니아 지역의 작은 교회(와싱톤사귐의교회)를 섬기고 있습니다. 이곳이 제 사역의 종착지가 되지 않을까 싶습니다.

　　지금 돌아보니 저의 교회 이력이 참 다채롭습니다. 시골 교회와 도시 교회, 개척 교회와 전통 있는 교회, 소형 교회와 중형 교회와 대형 교회, 그리고 한국 교회와 이민 교회를 모두 거쳐 왔습니다. 일찍부터 떠돌이 생활을 했기 때문에 그렇습니다. 한국에서 담임목회를 한 경험은 없지만 교직에 몸담으면서 부지런히 교회 사역에 힘썼고, 소속 목사로서 현장 목회에도 활발하게 참여했습니다. 또한 교인으로 자라면서 경험하고 관찰한 것들이 많습니다. 이러한 다양한 이력 때문에 독자가 어떤 상황에 있든 소통할 수 있는 공유점이 제게 있을 것 같습니다.

제가 신학 공부를 시작하고 나서 처음 고향 교회에서 설교를 했던 날이 기억납니다. 주일 저녁예배 강단에서 설교를 했습니다. 저를 키워 준 고향 어른들 앞에서 설교하는 것은 아주 큰 부담이었습니다. 게다가 그중에는 부모님도 계셨습니다. 어머니는 제가 목사의 길을 가게 된 것을 가장 큰 복으로 여기고 감사하셨습니다만, 아버지는 항상 높은 기준을 지키며 사신 분이셔서 처음에는 저의 뜻에 반대하셨습니다. 목회자로서의 소명을 감당하는 것이 쉽지 않다는 것을 아셨기 때문입니다. 예배를 마치고 밤길을 걸어 집으로 돌아오는데, 아무 말씀없이 가시던 아버지께서 불쑥 질문을 던지셨습니다. "느낌이 어떠냐?" 저는 "아직도 떨리네요"라고 대답했습니다. 그러자 아버지께서는 "그러면 됐다. 평생 떨리는 마음만 지키면 된다" 하고 말씀하셨습니다.

그 이후로 지금까지 그 말씀을 지키려고 애써 왔습니다. 내가 선포하는 것이 하나님의 말씀이라는 사실, 내가 선 자리가 거룩한 강단이라는 사실, 내가 마주한 사람들이 하나님의 거룩한 백성이라는 사실, 그리고 이 설교 하나로 인해 누군가는 영원한 운명이 갈릴 수 있다는 사실을 생각하면 두렵고 떨립니다. 도대체 누가 이토록 무거운 사명을 감당할 수 있겠습니까? 이런 자리에 세워진 자가 어찌 함부로 말하겠습니까? 물론 나는 단지 성령의 도구로 쓰임받는 것이지만, 그렇더라도 내가 할 수 있는 최선을 다한 후에 그 자리에 서는 것이 맞습니다. 최선의 준비를 하고 나서 그 자리에 서도 두렵고 떨립니다. 하나님께서 이루실 일들을 기대하면 더욱 그렇습니다. 이 책을 통해 그 마음을 전할 수 있기를 소망합니다.

평생을 설교자로 산 사람에게 하나님께서 무엇을 기대하실까요? 얼마나 교회를 키웠는지를 물으실까요? 얼마나 인정받았는지를 물으실까요? 아닙니다. 얼마나 부르심에 성실했는지를 물으실 것입니다. 끝까지 두렵고 떨림으로 사명에 임했는지를 물으실 것입니다. 부디, 남은 저의 설교 사역 기간 동안 그렇게 완주했으면 좋겠습니다. 그런 다짐과 약속으로 이 책을 세상에 내놓습니다.

이런 계기에 제가 설교자로 형성되는 과정에서 중요한 역할을 해주신 분들에 대한 감사의 마음을 표하는 것도 적절하겠다 싶습니다. 제 머릿속에 남아 있는 가장 오래전 목사님에 대한 기억은 제 고향 교회를 섬기셨던 고 이성구 목사님이십니다. 지병으로 일찍 세상을 떠나셔서 그분과의 만남에 대한 기억은 없습니다. 하지만 교회에서 맑은 미소로 우리를 맞아 주시던 그분의 이미지는 지금도 선명합니다. '성자'라는 단어를 들으면 그분의 모습이 생각납니다. 그분에게서 풍기던 순결하고 평화롭고 따뜻하고 부드러운 분위기 때문입니다. 그 모습이 저의 이상이 되어 있었습니다. 지금 제 나이가 제가 그분을 만났을 때보다 훨씬 많은데, 아직도 그분에게서 느꼈던 거룩함의 모습에 가까이 이르지 못한 것 같아서 안타깝습니다.

본문에서도 언급하겠지만, 저는 새문안교회를 섬기셨던 고 김동익 목사님에게 가장 많은 영향을 받았습니다. 개인적으로 만난 적은 없습니다. 신학생 시절, 저는 시간을 만들어 그분의 설교를 들으러 찾아다녔습니다. 그분의 설교집도 탐독했습니다. 특히 하나의 주제를 깊이 파고드는 그분의 설교 방식에 끌렸고 정확한 발음과 전달 노력에 대해서도 경탄하며 배웠던 것 같습니다. 결혼하여 장인으로 만나게 된 도건일 목사님(서강교회 원로)에게도 큰 영향을 받았습니다. 목사님은 정서적 터치에 탁월하셨습니다. 설교가 논리만의 문제가 아니라는 사실을 배웠고 목회적 설교의 전형을 보았습니다. 학교에서 신학을 가르칠 때 소속 목사로 섬기면서 뵈었던 김광원 목사님(신풍교회 원로)에게서도 역시 많은 영향을 받았습니다. 특히 설교자로서 높은 기준을 스스로에게 적용하고 철저하게 지키는 모습은 저에게 귀감이 되었습니다. 처음에는 책으로 만났고 10년 가까이 교제를 나누고 있는 이재철 목사님(100주년기념교회 담임) 그리고 와싱톤한인교회에 부임하면서 가까이 보고 배울 수 있었던 조영진 목사님(미국연합감리교회 은퇴감독)에게서는 구도적 삶의 태도를 배워 왔습니다. 조 목사님의 설교에서는 늘 설교자의 일편단심 곧 한 조각 뜨거운 마음이 느껴집니다.

이렇게 보면 에토스는 고 이성구 목사님, 김광원 목사님, 조영진 목사님, 이재철 목사님에게 크게 영향받았고, 파토스에 대해서는 도건일 목사님과 조영진 목사님에게 많은 도움을 받았습니다. 로고스에 있어서는 고 김동익 목사님에게 큰 도움을 받았습니다. 이렇게 다양한 스승들을 통해 저를 구비시켜 주신 하나님께 감사드립니다. 이분들 외에도 이름을 거론하지 않았지만 제가 자라는 동안에 직간접적으로 영향을 주신 분들이 많습니다. 그분들 중 일부는 하나님 품에 가셨고 일부는 아직 우리와 함께 계십니다. 이 지면을 빌려 깊은 감사의 말씀을 드립니다.

마지막으로 저의 생각을 정리하고 나눌 수 있도록 장을 마련해 주신 목회멘토링사역원 김종희 대표님에게 감사드립니다. 또한 하나의 강의가 책으로 완성되기까지 집필을 독려해 주신 복 있는 사람 출판사 박종현 대표님과 원고를 정성껏 편집해 주신 문준호 편집자님에게 감사드립니다. 한국 교회와 하나님 나라에 작은 공헌이 된다면 그분들의 노고에 보답이 될 것입니다. 모든 영광을 주님께 올립니다.

2017년 사순절에

김영봉

차례 _____

1

시작하는 말

설교와 설교자

이 책을 읽을 독자들을 생각하니 마음에 부담감이 밀려옵니다. 많은 분들이 기대감을 가지고 읽으실 텐데, 제가 그 수고와 시간과 에너지를 보상할 만한 도움을 드릴 수 있을지 겁이 납니다. 제가 하는 것이라고 생각하면 부담이 되지만, 성령께서 여러분 각자에게 필요한 것을 주시리라 믿고 마음 편히 하도록 하겠습니다. 아무쪼록 여러분에게 유익한 시간이 되기를 바랍니다.

사랑의 주님, 이 시간 우리에게 맡겨진 설교자로서의 고귀한 소명에 대해 함께 고민하고 씨름하는 시간을 갖게 해주셨습니다. 성령께서 우리 각자를 이 자리로 불러 주신 뜻이 있는 줄로 믿습니다. 사람의 말과 사람의 논리가 무익하다고 하는 것, 저희가 알고 있습니다. 저희가 함께하는 이 시간, 주의 성령께서 역사하여 주셔서 우리 각자에게 주님의 뜻이 이루어지게 하소서. 우리의 사역과 목회 현장과 주님의 교회를 두고 걱정과 고민이 많습니다. 이 현실을 어떻게 감당해야 할지, 어디서부터 어떻게 고쳐야 할지 우리는 알지 못합니다. 그러나 주님, 주님께서는 오늘도 '신실한 소수'를 찾고 계신 줄 믿습니다. 언제나 그랬듯이, 주님께서는 오늘도 그 소수의 남은 자들을 통해서 구원의 역사를 이어 가십니다. 주님, 우리를 인도하여 주시고, 모두들 안 된다고 하는 이 세상 속에서 복음을 믿고 그 복음을 섬기는 신실한 삶으로 우리를 인도하여 주소서. 예수 그리스도의 이름으로 기도합니다. 아멘.

'땜빵' 목회

서문에서도 말했지만 매 주일 설교를 섬기는 사람으로서 설교와 설교자에 대해 말하는 것이 여간 부담스러운 일이 아닙니다. 제가 설교에 대해 정답을 가지고 있지 않기 때문입니다. 또한 설교자로서 저는 계속 변화되어 가고 있는 중입니다. 게다가 설교 사역을 하면 할수록 더 모르겠다는 생각이 커집니다. 제가 교직에서 물러나 목회를 시작할 때는 거창한 포부도 있었고 무언가를 안다는 자신감도 있었습니다. 학교에서 가르치던 것들을 목회 현장에서 실현해 보고 싶은 소망도 있었고, 또 그럴 수 있으리라는 확신도 있었습니다. 그런데 학교를 떠나 지금까지 15년 넘게 설교 사역을 해오면서 그 자신감이 서서히 침식되었습니다. 목회 혹은 설교에 대해 제가 무언가를 알고 있고 무언가를 향해서 가고 있다고 하는 믿음이 점점 약해진 것입니다.

언젠가 어느 후배 목사가 제게 물었습니다. "목회란 무엇이며 어떻게 해야 제대로 하는 것입니까?" 저는 그 물음에 "요즘 저는 그때그때 주어지는 일을 땜질하듯 살아가고 있습니다"라고 대답했습니다. 겸양의 말씀이 아닙니다. 진실로 그렇습니다. 목회에는 정답이 없습니다. "이렇게 하면 된다"는 공식도 없습니다. 마치 그런 것이 있는 듯이 선전하며 목회자들을 끌어모으려는 세미나 광고가 매일 쏟아져 나오고 있지만 그런 것은 없습니다. 스탠리 하우어워스Stanley Hauerwas가 자신의 회고록에서 기독교 신앙을 "정답이 없는 질문을 품고 사는 것"이라고 정의했는데,[1] 저는 목회를 "길이 없는 길을 가는 것"이라고 정의하고 싶습니다. '땜빵 목회'라고 이름 지으면 너무 회의적으로 들리겠지요?

그런데 또 어떻게 보면 땜방 목회가 정답이 아닐까 하는 생각도 듭니다. 헨리 나우웬Henri J. M. Nouwen이 노틀담 대학교에서 가르칠 때 있었던 일화입니다. 그는 아침마다 그날 해야 하거나 하고 싶은 일의 목록을 가지고 학교에 가곤 했는데, 찾아오는 학생과 교수들로 인해 그날 하기로 계획했던 일을 다 마치지 못하는 날이 많았습니다. 그러던 어느 날, 그날도 계속해서 방문하는 사람들 때문에 계획한 일을 반도 이루지 못한 채 일과를 마치고 축 처져서 교정을 걷고 있는데, 동료 교수 한 사람이 툭 치면서 "헨리, 왜 그렇게 시무룩해 있어?" 하고 묻습니다. 그가 "어휴, 오늘 내 계획이 있었는데 찾아오는 사람들 때문에 절반도 하지 못했어" 하고 대답하자, 그 교수가 다음과 같이 말합니다. "헨리, 우리가 하는 일의 핵심은 방해받는 거야. 나 자신을 열어 놓고, 내가 필요한 사람들에게 내 시간을 나누어 주는 것이지. 그러니 방해받았다고 생각하지 말고, 오늘도 이만큼 일했다고 생각하면 되지 않을까?"

영어 표현 가운데 이런 말이 있습니다. "Availability is more important than ability." 능력이 뛰어난 것보다 자신을 열고 사람들이 자신을 사용할 수 있도록 자신을 내어 주는 것이 더 중요하다는 뜻입니다. 우리는 보통 목회나 설교에 정답이 있거나 공식이 있어서 그것을 따라가고 행하면 되는 것처럼 생각합니다만, 저는 그동안 목회와 설교 사역을 해오면서 정답은 없다는 생각에 이르렀고, 그때그때 우리에게 주어진 일들에 신실하게 응답하는 것이 더 중요하다는 결론에 이르렀습니다. 그래서 땜방 목회가 정답이 아닌가 생각하는 것입니다. 그렇다고 해서 제가 아무런 계획도 없이 목회한다고 오해하지는 마시기 바랍니다. 계획도 있고 방향도 있으며 원칙도 있습니다. 다만, 이미 세워진 계획과 원칙과 방향보다 매일매일 발생하는 목회적 필요를 더 중요하게 여기고 살아간다는 뜻입니다.

바른 말씀과 들을 귀

지난 2016년 7월, 저는 11년 동안 사역하던 교회에서 떠났습니다. 제가 그동안 사역하던 교회에서 10년 전에 지교회를 냈고 향후 독립 교회로 세워 줄 계획을 가지고 있었는데, 여러 가지 어려움을 겪으면서 영적으로 깊은 침체를 겪게 되었습니다. 작년에 그 교회는 실패를 선언하고 문을 닫느냐 아니면 특단의 조치를 취해야 하느냐의 기로에 섰습니다. 그래서 많은 기도와 분별 끝에 지교회를 독립시키고 제가 담임을 맡아 나온 것입니다. 제가 맡으면 잘될 것이라고 생각해서가 아닙니다. 저를 믿고 9년 동안 헌신한 교우들에게 목사로서 책임을 져야 한다고 생각했습니다. 교회 문을 닫아도 처음 시작한 제가 닫아야 한다고 생각했습니다.

새로운 목회 현장에 서니 저의 설교가 달라지는 것을 경험하고 있습니다. 설교는 목회자 자신의 영성과 능력과 취향과 배경에 따라서 달라질 수 있습니다. 하지만 어떤 회중을 대하느냐에 따라서도 설교는 달라지게 되어 있고 또한 달라져야 합니다. 제가 지난 11년 동안 섬기던 교회 교인들은 안정된 삶을 살고 있고 지적 수준도 꽤 높은 편이었습니다. 세계의 중심인 워싱턴 DC가 가까이 있으니 당연한 일입니다. 그래서 그 교회에서 설교하면서 제가 주로 관심을 가졌던 것은 교인들을 흔드는 일이었습니다. '어떻게 하면 안정된 삶을 누리고 있는 분들을 흔들 수 있을까' 하는 것이 주된 관심사였습니다.

새로운 목회 현장에 나가 교우들을 심방하면서 삶의 형편을 깊이 들여다보니 그동안 섬겼던 교인들과는 많이 다른 상황 속에 살고 있었습니다. 사오십 대 교우들이 중심을 이루고 있는데, 미국 사회에 뿌리내리기 위해 열심히 일하는 사람들입니다. 아직 경제적으로 안정되지 않은 분들이 많습니다. 다수의 교인들이 매달 적자를 보지 않고 가정과 직장을 이끌어 가기 위해 힘쓰고 있습니다. 그런 모습을 보고서 이분들에게는 위로하고 격려하는 것이 더 중요하겠다는 생각을 했습니다.

미국의 저널리스트이자 유머 작가였던 핀리 피터 던Finley Peter Dunne이 했던 말 중에 유명한 표현이 있습니다. 저널리즘의 사명은 "고통받는 사람들을 위로하고, 안정된 사람들을 흔드는 것"Comfort the afflicted and afflict the comfortable이라는 말입니다. 이것을 설교에 적용하면, 이 두 가지야말로 설교가 갖추어야 할 중요한 초점입니다. 따라서 우리의 회중이 누구이며 어떠한 상황 속에 사느냐에 따라 설교는 달라져야 하는 것입니다.

아마 여러분이 대면하고 있는 회중은 저마다 제각각일 것입니다. 어떤 분들은 서울 혹은 도시에서 젊은 직장인들을 대상으로 할 수도 있고, 교육 수준도 낮고 생활 형편도 좋지 않은 분들 앞에서 설교하는 분들도 계실 것입니다. 저도 제 고향 교회를 알고 있기에 시골 교회에서 목회하는 것이 어떤 것인지 어느 정도는 알고 있습니다. 매 주일 강단에 설 때마다 전심 전력해서 말씀을 준비하려는 의욕을 내는 것 자체가 큰 도전입니다. 그런 상황 속에서는 자칫 잘못하면 별 긴장감 없이 때우는 식으로 갈 위험이 있습니다. 얼마 되지 않는 똑같은 사람들을 오 년, 십 년 혹은 이십 년 계속 만나야 하는 상황에서는 매 주일 긴장감을 가지고 말씀을 준비하기 위해 노력하는 것이 쉽지 않습니다. 그런 마음 자세를 유지하는 것 자체가 어려운 싸움입니다.

제가 오래전에 겪은 이야기입니다. 학교에서 신학을 가르치는 사역을 시작한 지 일이 년쯤 되었을 때, 저와 함께 신학을 공부하고 천안에 있는 교회에서 사역 중인 목사님이 저를 부흥회에 초청했습니다. 신학 교수를 부흥회에 초청하는 것은 흔한 일이 아닌데, 무슨 이유에서인지 그분이 초청해 주셨습니다. 그래서 저도 나름 열심히 준비해서 갔습니다. 첫 예배를 드리기 전에 어느 권사님 부부께서 집으로 식사 초대를 하셨습니다. 그분 댁에서 마주 앉아 식사를 하면서 속으로 '이거 큰일 났다'고 생각했습니다. 그분들이 사는 모습이나 수준을 보니, 제가 준비한 말씀이 적절하지 않을 것 같았습니다. 만일 이런 분들이 이 교회의 주된 구성원이라면 세 번의 집회를 어떻게 지속해 나가겠나 싶었습니다. 제 말씀이 허공을 치는 이야기가 될지도 모른다고 생각하니 덜컥 겁이 났습니다.

식사를 마치고 숙소에 가서 준비하다가 고향에 계신 어머니께 전화를 드렸습니다. "어머니, 제가 지금 집회에 왔는데 기도해 주세요"라고 부탁드렸습니다. 그러면서 어머니께 제 걱정을 말씀드렸습니다. "어머니, 아무래도 제가 이 교회의 교인들에게 맞는 말씀을 준비하지 못한 것 같아서 걱정입니다." 그랬더니 어머니께서 저의 생각을 깨뜨리는 말씀을 하셨습니다. "나이 들고 무식해도 듣는 귀는 있다. 걱정 말거라." 그래서 걱정을 내려놓고 부흥회를 섬기게 되었습니다. 다행히도 중도에 부흥회를 접는 일은 일어나지 않았습니다.

나중에야 저는 제 어머니의 말씀에 일리가 있다는 사실을 깨달았습니다. 설교가 지식을 전달하거나 꼭 논리가 필요한 것도 아니며 '듣는 귀'는 누구나 가지고 있습니다. 진리가 담긴 바른 말씀이 전해지면, 그것에 대한 응답은 지식이 있는 사람이나 없는 사람이나 똑같습니다. 오히려 지식이 없는 사람이 알아듣고 반응할 가능성이 더 큽니다. 제가 11년 동안 섬겼던 교회 교인들은 지적 수준이나 업적으로 따지면 대단한 배경을 가진 분들이 많았는데, 그분들이 과연 지식수준이 낮은, 시골에서 하루 종일 밭을 매다가 급하게 씻고 예배당에 와 앉은 분들보다 더 나을까요? 그렇지 않을 수도 있다는 것이 저의 결론이요 경험입니다. 뭔가를 안다는 생각이 진리를 거부하게 만드는 경우를 자주 보아 왔습니다. 예수님의 말씀에 반응한 사람들도 주로 '땅의 사람들' 곧 하층민이었습니다. 율법에 대한 지식이 있고 스스로 똑똑하다고 생각한 사람들은 예수님의 말씀을 거부했습니다. 그래서 주님께서도 "들을 귀 있는 자는 들으라"고 말씀하셨습니다. 바울 사도 역시 인간의 지혜가 하나님의 말씀 앞에서는 어리석음의 원인이 되고 인간의 어리석음이 지혜로움이 된다고 했습니다.

　　그런 점에서 제가 여러분과 나누는 이야기들이 여러분이 어떤 상황에 있든지 공감이 될 수 있으리라 믿습니다. 그런 기대감으로 본론을 시작합니다.

설교란 무엇인가

무엇이 설교가 아닌가

저는 아리스토텔레스가 『수사학』에서 말한 세 가지 영역을 따라 설교에 대해 말씀드리려 합니다. 하지만 그 전에 먼저 설교와 설교자에 관한 이야기를 잠시 드리려고 합니다.

'무엇은 무엇인가?'라는 질문에 답할 때, 뒤집어서 '무엇은 무엇이 아닌가?'라고 질문하는 것이 도움이 될 때가 많습니다. '설교란 무엇인가?'라는 질문에 대해서도 '설교가 아닌 것은 무엇인가?'라고 뒤집어 질문해 보면 정답에 접근하기가 훨씬 쉽습니다.

우선 '강의'는 설교가 아닙니다. 물론 설교가 강의와 유사해 보일 수는 있습니다. 강의하는 것처럼 설교하는 사람들도 있습니다. 제가 교직을 떠나 목회를 시작했을 때, 교우들께서 "목사님 설교는 강의처럼 들립니다"라고 말하곤 했습니다. 제가 설교 중에 정서에만 호소하지 않고 뭔가를 설명하고 가르치려는 면이 강하기 때문에 이런 평가를 들었고 지금도 가끔 듣고 있습니다. 하지만 제가 설교와 강의를 혼동하고 있는 것은 아닙니다. 강의는 기본적으로 지식 전달을 목적으로 합니다. 하지만 설교는 그렇지 않습니다. 지식 전달의 요소가 설교에 포함되어 있지만, 그 자체가 목적은 아닙니다.

그렇다면 설교는 '연설'일까요? 연설의 일종이지만, 정치가의 연설이나 명사의 연설과는 다릅니다. 연설의 형태를 가졌지만 그 내용이 다릅니다. 연설은 그 사람의 철학과 비전을 나누는 것인 반면, 설교는 설교자의 철학과 비전을 나누는 것이 아니라 설교자에게 맡겨진 하나님의 말씀을 나누는 것입니다.

'훈화'는 어떨까요? 젊은 세대는 '훈화'라는 말이 낯설 것입니다. 이것은 도덕적 훈계를 뜻합니다. 어릴 적 교정에서 듣던 교장 선생님의 말씀이 그 예입니다. 나중에 언급할 기회가 있겠습니다만, 한국 교회의 설교는 상당히 훈화적입니다. 교인들을 길들이고, 이렇게 해라 저렇게 해라 하는 식으로 정답을 주고, 윤리적 가르침을 제공하는 설교가 대세입니다. 이것은 한국 교회만의 문제는 아닙니다. 미국 교회도 마찬가지입니다. 그래서 미국 교인들도 설교에서 '레슨'lesson 곧 교훈을 찾습니다. "오늘 레슨이 뭐였느냐?"라고 묻습니다. "어떻게 교회에 다니게 되었는가?" 혹은 "왜 아이들을 교회에 나가게 했는가?" 하고 물으면 이런 대답을 듣습니다. "교회 다녀서 나쁠 게 뭐가 있겠습니까? 교회에서 나쁜 이야기를 하겠습니까? 다 도움이 되는 이야기를 하겠지요. 그래서 아이들을 보냈습니다. 그래서 교회에 나오기 시작했습니다." 어느 정도는 옳은 말입니다. 훈화적 요소나 교훈적 요소가 설교 안에 있습니다. 하지만 훈화와 교훈, 그 이상의 요소가 설교에 있습니다.

설교를 '해설' 혹은 어떤 문제에 대한 '해명'으로 이해하는 경우도 있습니다. 설교를 한 편의 에세이처럼 대하는 사람들도 있습니다. "목사님의 설교는 한 편의 에세이를 읽는 것 같습니다"라는 평가가 과연 좋은 평가일요? 설교 한 편으로 어떤 결과를 얻으려는 지나친 열정을 자제하고 부드럽게 흐름을 이끌어 가는 것이 좋다 할 수 있습니다. 그러나 에세이처럼 "한번 이렇게 생각해 보면 어떨까?"라는 차원에서 멈추면 설교로서 심각한 결함을 가지고 있다 할 수 있습니다. 방향도 없고 결단의 호소도 없이 저자의 생각을 나누는 것에 그친다면 설교라 할 수 없습니다.

설교를 '잔소리' 혹은 '잡담'이라고 생각하는 사람들도 있을까요? 그렇게 생각할 사람도 없고 그렇게 말할 사람도 없지만, 잔소리처럼 설교하는 사람들을 우리는 흔히 볼 수 있습니다. 평신도로 교회를 섬기는 가까운 지인들에게서 가끔 듣는 불평이 있습니다. "우리 목사님은 처음 40분 동안 잔소리만 늘어놓습니다. 손주 이야기, 교회 돌아가는 이야기, 정치 이야기, 드라마 이야기 등으로 잡담을 하다가 마지막 10분을 남기고 간단히 본문 내용을 언급하고 끝냅니다." 회중에 대한 존중심을 잃어버릴 때 이런 사태가 발생합니다. 설교자에게 가장 중요한 것이 회중에 대한 존중심 곧 경외심입니다. 회중을 두렵게 대하는 경외심이 사라지면 설교에 문제가 생깁니다. 설교 중에 하는 잔소리는 회중에 대한 존중심이 사라졌기 때문에 생기는 것입니다. 넋두리로 설교 시간을 채우는 경우도 있습니다. 그것은 회중의 영성을 사막으로 만드는 죄입니다.

그런가 하면 '선동', '선전'으로서의 설교도 있습니다. 목회자들이 교회의 내적 필요에 묶이면 선동, 선전에 기울게 됩니다. 교회의 어떤 문제를 해결하려고 교인들을 몰아가는 수단으로 설교를 오용하는 것입니다. 아마도 잔소리나 넋두리식 설교에 이어 한국 교회 강단을 지배하고 있는 설교 유형일 것입니다. 한국을 방문할 때마다 숙소에서 기독교 계통의 TV 방송에 나오는 설교들을 관심 있게 봅니다. 매 주일 설교 사역을 하고 있는 사람으로서 다른 사람의 설교를 평가하는 것은 참으로 두려운 일이지만, 방송 설교들을 듣고 있다 보면 '참, 해도 해도 너무한다. 어떻게 이렇게 무신경하게 설교할까?'라는 생각이 들 때가 많습니다. 간혹 귀 기울이게 하는 설교도 있습니다만, 대다수는 그렇지 않습니다.

제 부친께서는 말씀을 깊이 사모하시는 분입니다. 어릴 적에 아버지께서 기독교 계통의 라디오 방송을 통해 설교 말씀을 청취하시는 모습을 보고 자랐습니다. 몇 년 전 한국을 방문하여 부친과 함께 지내는데, 세 개나 되는 기독교 방송 TV

채널을 전혀 보지 않으십니다. 그래서 "아버지, 그렇게 말씀을 좋아하시면서 TV 설교는 왜 안 들으세요?" 하고 여쭤봤더니 이렇게 대답하십니다. "들을 거 하나도 없다." 이름 없고 내세울 것 하나 없는 한 촌로가 하는 이야기입니다. 기대감을 가지고 들어 보다가 들을 거 하나도 없다고 결론 내고 뉴스 채널만 보고 계십니다. 물론 다 그렇지는 않을 것입니다. 하지만 다수가 그러니 그렇게 느끼시는 것입니다. 거기에는 여러 가지 이유가 있습니다. 제가 보기에, 그렇게 느끼게 만드는 설교들은 대부분 잔소리, 넋두리, 선동, 선전입니다. 이런 것들은 설교가 아닙니다. 소위 '선교'라는 미명으로 적지 않은 방송비를 들여서 그런 설교를 내보내고 있는데, 과연 그것이 하나님 나라에 유익한 것인지 의문이 듭니다. 방송국에서 잘 선별하여 내보내면 좋은데, 경제적으로 열악하다 보니 방송비를 지급하면 설교의 질에 상관없이 방송을 해주는 실정입니다. 대다수의 방송 설교들이 기독교의 품격을 떨어뜨리는 수준이라는 것은 저만의 생각이 아닙니다.

무엇이 설교인가

1) 복음

어떤 시각에서 보느냐에 따라 설교를 여러 가지 다른 방식으로 정의할 수 있습니다. 저는 신약을 전공했으므로 저의 배경에서 정의를 한다면, 설교는 두 가지 개념에 기초한다고 할 수 있습니다.

첫째는, '유앙겔리온'^{εὐαγγέλιον} 곧 '복음'입니다. 고린도전 서에서 바울 사도가 말합니다.

> 형제들아, 내가 너희에게 전한 복음을 너희에게 알게 하노니 이는 너희가 받은 것이요 또 그 가운데 선 것이라. 너희가 만일 내가 전한 그 말을 굳게 지키고 헛되이 믿지 아니하였으면 그로 말미암아 구원을 받으리라. 내가 받은 것을 먼저 너희에게 전하였노니고전 15:1-3.

여기서 바울은 자신이 전해 받은 것을 고린도 교인들에게 전해 주었다고 강조합니다. '전하다'에 사용된 헬라어 '파라람바노'^{παραλαμβάνω}는 어떤 중요한 전통을 세심하고 정확하게 보존하여 전달하는 행동을 가리킵니다. 바울은 '그렇게' 전해 받은 복음을 '그렇게' 전해 주었습니다. 그 복음의 내용은 예수 그리스도에 관한 소식입니다.

> 이는 성경대로 그리스도께서 우리 죄를 위하여 죽으시고 장사 지낸 바 되셨다가 성경대로 사흘 만에 다시 살아나사 게바에게 보

이시고 후에 열두 제자에게와 고전 15:3-5.

이 말씀에 의하면, 복음의 핵심은 "나사렛 예수는 성경에 예언된 그리스도이시다"라는 것입니다. 그분이 하신 일 그리고 그분에게 일어난 모든 일이 그 사실을 증언합니다. 초대교회는 예수가 그리스도 곧 메시아시라는 사실을 증명하는 사건으로서 특히 네 가지 곧 십자가에서의 죽으심, 무덤에 장사되심, 사흘 만에 죽은 자 가운데서 다시 살아나심, 제자들에게 나타나심을 강조했습니다. 이 네 가지 사건을 성경의 예언에 비추어 보면 예수님이 하나님께서 보내신 구원자임을 알 수 있습니다. 그렇다면 그분의 탄생, 존재, 모든 말씀과 행적이 새롭게 보입니다. 그분은 우리에게 오신 하나님이셨습니다. 그분을 주님으로 영접할 때 하나님의 나라는 우리에게 활짝 열립니다. 죽고 나서 가는 천국이 지금 이 땅에 현실이 됩니다. 그 현실을 경험할 때 우리는 새로운 존재로 변화하고 이 세상에 하나님 나라를 드러냅니다. 그것이 복음입니다.

자유주의 신학 흐름에 큰 영향을 미쳤던 알프레드 루아지Alfred Firmin Loisy가 한 말 중에 지금도 여전히 진실처럼 회자되고 있는 말이 있습니다. "예수는 하나님의 나라를 선포했는데 실제로 나타난 것은 교회였다." 이 말은 또한 "예수는 하나님의 나라를 선포했는데 초대 교회는 예수를 선포했다" 혹은 "예수는 선포자였는데 초대 교회에서 선포의 대상으로 바꾸었다"는 말이 되기도 합니다. 이 모든 말에는 예수님이 전한 복음과 교회가 전하는 복음이 다르다는 전제가 깔려 있습니다.

　　저는 복음서를 전공한 신약학도로서 이 주장에 동의할 수 없습니다. 예수님의 설교의 주제는 하나님 나라였습니다. 그 사실을 부정할 수는 없습니다. 하지만 그분은 단지 하나님 나라의 선포자가 아니었습니다. 그분의 삶과 죽음과 부활을 통해 그 나라를 보게 해주셨습니다. 어떤 사람은 "예수님은 하나님 나라를 설교했는데 초대 교회는 십자가와 부활을 설교했다"고 복음의 왜곡과 단절을 주장합니다. 그것은 왜곡이 아닙니다. 십자가와 부활은 하나님 나라의 표지요 접촉점이요 문입니다. 그러므로 예수님은 하나님 나라를 설교했지만 우리는 예수님을 설교합니다. 그분을 통해 드러난 하나님 나라 그리고 그분을 통해 열린 하나님 나라를 설교하는 것입니다. 이 문제에 대해서는 최근에 출간된 스캇 맥나이트Scot McKnight의 『하나님 나라의 비밀』Kingdom Conspiracy을 참고하기 바랍니다.[2]

　　설교는 복음을 전하는 것입니다. '유앙겔리온'에서 나온 동사가 '유앙겔리조'εὐαγγελίζω입니다. '복음을 전하다'라는 뜻입니다. 복음 곧 예수 그리스도에 관한 기쁜 소식은 듣고 받아들이는 사람을 구원하는 능력입니다. 단순히 깨우침을 주고, 조금 더 지혜로운 삶을 살게 해주고, 삶의 비결을 깨닫게 해주는 정도가 아니라, 영원의 문을 열어 주고 구원하는 능력입니다. 그래서 바울 사도는 이렇게 말합니다.

> 내가 복음을 부끄러워하지 아니하노니 이 복음은 모든 믿는 자에게 구원을 주시는 하나님의 능력이 됨이라. 먼저는 유대인에게요 그리고 헬라인에게로다롬 1:16.

2) 선포

설교의 본질과 관련하여 생각해 보아야 할 두 번째 단어는 '케뤼소'ᵏᵑρύσσω입니다. 이것은 '전도하다, 선포하다'라는 뜻의 동사로, 그 명사형은 '케뤼그마'ᵏᵑρυγμα입니다. 원래 '케뤼소'는 전쟁이 났을 때 전령이 말을 타고 다니면서 "전쟁이 일어났다!" 하고 외치며 다니는 행동 혹은 전쟁이 끝났을 때 승리의 소식을 알리며 다니는 것을 가리키는 말이었습니다. 아주 화급한 소식, 그것에 응답하지 않으면 안 되는, 생과 사를 가르는 절체절명의 메시지가 '케뤼그마'이고 그것을 전하는 행동이 바로 '케뤼소'입니다. 이 소식에 대해 질문하고 토론할 여유가 없습니다. 믿고 받아들이든 거부하든, 둘 중 하나를 선택해야 합니다.

앞에서 본 '유앙겔리온'(복음)이라는 말과 '케뤼그마'(선포)라는 말이 설교의 핵심을 말해 줍니다. 설교는 구원하는 능력인 '유앙겔리온' 곧 복된 소식을 '케뤼소' 곧 선포하는 것입니다. 그 선포를 들은 사람들은 받아들일 것인지 거부할 것인지 선택해야 합니다. 설교 중에 "저, 질문 있습니다" 하고 말하는 것이 허락되지 않는 이유가 여기에 있습니다. 강의나 연설이라면 그럴 여유가 있습니다. 하지만 설교는 일방적인 선포이고 듣는 사람들은 '예스 오어 노'Yes or No로 응답해야 합니다. 그것이 설교입니다.

'케뤼소'와 함께 선포 행위를 가리키는 용어들이 여럿 있습니다. 우선, '증언하다'로 번역되는 '마르투레오'μαρτυρέω라는 단어가 있는데, 직접 체험한 것을 말하는 행위를 가리킵니다. 여기에는 설교자가 설교 가운데 자신이 전하는 대상을 직접 듣거나 보거나 체험해야 한다는 측면이 반영되어 있습니다. '순교자'를 뜻하는 영어 단어 'martyr'가 이 단어에서 유래했다는 사실은 주목할 만합니다. 때로는 자신의 믿음을 지키기 위해 혹은 복음을 전하기 위해 죽음을 마다하지 않았다는 뜻입니다. 복음이 생명보다 크다는 믿음 없이는 그렇게 할 수 없습니다. 설교자는 단에 설 때마다 그처럼 큰 무게를 느껴야 합니다. 복음은 죽음보다 더 공포스러운 운명을 벗겨내는 것이며 생명보다 더 놀라운 선물을 알게 하는 일입니다.

'가르치다'라는 뜻의 '디다스코'διδάσκω도 역시 선포 행위를 가리키는 용어로 사용되었습니다. '케뤼소'가 선포 대상의 화급성을 강조하고 '마르투레오'가 선포 대상의 무게를 강조한다면, '디다스코'는 선포 과정에 초점을 둔 용어라 할 수 있습니다. 마치 교사가 학생에게 그러는 것처럼 설교는 회중을 깨우치고 꼭 알아야 할 중요한 것을 알게 하는 것을 포함합니다.

그 외에도 '레고'λέγω 혹은 '랄레오'λαλέω라는 단어를 사용하기도 했습니다. 둘 다 '말하다'라는 뜻으로, 설교가 근본적으로 '언어 사건'이라는 사실을 가리킵니다. 물론 설교는 단순한 언어 사건이 아닙니다. 그것은 설교자와 회중의 전 존재 안에서 활동하시는 성령의 사건입니다. 성령께서 이 영적 사건을 일으키는 통로로서 자주 그리고 주로 언어가 사용됩니다. 언어는 때로 너무나 한계적이고 무력합니다. 껍데기같이 공허한 언어도 많습니다. 쓰레기처럼 소음과 다름없는 언어 사건도 있습니다. 하지만 때로 언어는 놀라운 능력을 발휘합니다. 침묵과 묵상을 통해 갈고닦은 언어는 수정처럼 빛나고 칼처럼 날카롭습니다. 그렇다면 성령의 손에 들린 언어는 얼마나 더 강력하겠습니까?

설교 혹은 전도와 관련하여 자주 회자되는 성 프란치스코의 말이 있습니다. "때를 얻든지 못 얻든지 말씀을 전하십시오. 필요하다면 말도 사용하십시오." 이것은 곧 삶으로 전도하라는 뜻입니다. 설교와 전도에서 말은 부수적인 도구라는 암시가 여기에 담겨 있습니다. 이렇게 말한 데는 이유가 있습니다.

타락한 수도자들이 빈말로 설교하고 전도하는 것을 은근히 꼬집은 것입니다. 저도 앞으로 그 문제를 다룰 것입니다. 설교자의 언어에 앞서 설교자의 삶이 먼저 준비되어야 합니다. 언어는 설교자의 삶에서 나오는 것입니다. 그러므로 설교자의 삶에 대해 강조하는 것은 꼭 필요한 일입니다. 그렇다고 설교와 전도에서 언어의 중요성을 깎아내려서는 안 됩니다. 삶을 통한 설교와 전도는 언어를 통해 완성되어야 합니다.

3) 당위, 순종 그리고 사랑

이런 점에서 보면 설교는 '당위'입니다. 하지 않으면 안 되는 일이라는 뜻입니다. 예언자 예레미야의 고백이 기억납니다.

> 내가 말할 때마다 외치며 파멸과 멸망을 선포하므로 여호와의 말씀으로 말미암아 내가 종일토록 치욕과 모욕거리가 됨이니이다. 내가 다시는 여호와를 선포하지 아니하며 그의 이름으로 말하지 아니하리라 하면 나의 마음이 불붙는 것 같아서 골수에 사무치니 답답하여 견딜 수 없나이다렘 20:8-9.

예레미야는 하나님의 눈으로 유다 백성을 보았습니다. 지금 그대로 살아갈 경우에 그들이 어떤 운명을 당할지 눈에 보였습니다. 하나님께서는 그의 마음에 불타는 심령을 주셨고 그의 입술에 말씀을 주셨습니다. 그가 전하는 말씀은 유다 백성에게 살길을 보여주는 기쁜 소식이었는데, 유다 백성은 자신들을 괴롭게 하는 소식으로 들었습니다. 그래서 그들은 예레미야를 거부하고 무시하고 따돌리고 박해했으며 때로는 살해하려 했습니다. 그것이 너무도 괴로워서 예레미야는 더 이상 예언을 하지 않기로 결심합니다. 하지만 마치 불을 머금고 있는 것처럼 속이 답답했고 그로 인해 육신도 기력을 잃습니다.

복음의 능력을 제대로 경험한 사람이라면 입을 다물고 있을 수 없습니다. 복음을 알지 못하고 죽음의 그림자 아래서 살아가는 사람들을 볼 때 그들의 영원한 운명을 생각하며 연민의 마음을 느낀다면 복음이 불처럼 속에서 타오를 것입니다. 어떻게든 복음을 전하고 싶은 간절함이 일어날 것입니다. 그것이 바울 사도의 마음속에 있던 간절함의 동력이었습니다.

> 내가 복음을 전할지라도 자랑할 것이 없음은 내가 부득불 할 일임이라. 만일 복음을 전하지 아니하면 내게 화가 있을 것이로다
> 고전 9:16.

"화가 있을 것이다"라는 말은 두 가지로 해석할 수 있습니다. 첫째, 바울은 하나님께서 복음을 전하는 도구로 자신을

부르시고 사명을 주셨음을 믿었습니다. 하나님께서 맡기신 사명을 게을리한다면 화를 면할 수 없다고 생각했습니다. 둘째, 이 말씀은 예레미야의 고백에 비추어 이해할 수도 있습니다. 속에서 불타고 있는 복음에 대해 침묵한다면 그 불이 꺼지거나 그 불로 인해 속이 타 버립니다. 설교자들 중에 복음의 불길이 오래전에 꺼져 버린 사람들이 많습니다. 그것은 설교자에게 일어날 수 있는 가장 큰 재앙입니다. 속에서 복음의 불이 꺼지지 않았던 바울에게 설교는 '하지 않고는 견딜 수 없는' 것이었습니다.

설교는 또한 '순종'입니다. 부활하시고 승천하신 주님께서 복음을 전하도록 명령하셨기 때문입니다. 복음을 전하는 것이 설교의 본질이라는 사실에 대해서는 앞에서 충분히 말씀드렸습니다. 그 명령에 대해서는 우리에게 익숙한 두 가지 본문을 보는 것으로 충분할 것입니다.

예수께서 나아와 말씀하여 이르시되 하늘과 땅의 모든 권세를 내게 주셨으니 그러므로 너희는 가서 모든 민족을 제자로 삼아 아버지와 아들과 성령의 이름으로 세례를 베풀고 내가 너희에게 분부한 모든 것을 가르쳐 지키게 하라. 볼지어다. 내가 세상 끝날까지 너희와 항상 함께 있으리라 하시니라 마 28:18-20.

오직 성령이 너희에게 임하시면 너희가 권능을 받고 예루살렘과 온 유대와 사마리아와 땅 끝까지 이르러 내 증인이 되리라 하시니라행 1:8.

마태복음의 명령에서는 '디다스코'가르치다라는 단어가 사용되었고, 사도행전의 명령에서는 '마르투스'증인라는 단어가 사용되었습니다. 앞에서 보았듯이, 이 두 단어는 복음을 전하는 행동의 서로 다른 차원을 강조하는 말입니다. 부모를 사랑하는 사람이 부모의 유언을 각별하게 지키는 것처럼, 주님의 은혜를 아는 사람이라면 그분의 유언을 지켜야 합니다.

사실, 주님의 명령은 단순한 유언이 아닙니다. 주님께서 성령을 통하여 계속 함께 일하시겠다고 약속하셨기 때문입니다. 복음을 전하는 것은 예수께서 이 땅에 오셔서 하신 일을 계속하는 것입니다. 다만 방식이 달라진 것입니다. 그분은 성령을 통해 계속 활동하십니다. 하지만 그분에게는 육신이 필요합니다. 육신을 가진 사람들에게 복음이 전해지려면 육신의 목소리가 필요하고 손길이 필요하며 발이 필요합니다. 주님께서는 성령을 통하여 우리와 함께 일하심으로 성육신의 신비를 이어 가십니다. 사람의 마음을 만지고 그 마음을 열게 하는 힘은 오직 성령께로부터 옵니다. 복음을 전하는 우리는 그 도구일 뿐입니다. 그러므로 주님의 명령은 다름 아니라 우리의 마음과 입술과 몸을 성령의 도구로 드리라는 것입니다.

설교는 또한 '사랑'입니다. 죽어 있는 영혼들에 대한 긍휼함에서 나오는 사랑에 의해 이루어지는 것입니다. 요한복음에서 주님은 이렇게 말씀하십니다.

> 내가 온 것은 양으로 생명을 얻게 하고 더 풍성히 얻게 하려는 것이라요 10:10.

여기서 예수님은 복음을 듣지 못한 이들이 '살아 있으나 실은 죽은 것'이라고 전제합니다. '목숨'만으로는 살아 있다고 할 수 없다는 뜻입니다. 하나님 안에서 참된 생명을 얻어야 합니다. 요한복음에서 예수님은 '참된 생명'과 '영원한 생명'을 같은 뜻으로 사용합니다. 하나님 안에서 얻는 생명이 참되고 영원하다는 뜻입니다. 그것이 없으면 목숨만으로는 죽은 것이나 다름없습니다.

설교 사역이 예수님의 사역을 이어 가는 것이라면, 하나님 없는 인생은 이미 죽은 것이나 다름없으며 하나님과 분리된 인생은 이미 죽어 있는 것이라는 시각이 분명해야 합니다. 또한 그 인생은 하나님의 심판대 앞에서 무서운 진노를 직면하고 영원한 형벌에 처해지게 됩니다. 그것을 생각하면 죽어 있는 영혼에 대한 긍휼함과 사랑이 마음에서 솟아납니다. 그 사랑이 설교의 원동력입니다. 사도행전 20장에는 바울 사도가 예루살렘으로 떠나기 전 에베소 장로들을 불러 전한 고별 설교가 기록되어 있습니다. 이 설교에서 우리는 영혼에 대한 그의 간절한 사랑을 봅니다.

> 아시아에 들어온 첫날부터 지금까지 내가 항상 여러분 가운데서 어떻게 행하였는지를 여러분도 아는 바니 곧 모든 겸손과 눈물이며……내가 달려갈 길과 주 예수께 받은 사명 곧 하나님의 은혜의 복음을 증언하는 일을 마치려 함에는 나의 생명조차 조금도 귀한 것으로 여기지 아니하노라.……그러므로 여러분이 일깨어 내가 삼 년이나 밤낮 쉬지 않고 눈물로 각 사람을 훈계하던 것을 기억하라행 20:18-19, 24, 31.

설교는 당위이기도 하고 순종이기도 하지만, 그 무엇보다 사랑이요 긍휼함입니다. '잃어버린 영혼'과 '찾은 영혼'에 대한 간절한 사랑이 설교의 내적인 힘입니다.

우리가 잘 아는 찬양 가운데 「매일 스치는 사람들」 혹은 「주가 필요해」라는 찬양이 있습니다. 이 찬송은 원래 그렉 넬슨 Greg Nelson과 필 맥휴Phill McHugh라는 CCM 음악가가 만든 것입니다. 어느 날, 이 두 사람은 스튜디오에 앉아 작곡을 위해 씨름하다가 아무 소득 없이 오전 시간을 보내고는 점심식사를 하러 근처 식당으로 갑니다. 자리에 앉아서 웨이터를 기다리는데, 시중들러 다가온 여성이 겉으로는 웃고 있었지만 그 눈이 텅 비어 있다는 것을 느꼈습니다. 그 여성의 표정에 그늘이 서려 있었습니다. 주문을 받고 그 여성이 돌아가자 두 사람은 서로를 마주 보고 마치 약속이나 한 것처럼 "저 여성에게 주님이 필요해!"라고 말했습니다. 그러고는 식당에 모인 사람들을 둘러보았습니다. 마찬가지로 그들의 표정에서도 공허함이 느껴졌고 그들 또한 주님이 필요하다는 사실을 깨달았습니다. 두 사람은 식사를 마치고 사무실로 오자마자 그들이 받은 감응을 가사로 적고 곡을 만들었습니다. 그것이 오늘 우리가 즐겨 부르는 곡이 되었습니다. 그 영어 가사를 그대로 옮기면 이렇습니다.

주님이 필요해

매일 그들은 나를 스쳐 지나갑니다
나는 그들의 눈에서 그것을 봅니다
걱정이 가득한 공허한 얼굴
어디로 가는지도 모르는 발걸음
그들만이 아는 아픔을 안고
두려움에 눌려 살아갑니다
오직 예수님만 들으시는 소리 없는 통곡을

웃음으로 가리고

그들에게

주님이 필요해

주님이 필요해

꿈이 모두 깨어져

막다른 골목에 이를 때

주님이 문이 되시기에

그들에게

주님이 필요해

주님이 필요해

왜 설교를 잘해야 하는가

설교를 잘해야 하는 이유가 아닌 것

이 책을 집필하는 과정에서 저의 페이스북 친구들에게 이런 질문을 던졌습니다. '설교란 무엇인가?' 그리고 '왜 설교를 잘해야 하는가?' 설교가 무엇인지 다 알고 있는 것 같은데 막상 따져 보면 대답하기 어렵습니다. 또한 모두들 설교를 잘하려고 애를 쓰는데 왜 그래야 하는지를 따져 물으면 대답이 궁색해집니다. '설교란 무엇인가?'라는 질문에 답하기 위해 '무엇이 설교가 아닌가?'를 물었던 것처럼, 이번에는 '설교를 잘해야 하는 이유가 아닌 것은 무엇인가?'에 대해 생각해 보겠습니다.

　　교회를 성장시키기 위해서일까요? 물론 설교가 교회 성장에 가장 중요한 요인이기는 합니다. 그러다 보니 많은 사람들이 그렇게 생각합니다. '교회 성장을 위한 설교 전략'이라는 제목의 세미나 광고를 본 적이 있습니다. 그와 유사한 제목의 책들도 많습니다. 하지만 곰곰이 생각해 보면 그것이 정답일 수 없음을 알 것입니다. 교회의 규모가 클수록 혹은 교회 성장 속도가 빠를수록 그 설교자의 설교가 탁월하다고 단정할 수 없지 않습니까? 성경적 혹은 신학적으로 문제가 많은 설교임에도 교회가 성장하는 현상을 우리는 수없이 보고 경험하고 있습니다. 역사적으로 보아도 그렇습니다. 구약 시대의 참 예언자와 거짓 예언자를 비교하면 거짓 예언자의 설교가 훨씬 더 인기를 얻었습니다. 당시에는 어떤 평가를 받았을지 몰라도 시간이 흐르면서 인기 있는 예언들은 모두 잊혀졌습니다. 오늘 우리에게 남겨진 예언서들은 모두 인기 없는 설교였습니다.

　　회중을 만족시키고 싶은 욕구로 인해 설교를 잘하려고 노력하는 경우도 있습니다. 딱히 교회 성장을 목표 삼은 것은 아니더라도 사람들로부터 인정받고 싶은 갈망에서 자유로운 사람은 별로 없습니다. 설교자로서 교인들에게 인정과 칭찬을 받고 싶어 하는 갈망은 집요하고 또한 강력합니다. 그것이 많은 이들에게 설교를 잘하고 싶어 하는 동기가 됩니다

그 욕구가 충족되면 기분이 참 좋습니다. 만족스럽습니다. 설교 사역에 보람을 느낍니다. 하지만 얼마 지나지 않아서 회의감이 찾아옵니다. '내가 뭐하러 지금 이 일을 하고 있는가?'라는 의문이 듭니다. 교인들에게 듣기 좋은 소리를 해주고 그 대가로 먹고사는 듯한 회의감이 밀려옵니다. 회중으로부터 지속적으로 비판을 받거나 인정을 받지 못하는 경우에는 더 괴롭지만, 막상 그런 인정을 받고 그것이 거듭되어도 회의감이 찾아듭니다. '내가 설교자로서 바른 길을 가고 있는가?'

글을 쓰는 동기에는 세 가지가 있습니다. 첫 번째로 돈을 벌기 위해서 쓰는 글이 있습니다. 가장 값싼 글 그리고 오염된 글입니다. 두 번째는 하고 싶은 말이 있어서 쓰는 글입니다. 이런 글은 저자의 자아에 든 병을 전염시킵니다. 세 번째는 진리를 탐구하며 변화를 경험해 가는 과정 중에 나눌 이야기가 있어서 쓰는 글입니다. 세 번째 유형의 글이 우리를 변화시키는 유익한 글입니다.

이것을 설교에 빗대어 생각해 볼 때, 어떤 목적 곧 교회 성장, 교인들의 인정, 설교자로서의 명성 등을 위해 설교를 잘

하려고 노력한다면 그 설교는 오염된 설교라고 할 수 있습니다. 또한 설교자의 병든 자아가 전달되어 회중의 영혼을 오염시키는 설교들도 많습니다. 그런 설교들이 대세라는 것이 우리에게 안타까움으로 다가옵니다.

설교를 잘해야 하는 이유

그렇다면 설교를 잘하기 위해 분투해야 하는 이유는 무엇일까요? 이 문제를 붙들고 씨름하는 가운데 제가 붙들린 단어가 있습니다. '무스테리온'μυστήριον이라는 헬라어입니다. 영어의 '미스테리'mystery라는 단어가 여기에서 나왔습니다. '비밀' 혹은 '신비'로 번역할 수 있습니다. 이 명사의 어근은 '뮈오'μύω인데 '입을 다물다'라는 뜻입니다. 무엇인가를 보거나 듣거나 깨닫고는 너무도 놀라워 입을 다물게 되는 것이 '무스테리온'입니다. 신약성경에서 모두 스물일곱 번 사용되고 있는데, 복음서와 바울 서신 그리고 요한계시록에 고루 나타납니다.

예수께서 하나님 나라의 비유에 대해 이렇게 말씀하십니다.

천국의 비밀을 아는 것이 너희에게는 허락되었으나 그들에게는 아니되었나니 무릇 있는 자는 받아 넉넉하게 되되 없는 자는 그 있는 것도 빼앗기리라마 13:11-12.

하나님 나라는 우리에게 비밀이며 신비 곧 '무스테리온' 입니다. 우리 손에 온전히 잡히지 않고, 우리 눈에 포착되지 않습니다. 우리는 믿음 안에서 여러 가지 방식으로 하나님 나라를 경험합니다. 그러나 잡은 것 같다 싶으면 빠져나가고, 이해한 것 같다 싶은 순간 아무것도 모르겠습니다. 그래서 바울 사도는 자신의 영적 체험을 이야기하면서 "말로 표현할 수 없는 말을 들었으니 사람이 가히 이르지 못할 말"고후 12:4이라고 했습니다. 그런 까닭에 예수께서는 하나님 나라를 전하기 위해 이야기와 비유들을 만들어 내셨습니다. 예수님이 말씀하신 비유들의 핵심 메시지는 '하나님 나라'입니다.

바울은 자신과 다른 전도자들에 대해 말하면서 "사람이 마땅히 우리를 그리스도의 일꾼이요 하나님의 비밀을 맡은 자로 여길지어다"고전 4:1라고 했습니다. 또한 자신이 쓴 편지에 대해 말하면서 "너희를 위하여 내게 주신 하나님의 그 은혜의 경륜을 너희가 들었을 터이라. 곧 계시로 내게 비밀을 알게 하신 것은 내가 먼저 간단히 기록함과 같으니 그것을 읽으면 내가 그리스도의 비밀을 깨달은 것을 너희가 알 수 있으리라"엡 3:2-4고 적습니다. 또한 자신을 전도자로 부르신 사건에 대해 말하면서 "모든 성도 중에 지극히 작은 자보다 더 작은 나에게 이 은혜를 주신 것은 측량할 수 없는 그리스도의 풍성함을 이방인에게 전하게 하시고 영원부터 만물을 창조하신 하나님 속에 감추어졌던 비밀의 경륜이 어떠한 것을 드러내게 하려 하심이라"엡 3:8-9고 적습니다. 전도자로서 그가 전할 대상은 하나님의 구원에 관한 비밀이라는 뜻입니다. 이런 맥락에서 골로새서 말씀을 자세히 들여다볼 필요가 있습니다.

> 내가 교회의 일꾼 된 것은 하나님이 너희를 위하여 내게 주신 직분을 따라 하나님의 말씀을 이루려 함이니라. 이 비밀은 만세와 만대로부터 감추어졌던 것인데 이제는 그의 성도들에게 나타났고 하나님이 그들로 하여금 이 비밀의 영광이 이방인 가운데 얼마나 풍성한지를 알게 하려 하심이라. 이 비밀은 너희 안에 계신 그리스도이시니 곧 영광의 소망이니라. 우리가 그를 전파하여 각 사람을 권하고 모든 지혜로 각 사람을 가르침은 각 사람을 그리스도 안에서 완전한 자로 세우려 함이니 이를 위하여 나도 내 속에서 능력으로 역사하시는 이의 역사를 따라 힘을 다하여 수고하노라골 1:25-29.

26절에서 말한 "이 비밀"은 하나님의 구원의 계획을 말합니다. 하나님의 구원 계획을 다 알았다고 장담하면서 하나님의 구속사에 대해 간략하게 정리하고는 그것이 전부인 것처럼 주장하는 사람들이 있습니다. 참으로 위험천만한 일입니다. 그렇게 단정하여 주장하는 것은 이단성의 표지입니다. "성도들에게 나타났고"라고 말하지만 전부 드러난 것이 아닙니다. "만세와 만대로부터 감추어졌던" 것을 모두 보여준다 해도 우리로서는 다 이해하지 못합니다. 감추어졌던 것이 '필요한 만큼' 드러나는 것이 계시 곧 '아포칼립시스'ἀποκάλυψις입니다. 우리말로 더 좋은 번역은 '묵시'默示입니다. 드러나기는 했지만 그것의 본질상 다 알 수 없는 것이기 때문입니다.

27절에서 바울 사도는 "너희 안에 계신 그리스도"가 비밀이라고 말합니다. 예수 그리스도의 존재 자체가 비밀입니다. 육신을 입고 오시기 이전 그분의 상태부터가 비밀입니다. 요한복음 1:1-5은 그 비밀의 한 단면을 드러냅니다만, 그것이 정확히 무엇인지를 다 이해하는 것은 불가능합니다. 그분의 성육신도 비밀이요, 그분의 성장 과정도 비밀이며, 그분의 공생애도 비밀입니다. 드러나 있는 차원만 가지고는 제대로 이해할 수 없습니다. 십자가에서의 죽음도 비밀이고, 사흘 만에 죽은 자 가운데서 다시 살아나신 것도 비밀이며, 하나님 보좌 우편에 앉아 계신 것도 비밀이고, 성령을 통해 우리 안에 그리고 우리와 함께 행하시는 것도 비밀입니다. 인간의 이해력으로는 다 알 수 없습니다. 지금까지 드러난 우주의 모습이 너무도 광대하고 신비하여 다 이해할 수 없는 것처럼, 그 모든 것을 창조하시고 주관하시는 주님은 더욱 그렇습니다.

바울 사도는 28절에서 설교의 목적을 명시합니다. 그것은 곧 "각 사람을 그리스도 안에서 완전한 자로 세우는" 것입니다. 설교자는 그리스도를 영접하도록 인도하고, 그분 안에 머물러 살도록 도우며, 그분 안에서 자라도록 돕습니다. 그것이 설교의 목적입니다. 설교는 그리스도 예수가 중심이 되어야 합니다. 그런데 그리스도가 비밀이고 신비이며, 그리스도께서 우리 속에 역사하는 방식이 또한 비밀이고 신비입니다. 바로 그런 까닭에 바울은 29절에서 "이를 위하여 나도 내 속에서 능력으로 역사하시는 이의 역사를 따라 힘을 다하여 수고하노라"고 고백합니다.

우리가 믿는 삼위 하나님(성부, 성자, 성령), 하나님 나라, 하나님의 구원 계획, 그리스도 안에서 얻는 구원, 구원된 자의 소망, 이 모든 것이 비밀이요 신비입니다. 우리에게 알려졌고 그 일부를 우리가 알고 있지만, 전부는 알 수 없고 다 설명할 수 없습니다. 그것이 우리가 맡은 복음의 비밀입니다.

한국 교회 초대 역사의 거목 중 한 분인 최흥종 목사님을 아십니까? 도암의 성자 이세종 선생의 제자이자 '무등산의 성자'로 알려져 있습니다. 저는 문순태의 『성자의 지팡이』라는 책을 통해 이분을 알게 되었습니다.[3] 우리나라에 이런 분이 계셨다는 사실만으로도 자랑스러운 일입니다. 그분은 걸인과 한

센병 환자들을 위해 생명을 바친 분으로, 이세종 선생의 제자답게 구원의 도에 대해서도 깊은 이해를 가졌던 분입니다. 그분의 일화 하나를 광주소명교회 박대영 목사님에게 들었습니다. 한 집회에서 사람들이 최홍종 목사님에게 물었답니다. "하나님 나라에 대해서 설명해 주십시오." 그러자 그분의 대답이 걸작입니다. "거시기가 하도 거시기해서, 거시기하기가 참 거시기합니다."

알고 보면 이것은 참으로 기가 막힌 대답입니다. 하나님 나라의 모호성 혹은 비밀스러움을 '거시기'라는 전라도 사투리의 모호성으로 표현한 것입니다. 하나님 나라에 대해 확실하게 알 수도 없고 정확하게 말할 수도 없다는 뜻인데, 이렇게 말한 것을 보니 그분은 하나님 나라의 비밀을 알고 계셨던 것이 분명합니다.

그것이 우리가 믿는 비밀입니다. 비밀이기에 다 알 수 없고, 비밀이기에 언어와 논리로 담기 어렵습니다. 그런데 그것이 신비이기 때문에 더 알고 싶고, 더 가까이 가고 싶고, 더 잡고 싶은 것, 이것이 우리가 맡은 비밀입니다. 그래서 바울 사도는 이 비밀을 제대로 전하기 위해 "내 속에서 능력으로 역사하시는 이의 역사를 따라 힘을 다하여 수고하노라"[29]고 말합니다. "힘을 다하여 수고하노라"는 말의 헬라어는 '코피오 아고니조메노스'κοπιῶ ἀγωνιζόμενος입니다. '아고니조마이'ἀγωνίζομαι는 '씨름하다'라는 뜻이고, '코피아오'κοπιάω는 코피(?)가 날 정도로 노력하는 것을 말합니다. 자신에게 맡겨진 비밀을 사람들에게 전하여 그리스도 안에서 온전히 바라게 하기 위해 코피가 날 정도로 노력하고 있다는 뜻입니다. 구원의 비밀을 조금이라도 더 깨닫고 조금이라도 잘 전하기 위해서 힘써 노력하는 것입니다.

'코피아오'와 '아고니조마이' 모두 현재형으로 쓰였습니다. 헬라어에서 현재형은 지속적이거나 반복적인 행동을 가리킵니다. 영어로 말하면 '현재진행형'입니다. 따라서 "계속하여 노력하노라"고 번역해야 더 정확합니다. 하지만 인간적인 노력에 더하여 꼭 필요한 요소가 하나 더 있습니다. "내 속에서 능력으로 역사하시는 이의 역사를 따라"29절라는 말씀 속에 그것이 암시되어 있습니다. 하나님의 계시와 지혜가 우리의 노력에 합해져야만 좋은 결실을 맺을 수 있다는 뜻입니다. 비밀은 내가 추구할 때 하나님께서 열어 주시는 것입니다.

인간 편에서의 강렬한 추구와 갈망 없이 하나님께서 비밀을 열어 보여주시는 경우는 없습니다. 바울 사도가 다메섹 도상에서 주님을 만난 것에 대해서 전격적으로 이루어진 하나님의 행동이었다고 주장하는 사람들이 있습니다. 저는 그렇게 생각하지 않습니다. 물론 바울이 율법에 대한 믿음과 확신 속에서 의에 이르려고 힘썼지만, 다른 한편으로는 '이게 아닌데. 율법으로 이룰 수 없는 그 의에 이르는 길, 곧 하나님과의 막힌 관계를 여는 다른 방법은 없는가?'라고 생각하며 찾고 있었음에 틀림없습니다. 바울 자신이 알고 있는 바로는 의를 이루는 방법이 율법 외에는 없었습니다. 그래서 그 방법에 희망을 두고 열심히 노력했습니다. 하지만 뜻대로 되지 않았고, 그래서 그의 영혼 한쪽에서는 '다른 길은 없는가?' 하며 이리저리 궁리하고 있었습니다. 그 영혼의 절규에 대한 응답으로 주님께서 나타나신 것입니다.

저도 설교 사역을 해오면서 이것을 거듭 경험하고 있습니다. 나의 탐구와 노력에 하나님께서 열어 주시는 은혜가 합해져야만 복음의 비밀을 제대로 전할 수 있습니다. 제가 아무리 노력하고 발버둥 쳐도 하나님 편에서 열어 주시는 은혜가 없으면 강단에 설 때 참 불안합니다. 제가 가진 생각과 논리만 가지고는 안 된다는 것을 알기 때문입니다.

알베르트 슈바이처의 자서전을 보면, 그의 사상과 삶의 핵심 주제로 '생명에 대한 외경'Reverence for life을 잡게 된 경위가 나옵니다.[4] 그는 아프리카 가봉의 람바레네에서 봉사의 삶을 살면서 자신이 믿고 깨달은 모든 것을 꿸 만한 하나의 단어 혹은 개념을 찾습니다. 많은 독서와 사색과 기도와 명상을 통해 그것을 찾아 나섭니다. 그러던 중 전쟁이 일어나고, 슈바이처와 일행은 피신하라는 본국의 전갈을 받고 급히 만든 뗏목을 타고 강을 따라 피신을 합니다. 뗏목을 타고 강을 따라 천천히 내려가면서 이 생각 저 생각을 하고 있는데, 어느 순간, 마치 하늘 저쪽에서 누군가가 닫힌 문을 활짝 열어 주는 것같이 마음에 빛이 환하게 비쳐 들어옵니다. 그는 '오, 그거로구나! 바로 그것이었구나!' 하고 감탄을 합니다. 그동안 아무리 고민하고 생각해도 마치 두꺼운 벽에 부딪친 느낌이었는데, 그 순간 벽이 와르르 무너지면서 '생명에 대한 외경'이라는 주제가 마음에 들어찹니다. 자신의 마음에서 그 생각이 솟아난 것이 아니라 외부에서 누군가에 의해 던져진 것 같았다고 슈바이처는 회고합니다.

그와 비슷한 것을 저도 설교 사역 중에 자주 경험합니다. 제 속에서 "능력으로 역사하시는 이의 역사"를 경험하는 것입니다. 나의 능력, 나의 노력만 가지고는 안 됩니다. 하나님의 열어 주심이 합해져야 합니다. 설교의 궁극적 목적은 "각 사람을 그리스도 안에서 완전한 자로 세우는 것"^{골 1:28}입니다. 여기서 "완전한"은 헬라어 '텔레이오스'^{τέλειος}를 번역한 것으로, 이것은 윤리적 완전함을 넘어서는 개념입니다. 모든 면에서 그리스도를 닮아 가는 것이 바로 '텔레이오스'입니다. 그렇기 때문에 나의 능력과 경험과 지식만 가지고는 안 됩니다. 그것으로는 한 사람을 그리스도인으로서 완전하게 만들 수 없습니다. 설교하는 나 자신도 만들어져 가는 과정에 있는 존재이기 때문입니다. 설교를 준비하고 선포하는 과정에서 "능력으로 역사하시는 이"가 함께하셔야만 합니다.

따라서 '왜 설교를 잘해야 하는가?'라는 질문에 대해 저는 우선 "우리가 맡은 것이 비밀이기 때문입니다"라고 답할 것입니다. 지식이라면 습득하고 암기하면 끝납니다. 하지만 비밀 혹은 신비는 그렇게 간단히 끝날 문제가 아닙니다.

제가 공부하는 동안에 만난 캐나다인 친구가 제게 한 말이 기억납니다. "내겐 5천 달러짜리 설교가 있어." 그 말을 듣고 저는 '얼마나 좋은 설교이기에 5천 달러짜리라고 할까?' 싶었습니다. 사실은 그런 뜻이 아니었습니다. 그는 목사 안수를 받고 몇 년 동안 목회 활동을 하다가 박사 과정에 들어왔습니다. 공부하는 동안에 그는 가끔 교회로부터 설교자로 초청을 받았습니다. 그때마다 자기 생각에 가장 좋은 설교문을 가지고 가서 설교했습니다. 그 설교문으로 그동안 받은 사례비가 5천 달러라는 뜻이었습니다. 당시에 보통 설교 사례비가 100달러 정도였으니 50번 정도 같은 설교를 반복했다는 뜻입니다.

설교자들이 잘된 설교를 재활용하는 것은 흔히 있는 일입니다. 학교에서 학생들을 가르칠 때 저도 그렇게 했습니다. 이제 와서 돌아보면 참으로 부끄러운 일이 아닐 수 없습니다. 내게 맡겨진 것이 구원의 비밀이고 그것을 전하는 것이 설교라면 그래서는 안 됩니다. 나에게 맡겨진 비밀을 끊임없이 더듬어 알아 가는 사람이라면 동일한 설교를 반복할 수 없습니다. 그것은 흘러간 물에 발을 담그는 일입니다. 우리의 영혼이 살아 있다면 물은 계속 흐르게 되어 있습니다. 그렇다면 강단에 설 때마다 새로 받은 물을 내어놓아야 합니다. 물통에 담아 놓았던 물을 꺼내 줄 수는 없는 노릇입니다.

한 교회에서 오래 목회하는 사람들 중에는 몇 년 전 설교를 되풀이하는 경우도 있습니다. 시제와 상황만 바꾸어 그대로 하는 것입니다. 이것은 비밀을 맡은 자로서 행해야 할 영적 노력을 멈추었다는 뜻입니다. 영적으로 살아 있는 사람이라면 한 달 전에 그 비밀에 대해 알고 있는 것과 지금 알고 있는 것이 달라야 옳습니다. 한 달 전에 하나님과 맺고 있는 관계의 성격과 지금 맺고 있는 관계의 성격이 달라야 옳습니다. 그러니 설교는 계속 달라져야 합니다. 달라질 수밖에 없습니다. 설교 안에 설교자의 영적 진보가 드러나지 않는다면 그 사람은 설교자로서 직무 유기를 하고 있는 셈입니다. 바울 사도가 디모데에게 전한 간곡한 권면의 말씀이 생각납니다.

이 모든 일에 전심 전력하여 너의 성숙함을 모든 사람에게 나타나게 하라. 네가 네 자신과 가르침을 살펴 이 일을 계속하라. 이것을 행함으로 네 자신과 네게 듣는 자를 구원하리라딤전 4:15-16.

왜 설교를 잘해야 하는가? 언어와 논리로 모두 담을 수 없는 것을 설교해야 하기 때문입니다. 언어라는 것이 하나님의 신비 앞에서는 껍데기처럼 느껴질 경우가 많습니다. 예수께서 끊임없이 이야기를 만들어 내신 이유가 바로 거기에 있습니다.

왜 설교를 잘해야 하는가? 비밀 혹은 신비는 매료시키는 힘이 있기 때문입니다. 우리로 하여금 더 알고 싶고 더 가까이 가고 싶게 만들기 때문에 설교를 더 잘하려고 노력합니다. 언어와 논리로 다 담을 수 없지만 그것 외에는 다른 도구가 없기 때문에 언어를 연마하고 논리를 훈련합니다.

설교를 잘해야 하는 이유는 교회를 성장시키기 위함도 아니고 인정받기 위함도 아닙니다. 나에게 맡겨진 비밀을 지속적으로 알아 가려는 것, 듣는 이들로 하여금 비밀을 비밀로 느끼게 만들어 주려는 것, 그리고 그들로 하여금 그 비밀을 더 알고 싶도록 만드는 것에 있습니다. "아, 목사님, 믿는 게 그런 거라면 한번 믿어 보고 싶습니다. 하나님 나라가 그런 것이라면 한번 경험해 보고 싶습니다"라는 응답이 나오게 하려는 것입니다. 그 비밀에 대한 매력을 교인들의 마음에 전염시키고, 듣는 이들이 그 비밀을 품게 만들며, 그 비밀로 인해 삶의 변화를 만들어 내는 설교라면, 잘하는 설교라 할 수 있습니다.

여러분은 목회를 하면서 어디에서 보람을 찾습니까? 많은 목회자들이 외형적 성장에서 보람을 찾는 것 같습니다. 여러분 중에는 이미 그러한 성장의 맛을 충분히 보신 분들도 있을 것입니다. 그 가운데는 '이건 아닌데'라고 생각하는 분들이 틀림없이 있을 것입니다. 물론 '나는 아직 배가 고프다'고 생각하는 분들도 있을 것입니다. 하지만 '지금의 교회 규모보다 두 배 혹은 세 배로 커지면 만족스러울까?'라는 질문을 자신에게 던져 보시기 바랍니다. 영적으로 깨어 있는 분이라면 그렇지 않다는 답을 얻을 것입니다. 외형적인 것으로는 만족되지 않는 더 깊은 무엇이 있기 때문입니다.

그렇다면 우리는 목회자로서 본질적으로 만족과 보람을 어디에서 찾을 수 있을까요? 전해 받은 복음의 비밀을 더 깊이 알아 가는 것, 그리고 그 비밀을 사람들에게 전하여 맛보게 하고 그 비밀 안에 들어오게 하고 그 비밀로 삶이 변화되는 모습을 보는 것에 있지 않을까요? 그것만큼 목회자를 행복하게 만드는 것은 달리 없습니다. 그럴 때 '내가 하나님의 목적을 위해, 그분의 뜻을 위해 사용되고 있구나' 싶어서 감사하게 됩니다. 반면, 큰 건물 혹은 큰 선교 센터를 지어 놓고 내 앞에 모이는 사람들의 수가 점점 늘어날 때는 '하나님께서 나를 사용하시고 계시구나'라는 느낌을 얻지 못합니다. '에고'만 부풀어 오르고 내면은 고갈됩니다.

□ 오늘의 설교에 대한 반성

설교가 이런 것이고 설교를 잘해야 하는 이유가 이렇다면 오늘 우리의 설교는 어떻습니까? 다 그런 것은 아니지만, 우리 한국 교회 강단의 일반적인 현상을 말하자면 설교가 무엇인지 그리고 왜 설교를 잘해야 하는지에 대한 오해가 널리 그리고 깊이 퍼져 있다고 할 수 있습니다.

무엇보다, 복음의 '비밀'을 축복의 '비결'로 둔갑시켜 놓았다는 사실이 가장 큰 문제입니다. 복음의 기가 막힌 매력을 축복받는 비결로 축소시켜 놓고는 그것으로 사람들의 환심을 사고 교회를 성장시키기 위해 노력해 왔습니다. 이러한 경향은 미국 교회에서도 마찬가지입니다. 미국의 초대형 교회에 사람들이 몰려드는 이유는 복 받는 비결을 알고 싶어서입니다. 미국에서 초대형 교회를 일군 설교자들은 대부분 하나님의 말씀을 성공과 축복의 비결로 둔갑시키는 일에 탁월한 사람들입니다. 조엘 오스틴Joel Osteen이 그 대표적 인물입니다.

제가 목회지를 옮겨 새롭게 출발하면서 다시 한 번 확인한 사실이 있습니다. 무한 성장에 대한 욕구를 버리지 않으면 목회자가 바른 길을 가기 어렵다는 것입니다. 목회자로 하여금 정도와 궤도에서 벗어나게 만드는 것이 무한 성장에 대한 욕구입니다. 그 욕구를 버리지 못하면 너무도 쉽게 복음의 비밀을 축복의 비결로 왜곡시키려는 유혹에 넘어갑니다. 하나님 나라의 '매력'을 성공을 위한 '마력'으로 변개시킵니다. 믿음의 신비를, 그 신비한 것들을 신기한 것으로 바꾸어 버립니다.

　　신사도 계열의 교회에서 신기한 일들을 얼마나 많이 선전합니까? 요즘에는 조금 주춤한 것 같습니다만, 부흥회를 하면서 사람을 넘어뜨린다든가, 금가루를 선전한다든가 혹은 치아를 금색으로 바꾸는 신기한 일들을 선전하면서 하나님 나라를 왜곡시킵니다. 하나님 나라는 그런 것이 아닙니다. 우리 내면과 공동체 안에 이루어지는 하나님의 신비, 말로 설명할 수 없는 기가 막힌 일들에 대해서 눈멀게 만듭니다.

　　이런 설교자는 '구도자'가 아니라 '득도자'인 것처럼 말하고 행동합니다. 이미 다 아는 사람으로서 모르는 사람에게 말하는 태도로 말을 합니다. 하나님 나라의 비밀을 다 아는 사람처럼 말하고 행동합니다. 은사 운동이 위험한 이유가 바로 여기에 있습니다. 은사는 좋은 것입니다. 성령의 은사에 교회는 열려 있어야 합니다. 그래야 성령의 아름다운 드러남manifestation을 봅니다. 하지만 은사 '운동'은 위험합니다. 은사에 집착하는 경향을 보일 때 우리는 '운동'이라는 단어를 붙입니다. 그것이 목적이 되는 것입니다. 그러면 회중도 속고 설교자도 속습니다. 영적 교만이나 이단적 극단으로 흐릅니다. 성령께서 스스로 드러내시도록 해야 하는데, 성령을 강요하고 자신이 원하는 일을 만들어 내려고 몸부림칩니다.

복음의 '비밀'을 전하는 것이 설교라면, 설교자는 과정 중에 있는 사람입니다. 다 아는 사람이 아니라 알아 가는 사람, 회중보다 한 걸음 두 걸음 앞서서 알아 가려고 노력하는 사람입니다. 이미 알려진 것만으로도 구원받기에 충분하지만, 하나님 나라의 비밀을 좀 더 알아 가기를 원하는 것입니다. 존재가 아니라 소유를, 하나님 나라가 아니라 땅의 나라를, 영원이 아니라 찰나를 지향하는 것, 이것이 오늘 우리 설교의 현실이 아닌가 싶습니다. 그래서 참을 수 없는 설교의 가벼움이 오늘날 교회를 지배하고 있습니다.

어떻게 하면 설교의 품격을 높일 수 있을까? 그것이 우리의 고민이 되어야 할 것입니다. 가톨릭교회와 개신교회의 차이를 생각해 봅니다. 가톨릭교회의 미사에서는 설교(강론)의 비중을 최소한으로 줄여 놓고, 나머지를 예전으로 채웁니다. 반면, 개신교회의 예배는 예전을 축소하고 설교를 중심에 놓았습니다. 설교가 마땅한 품위와 깊이와 무게를 가지면 가톨릭의 미사보다 개신교의 예배가 훨씬 강력합니다. 하지만 설교가 품위를 잃고 가벼워지고 천박해지면 가톨릭의 미사가 훨씬 매력적입니다. 저는 그것이 지난 30년 동안 개신교회가 쇠락하고 가톨릭교회가 부흥한 원인 중 하나라고 생각합니다.

최근에 여러 지성인들이 가톨릭으로 귀의하지 않았습니

까. 고 박완서 씨도 그렇고, 고 최인호 씨도 그렇고, 공지영 씨
도 그렇습니다. 이런 이들이 생애 후반기에 접어들면서 회심
하여 종교로 돌아갔는데, 모두 가톨릭을 찾았습니다. 거기에는
여러 가지 이유가 있겠지만, 가장 중요한 이유는 개신교 예배
에서 설교가 품격과 깊이와 무게를 잃었기 때문이라고 생각합
니다. 가톨릭의 미사는 강론이 약해도 예전 전체를 통해서 전
해지는 영적 힘이 있습니다. 강론에서 큰 만족을 못 얻어도 예
전에 의지하면 충분한 예배 경험을 얻을 수 있습니다. 반면, 개
신교 예배에는 예전이 최소화되어 있습니다. 최근에는 열린 예
배, 구도자 예배 등의 새로운 경향 때문에 더욱 축소되어 버렸
습니다. 이런 상황에서 설교가 제 역할을 못하니 개신교회가
천박한 종교로 인식되고 있는 것입니다.

최근 개신교로 회심한 어떤 학자가 주일예배에는 참석
하지 않는다는 말을 듣고 누군가 그 이유를 묻자 "내가 가서
들을 만한 설교자가 있겠소?"라고 대답했다고 합니다. 정말인
지 아닌지 출처를 확인할 수 없는 말이기는 하지만, 저는 그의
심정을 이해할 만합니다. 물론 한국을 대표할 만한 지성인이라
해도 복음의 비밀 앞에서 겸손히 귀 기울어야 옳습니다. 하지
만 구원의 비밀, 복음의 비밀이 비밀로 선포되는 강단을 찾아
보기 어렵다는 것도 심각한 문제입니다.

이렇게 말하다 보니 저는 잘하고 있다고 말하는 것 같

아서 두렵습니다. 그렇지 않습니다. 서두에서 말씀드린 것처럼, 매 주일 설교 사역을 하면서 항상 부족함을 느끼고 있습니다. 그래서 더욱 기도하고 더욱 씨름하고 더욱 궁구합니다. 설교의 품격과 깊이와 무게가 어떠해야 하는지를 알기에 더더욱 저의 부족함을 느낍니다. 하지만 그것을 느끼기에 더욱 노력하고 있습니다. 그럼에도 지금의 상태에서 더 나아가지 못하는 것은 저의 능력의 한계 때문입니다. 그것이 저를 늘 무릎 꿇게 합니다.

2
에토스

설교자와 말씀 사이

말씀 전하는 사람으로서 설교자의 삶과 영성

자, 그렇다면 설교를 어떻게 설교 되게 할 것인가? 앞에서 말한 대로, 본론을 크게 세 부분으로 나누어 말씀드리려 합니다. 아리스토텔레스의 저서 중에 『수사학』이 있습니다.[1] 2천 년이 넘은 책인데, 지금 읽어도 현대 커뮤니케이션 이론에 관한 책을 읽는 것 같은 느낌을 받습니다.

시대마다 중요하게 여겨지는 능력 혹은 지식이 있는 법입니다. 지금 이 시대 한국에서는 영어를 얼마나 잘하느냐가 가장 중요한 능력 가운데 하나로 평가받습니다. 심지어 영어를 못하면 다른 능력도 떨어지는 것처럼 취급당하기도 합니다. 아리스토텔레스 시대 곧 그리스 시대에는 수사학 즉 '어떻게 말을 잘하느냐'가 가장 중요한 능력이었습니다. 그래서 학교에서도 수사학을 가장 중요한 과목으로 여겼습니다. 고매한 사상을 가지는 것도 중요하지만 그 사상을 어떻게 요령 있게 전달하느냐가 더 중요하다고 생각한 것입니다. 다방면에서 천재적 능력을 발휘했던 철학자 아리스토텔레스는 그래서 수사학에 관한 책을 썼을 것입니다.

아리스토텔레스는 『수사학』에서 한 사람의 말이 제 역량을 발휘하기 위해서는 세 가지가 필요하다고 말합니다. 하나는 '에토스'ἔθος, 또 하나는 '파토스'πάθος, 그리고 마지막으로 '로고스'λόγος입니다. 저는 아리스토텔레스가 말한 이 세 가지 영역을 따라 설교에 대해 말씀드리려 합니다.

P. T. 포사이스Peter Taylor Forsyth는 "기독교 설교자는 그리스 연설가의 계승자가 아니라, 히브리 예언자의 계승자다"라고 지적한 바 있습니다.[2] 일리가 있는 지적입니다. 하지만 예언자들은 대개 '유랑 설교자'들이었던 반면 오늘의 목회자는 '주재 설교자'resident preacher 입니다. 그런 점에서 오늘날의 설교자는 반복적으로 만나 청중을 설득하는 그리스 연설가들과 닮은 점이 있습니다. 기독교 설교자의 모델이라 할 수 있는 바울 사도는 그리스의 수사학에 잘 훈련된 사람이었습니다. 그가 남긴 편지에서 그 증거를 찾아볼 수 있습니다. 그래서 벤 위더링턴 3세 Ben Witherington Ⅲ는 바울을 가리켜 "모범적인 설득가"the model persuader 라고 불렀습니다. 실제로 그는 설교할 때 수사학적 기술들을

사용했을 것입니다.

이런 점에서 먼저 '에토스'에 대해 살펴보겠습니다. 이 헬라어 단어에서 영어의 'ethics'윤리라는 단어가 나왔습니다. 그 사람의 인격과 영성과 성품 곧 그 사람의 됨됨이를 가리키는 말입니다. '파토스'는 '감정' 혹은 '정서'로 번역할 수 있습니다. '로고스'는 '말' 혹은 '논리'입니다. 우리는 설교에 대해 논할 때 주로 로고스만을 생각합니다. 연설에 대해 논할 때도 마찬가지입니다. 그런데 아리스토텔레스는 이 세 가지 요소에 대해 논하면서 로고스를 맨 나중에 다룹니다. 가장 많은 지면을 할애한 것은 로고스이지만, 내용을 다루는 순서에서는 에토스, 파토스, 로고스로 이어 갑니다. 세 요소를 중요도순으로 다루겠다고 말하지는 않았습니다만, 제 생각에 이 순서에는 중요한 의미가 담겨 있습니다. 아리스토텔레스가 생각할 때, 한 사람의 말이 설득력을 가지려면 그 사람의 인품 즉 어떤 사람이 말하느냐가 가장 중요하다는 것입니다. 두 번째는 어떻게 그 말에 말하는 사람의 마음을 담느냐, 그리고 어떻게 회중의 정서에 호소하느냐에 달려 있습니다. 어떤 내용을 말하느냐는 중요도에서 앞의 두 요소보다 못하다는 것입니다. 우리는 말의 내용이 제일 중요하다고 생각하지만, 아리스토텔레스는 그렇지 않다고 생각하는 것입니다.

현대 커뮤니케이션 이론에서도 동일한 이야기를 합니

다. 한 사람의 연설이 다른 사람에게 영향을 미치는 데 그 사람이 하는 말의 내용이 차지하는 영향력은 30퍼센트 정도라고 합니다(여기에는 학자마다 이견이 있을 수 있습니다만, 말의 내용이 큰 비중을 차지하지 않는다는 점에 대해서는 모두 동의합니다). 매 주일 설교문을 작성하느라 진을 빼는 사람들에게 이것은 아주 실망스러운 말입니다. 설교 준비를 잘해 보았자 30퍼센트밖에 영향을 미치지 못하고 나머지 70퍼센트는 다른 것이 결정한다니 말입니다. 아리스토텔레스는 그것을 이미 알고 있었던 것입니다. 그래서 『수사학』에서 에토스와 파토스를 먼저 설명합니다.

아리스토텔레스를 따라 저도 에토스에 대한 이야기부터 하겠습니다. 설교문보다 설교자가 더 중요하다는 사실에 저도 전적으로 동의하기 때문입니다. 우선, 아리스토텔레스가 에토스에 대해 한 말을 인용하겠습니다.

말하는 사람이 자신을 믿을 만한 사람으로 만들게끔 말했을 때, 우리는 그 사람의 품성 때문에 그의 말을 믿는다. 일반적으로 모든 일에 대해서, 심지어 확실성도 없고 애매모호한 것들만 가득찬 일에 대해서도, 올바른 길을 걷는 사람이 말하면 우리는 더 많이 더 전적으로 그의 말을 믿는다(하지만 이런 일도 그의 말을 통해서 이루어져야지, 단지 말하는 사람이 어떤 품성을 지닌 누구라는 선입견을 통해서만 이루어져서는 안 된다). 연설의 기술을 주제로 글을 쓴 사람들 가운데 몇 명이 그 기술에 관한 자신들의 저술 안에서 "말하는 사람의 정직한 품성이 설득력을 갖추는 데 아무런 기여도 하지 못한다"고 말했지만, 그것은 사실이 아니다. 오히려 말하는 사람의 품성이란, 말하자면 믿음을 주는 데 있어 거의 최고의 힘이라고 말할 수 있다.[3]

여기서 아리스토텔레스는 말이 설득력을 갖추는 데 에토스가 가장 중요한 요소라고 단언합니다. 아마도 당시의 수사학자들 중에는 에토스에 대해서 별로 중요하지 않다고 주장하는 사람들이 있었던 것 같습니다. 물론 그러한 경우도 있습니다. 첫 만남에서 듣는 사람의 마음을 완전히 홀려 놓는 사기꾼이 한 예입니다. 듣는 사람들은 그 사람의 성품을 알지 못하지만 그의 말에 넘어갑니다. 그런 경우에는 성품이 가장 큰 영향을 미쳤다고 말할 수 없습니다. 하지만 그것은 예외의 상황입니다. 더 많은, 아니 대다수의 경우에는 말하는 사람의 성품이 가장 큰 영향을 미칩니다.

이것은 설교에서도 마찬가지입니다. 설교자의 영성, 인격, 성품, 가치관, 생활 습관 등의 요소들이 결합하여 에토스를 형성합니다. 설교에 대한 관심은 주로 로고스에 대한 관심과 동일화되지만 사실 그것은 가장 나중의 문제입니다. 설교에서 가장 큰 영향을 미치는 것은 설교자의 에토스입니다. 좋은 에토스 형성에는 수십 년이 걸립니다. "한 여인이 탕녀가 되는데 3시간이면 충분하지만, 그 여인이 현숙한 여인이 되기 위해서는 30년이 걸린다"는 말도 있습니다. 이것은 남성에게도 적용되는 말입니다. 그래서 '설교 준비'보다 '설교자 준비'가 더 중요하다고 말할 수 있습니다.

로고스는 에토스에서 빚어지는 결과물입니다. 즉 앞에서 말한 영성, 인격, 성품, 가치관, 생활 습관 등에서 나오는 열매입니다. 또한 로고스는 에토스에 의해서 뒷받침되어야 합니다. 그래서 "삶이 설교의 주석이다"라고 말합니다. 설교자의 말의 진정한 의미는 그의 삶을 통해 드러나고 증명되어야 한다는 뜻입니다.

그동안 목회 현장에서의 경험들을 돌아보면, 크게 두 가지 극단이 있습니다. 어떤 목회자가 새로 부임하여 기가 막힌 설교로 교인들의 환심을 삽니다. 그로 인해 교회가 반짝 부흥합니다. 그런데 시간이 지나면서 문제가 하나씩 불거집니다. 그리고 마침내 목회자의 거취 문제가 논의됩니다. 그 과정에서 교회는 분열되고 마침내 뼈아픈 이별을 겪습니다. 설교만 놓고 보면 아무런 문제가 없습니다. 그러니 예배만 드리는 교인들은 목사에게서 전혀 문제를 느끼지 못합니다. 하지만 목사 가까이에서 일하는 임원들은 그 목사의 설교와 삶이 전혀 다르다는 사실을 압니다. 그런 시각 차이가 교회를 심하게 분열시킵니다. 이러한 경우를 우리는 자주 목격합니다.

왜 그렇습니까? 에토스가 로고스를 받쳐 주지 못하는 것입니다. 처음에는 그 사람의 말로만 판단할 수밖에 없습니다. 그러니까 말대로 믿어 주는 것입니다. 하지만 시간이 지나면서 그 사람의 됨됨이나 인품을 알아 갑니다. 그가 한 말과 그의 삶이 다르다는 사실을 거듭 목격하게 되면 실망감과 배신감을 느낍니다. 그때는 무슨 말도 통하지 않습니다. 그럴 경우 에토스가 부족한 목회자들은 끝없는 변명으로 문제를 해결하려 합니다.

이와 정반대의 상황도 있습니다. 목사가 새로 부임했는데 설교가 그리 신통치 않습니다. 그래서 걱정도 하고 염려도 합니다. 하지만 시간이 흐르면서 회중이 그 목회자를 신뢰하고 의지하고 사랑하는 것을 봅니다. 설교가 대단하지 않아도 크게 문제를 느끼지 못합니다. 로고스는 부족하지만 그 사람의 에토스가 교인들에게서 신뢰와 사랑을 얻은 것입니다. 그런 교회는 급성장하지는 않을지라도 한 사람 한 사람 차곡차곡 자라 가게 됩니다.

지난 십여 년간 표절이 문제가 되고 있습니다. 최근에는 신학자들의 경우도 표절이 문제가 되어서 소송까지 간 적이 있습니다. 우리나라를 '표절 공화국'이라고 할 만큼 분야마다 표절이 문제입니다. 목회자도 예외가 아닙니다. 아니, 표절 행위가 가장 심한 곳이 바로 교회입니다. 제가 목회하고 있는 지역에도 표절 문제로 인해 교회와 목사가 어려움을 당하는 일이 몇 년 동안 이어졌습니다. 어떤 사람은 다른 사람의 설교를 참고하는 정도가 아니라 그 사람의 개인적 예화까지 자신의 경험인 것처럼 사용하기도 했습니다.

표절은 죄입니다. 자신을 속이고 회중을 속이고 하나님을 속이는 것이며 엄연한 지적 도둑질이므로 죄입니다. 또한 그것은 독입니다. 잠시 동안에는 효력을 볼 수 있을지 몰라도 결국 자신과 회중을 죽게 합니다. 그 사람의 에토스와 로고스가 일치하지 않기 때문입니다. 교인 또한 그것을 느낍니다. 인간은 영적 존재이기 때문에 처음 얼마 동안은 속을지 몰라도 시간이 지나면서 그 사람에게서 나온 로고스가 아니라는 것을 안다는 말입니다. 그뿐 아니라 장기적으로 볼 때 자신의 에토스에서 우러나오는 설교를 할 수 있는 능력이 퇴화해 버립니다. 무엇보다, 목회자의 최고 덕목인 '정직성'에서 치명적 약점을 갖게 되는 것입니다. 그러므로 표절을 조심하시기 바랍니다. 절대로 하지 않겠다고 다짐하십시오. 부족하더라도 정직하게 있는 그대로 나의 에토스에서 로고스가 나오도록 노력하시기 바랍니다.

☐ 거룩한 에토스

미덕, 실천적 지혜, 사심 없는 마음

아리스토텔레스는 에토스를 구성하는 세 가지 요소가 있다고 말합니다. 한 사람의 인품이 설득력을 가지려면 세 가지 요소가 필요하다는 뜻입니다. 그 첫째는 '미덕'virtue입니다. 한마디로 좋은 성품을 말합니다. 성품에서 형성되어 드러나는 겸손, 온유, 사람들에 대한 관심, 배려 같은 것들이 여기에 해당합니다. 이것은 오랫동안 형성된 성품에서 맺어지는 열매입니다. 미덕은 의식적으로 선택하는 말이나 행동이 아닙니다. 미덕이 그 진가를 발휘하려면 저절로 혹은 무의식중에 말과 행동으로 드러나야 합니다. 의식적으로 미덕을 실천하는 것은 오래가지도 않을 뿐 아니라 보는 사람들이 그 진정성을 느끼지 못합니다. 오랜 시간 동안 작은 선택들이 쌓여서 성품 혹은 인격이 형성되고, 그 인격에서 미덕이 열매로 맺히는 것입니다.

두 번째는 '실천적 지혜'good sense입니다. 지혜는 지식과 조금 다릅니다. 지식knowledge은 상황과 상관없는 앎입니다. 식물이 성장하는 과정에 대해 연구하면 그에 관한 지식을 얻을 수 있습니다. 반면, 지혜는 변화하는 상황 속에서 어떻게 응답하느냐의 문제입니다. 식물을 잘 키우는 사람들은 지식이 아니라 지혜를 가진 것입니다. 지식에 근거하여 변화하는 상황에 바르게 응답하는 능력이 지혜입니다. 어릴 적 들었던 말이 생각납니다. "학교 선생님들은 아는 건 많은데 세상 물정에는 어둡다." 여기서 말하는 '세상 물정'이 바로 지혜입니다. 그런 능력이 삶을 통해 드러날 때 사람들은 그 사람을 신뢰하게 됩니다.

　　세 번째는 '사심 없는 마음'good will입니다. 그 사람이 지향하는 목표가 자신에게 있는가 아니면 다른 사람 혹은 공공선에 있는가의 문제입니다. 어떤 사람이 말로는 대의를 말하고 정의를 말하는데, 그의 삶을 통해 사람들이 느끼는 것은 정반대인 경우가 있습니다. 그 사람의 행동을 보면서 '아, 저 사람은 자신의 야망을 만족시키기 위해서 저러는구나. 자기 자신의 욕심을 만족시키기 위해서 저러는구나'라고 생각하게 된다면, 그 사람의 말은 더 이상 설득력을 가질 수 없습니다. '최순실 국정논단' 사태로 인해 여러 가지 의혹이 불거진 후에 박근혜 전 대통령이 거듭 대국민 담화를 발표했지만 국민의 의혹은 더욱더 커졌습니다. 그는 눈물을 글썽이며 사심 없이 대통령직을 수행했다고 강변했지만 아무도 곧이듣지 않았습니다. 말에서 사심 없는 마음이 얼마나 중요한지를 보여주는 사례입니다. 설교자가 설득력을 가지려면 이 세 가지 곧 미덕과 실천적 지혜와 사심 없는 마음을 겸비해야 합니다. 신앙 인격을 부단히 쌓아 가야 합니다.

'미덕'에 대해서는 톰 라이트Nicholas Thomas Wright의 『그리스도인의 미덕』After You Believe을 읽어 볼 것을 추천합니다.[4] 한국 교회가 그동안 가장 소홀히 여긴 영역 중 하나가 그리스도인으로서의 미덕을 기르는 일입니다. 이것을 '성화'라고도 부릅니다. 구원받은 사람이 이 땅에 있는 동안 공들여야 할 영역입니다. 그런데 우리는 예수 믿고 죄 사함 받고 죽어서 천국 가는 것에 대해서만 강조해 왔습니다. 칭의 이후에는 오직 축복을 누리는 것만 있는 것처럼 설교했습니다. 그로 인해 매력 없는 그리스도인이 되어 버렸습니다. 목회자는 미덕에서 모범이 되어야 합니다. 불행하게도 현실은 그렇지 않습니다. 그러므로 여러분 자신에게 정직하게 물어보십시오. 여러분은 얼마나 그리스도인으로서의 미덕을 드러내고 있습니까?

'냄새 피우는' 사람들이 있고 '향기 나는' 사람들이 있습니다. 냄새와 향기의 차이는 미덕에 의해 결정됩니다. 미덕이 풍부한 사람은 가만히 있어도 향기를 냅니다. 반면 미덕이 부족한 사람이 할 수 있는 것은 냄새 피우는 일입니다. 향기는 사람들을 매료시키고, 냄새는 사람들을 밀어냅니다. 믿는 사람들 가운데 '예수 냄새' 피우는 사람이 있는가 하면 '예수 향기' 나는 사람도 있습니다. 목사도 마찬가지입니다. '목사 냄새' 피우는 사람도 있고 '목사 향기' 나는 사람도 있습니다. 참으로 불행하게도, 냄새 피우고 다니며 사람들의 인상을 찌푸리게 하는 사람이 더 많습니다. 성령의 열매가 우리 안에 가득하여 예수 향기 그리고 목사 향기 내기를 소망해야 합니다. 그것이 설교자로서 가장 먼저 바랄 일입니다.

설교자는 또한 '실천적 지혜'를 위해서 부단히 자신을 연마해야 합니다. 때로 "우리 목사님은 성경만 파는 분이다"라는 평가를 듣습니다. 이 평가가 좋게 들릴지 모르지만 실은 부정적 뜻을 담고 있습니다. 교사가 지식은 많아도 세상 물정에 어두운 것처럼, 목사가 성경에 대해서는 해박한데 실생활에서는 무능할 수 있습니다. 설교는 하나님의 말씀과 일상의 삶을 이어 주기 위한 노력입니다. 그러므로 설교자는 매일 읽고 씨름하는 말씀이 구체적인 생활에서 어떻게 적용되어야 하는지에 대해 안내해 줄 수 있어야 합니다. 성경 해석은 좋은데 딴 세상 이야기처럼 들리면 안 됩니다. 이것은 설교자 혹은 목회자가 아니라 한 사람의 신앙인으로서 매일 말씀을 읽고 묵상하며 실천하는 과정을 통해 기를 수 있는 능력입니다.

'사심 없는 마음'에 대해서도 설교자는 항상 깨어 있도록 힘써야 합니다. 목회자 혹은 설교자로 헌신한 사람 중에 처음부터 자기 자신의 이익만을 꾀하는 사람은 거의 없을 것입니다. 처음에는 모두 하나님을 위해, 교회를 위해 그리고 잃어버린 영혼을 위해 자신을 드리기로 결단합니다. 신학교 졸업식장에서 「부름받아 나선 이몸」^{새찬송가 323장}을 찬송할 때 가슴이 뜨거워짐을 느낍니다. 그런데 목회의 여정이 지속되고 가정이 생기고 세파에 물들면서 점점 초심을 잃습니다. 자신도 모르는 사이에 자신의 성공과 부와 명성을 위해 일합니다. 겉으로는 하나님의 뜻을 운운하지만 실은 목회자 자신의 사심을 위해 살아갑니다. 그 말에 속아 넘어가는 교인들도 있겠지만, 더 많은 사람들은 그 속셈을 알아차리고 조용히 자리를 떠납니다.

이 책을 읽는 분 가운데는 젊은 목회자들도 많을 것입니다. 지금 여러분이 가지고 있는 에토스와 10년 혹은 20년 후의 여러분의 에토스가 같지 않습니다. 분명 달라지게 되어 있는데, 문제는 어떤 식으로 달라지느냐에 있습니다. 매일 지속적인 영성 생활을 통해 '거룩한 에토스'를 형성해 나가지 않으면 여러분의 에토스는 더욱 나빠집니다. 제 나이에 여러분은 딱딱한 권위주의자가 되거나 노회한 목회자의 모습에 이를 수 있습니다. 지금은 비록 부족할지라도 매일 영적 훈련을 통해 에토스를 형성해 가면, 5년 혹은 10년 후에는 전혀 다른 설교자가 되어 있을 것입니다.

그러므로 거룩한 에토스를 형성하는 것이야말로 지금 여러분이 집중해야 할 최고의 과제라고 여기시기 바랍니다. 지금 여러분 수준에 만족하지 마시고 계속해서 연마하십시오. 삼십 대의 제 모습이 지금의 모습이 아니었고 사십 대의 제 모습도 지금의 모습이 아니었습니다. 즉 저의 지금 모습은 과거의 모습 그대로가 아니며, 앞으로도 계속 변화해 갈 것입니다. 그 변화가 퇴색하는 변화일 수도 있고 혹은 점점 색깔이 선명해지는 변화일 수도 있습니다. 제가 앞으로 어떻게 살아가느냐에 달려 있습니다.

저는 지금의 저에 만족하지 못합니다. 저의 인격과 영성과 성품이 더 깊어지기를 소망합니다. 숨이 다하는 순간까지 그럴 수 있기를 소망합니다. 그 소망은 저절로 이루어지지 않습니다. 부단히 무릎 꿇고 말씀 앞에서 자신을 돌아보며 주님의 장성한 분량에까지 자라도록 힘써야 합니다.

영성과 성품

'거룩한 에토스'를 형성하는 것을 영어로 'spiritual formation'이라고 부릅니다. 이 말을 우리말로 만족스럽게 번역하기란 참 어렵습니다. '영성 형성'이라 해도 어색하고 '영성 계발'이라 해도 어색합니다. 이 번역이 어색하게 들리는 이유는 '형성' 혹은 '계발'의 주체가 우리 자신인 것처럼 들리기 때문입니다. 우리가 우리 자신을 만드는 것이 아닙니다. 우리는 '형성되는' 존재들입니다. 어떤 경험을 하느냐, 어떻게 살아가느냐, 누구를 만나느냐, 무엇을 읽느냐, 무엇을 먹느냐, 무엇을 하느냐에 따라 우리의 존재가 형성됩니다. 매일 무엇을 지향하며 어떤 습관으로 사느냐에 따라서 독특한 영성이 형성됩니다.

사실, 영성 형성은 곧 전인적인 형성입니다. 인간 존재는 영과 혼과 육이 결합된 단일체이기 때문입니다. 우리는 영과 혼과 육을 서로 분리할 수 있는 부분으로 생각하는 헬라적 사고에 익숙해 있습니다만, 그 전체를 통합적으로 보는 히브리적 시각이 옳습니다. 그러므로 인간 존재의 다양한 영역들을 관리하여 통합된 한 인격으로 성장하는 것이 바로 영성 형성이며 거룩한 에토스의 형성입니다.

영성을 이해하기 위해서 그림을 그려 보았습니다. 타락하기 이전의 인간 상태를 그리자면 다음과 같습니다(표 1).

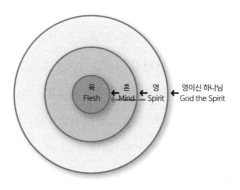

표 1_ 원창조 상태의 인간

여기서 동심원의 크기는 영향력을 의미합니다. 인간을 구성하고 있는 영과 혼과 육은 분리할 수 없는 상태로 연결되어 있습니다. 바울 사도는 '육'에 해당하는 '싸르크스'^{σάρξ}와 뜻을 구분하여 '쏘마'^{σῶμα}라는 단어를 사용했습니다. 바울에게 몸 곧 '쏘마'는 영·혼·육을 포함하는 인간 존재 전체를 의미하는 단어입니다. 영은 영이신 하나님과 소통할 수 있는 영역 혹은 기능입니다. 세 개의 요소 중에 영의 영향력이 가장 강한 상태에 있으면 영이신 하나님과의 소통이 활짝 열립니다. 그렇게 되면 영은 하나님의 뜻에 순종하고 혼과 육은 영에 순종합니다. 화살표는 영향력이 미치는 방향을 의미합니다. 그럴 때 인간의 내면은 통합되고 영·혼·육이 하나가 되어 하나님의 뜻을 이룹니다.

인간이 하나님께 불순종한 이후 하나님의 낯을 피했습니다. 하나님과 소통하기를 회피했습니다. 죄인으로서 하나님을 대면하는 것이 불편했기 때문이며, 하나님과의 소통은 죄에 물든 양심을 불편하게 만들기 때문입니다. 하나님과의 불통으로 인해 인간의 영은 점점 약화되어 갑니다. 영은 하나님과의 소통을 위해 주어진 영역인데 소통이 더 이상 일어나지 않으니 영이 죽은 상태가 되어 버리는 것입니다. 질병으로 인해 오래도록 누워 있으면 육신이 제 기능을 할 수 없을 정도로 연약해지는 것과 같은 이치입니다. 그 결과 인간은 혼과 육의 기능으로만 살아갑니다. 그 상태를 그림으로 표현하면 다음과 같습니다(표 2).

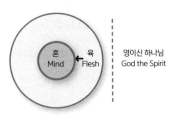

표 2_ 타락한 인간

　　타락한 인간의 영이 죽은 상태인지 아니면 살아 있으나 기능을 하지 못하는 상태인지는 신학적 논쟁의 대상입니다. 어느 편이든지 간에 현실은 같습니다. 영이 제 기능을 하지 못하기 때문에 인간은 하나님과 소통하지 못합니다. 하나님을 찾으려 하지도 않고 그 뜻을 알아도 순종하려 하지 않습니다. 인간과 하나님 사이를 점선으로 표시한 것은 영이 죽은 인간이 하나님과 소통하지 못하는 상태를 의미합니다.

　　영이 죽으면 대개의 경우는 육이 지배하게 되어 있습니다. 부단한 인격 수양을 통해 혼이 육을 지배하는 상태에 이른 사람도 있습니다. 하지만 육의 지배력은 여전히 강합니다. 성경은 이 상태를 '영적 죽음'이라고 규정합니다. 혼이 제 기능을 하지 못하면 '뇌사'라고 부르지 않습니까? 그럴 경우, 육신의 생명을 연장할 가치가 있는지를 두고 논쟁을 벌입니다. 정신이 작동하지 않으면 육신만의 생명은 무의미하다고 보기 때문입니다. 그렇다면 영이 죽으면 상태는 더욱 심각해집니다. 그것을 '영사'라고 부를 수 있습니다.

C. S. 루이스는 인간은 하나님과 짐승의 중간 상태에서 하나님의 차원을 향해 올라갈 수도 있고 짐승의 상태로 전락할 수도 있는 존재로 지어졌다고 했습니다. 불행하게도 최초의 인간은 짐승의 상태로 전락하는 선택을 했습니다. 그것이 인간의 모든 악행의 원인이며 또한 불행의 원인입니다. 하나님과의 소통을 거부하고 오직 혼과 육으로만 살아감으로 인해 인간의 마음은 깨어지고 흐려졌으며 이성은 눈이 멀었고 정서는 분열되었습니다. 육신은 탐욕의 도구가 되었고 혼은 이기심으로 물들었습니다. 인간 존재 전체가 죄로 인해 구제 불가의 상태에 처했습니다.

그 상태로부터 벗어날 길을 예수께서 열어 놓으셨습니다. 회개하고 예수 그리스도께 의지하면, 죽어 있던 혹은 작동하지 않던 영이 살아납니다. 영적 죽음의 상태에서 회복되는 것입니다. 그리스도 안에서 옛 자아를 내려놓고 새로운 자아로 자라 갑니다. 우리는 그것을 '속사람'이라 부르고, 속사람의 탄생을 '거듭남'이라 부릅니다. 그런 다음 우리는 영의 영향력이 자라 가게 해야 합니다. 우리가 행하는 모든 영적 노력은 영의 영향력을 키우는 노력이라 할 수 있습니다. 그 노력이 부실하면 살아난 영이 혼과 육의 영향력에 짓눌립니다. 그 상태를 그림으로 표현하면 다음과 같습니다(표 3).

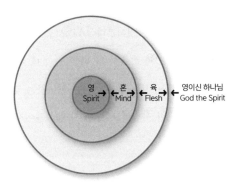

표 3_ 영적 회복 과정에 있는 인간

영적 충만의 상태에 이르지 못하면 영의 영향력이 혼과 육의 영향력에 밀립니다. 또한 혼과 육의 방해로 인해 영이신 하나님과의 소통에 곤란을 겪습니다. 영이 하나님의 뜻을 알아차린다 해도 순종하기 어렵습니다. 혼의 이기심과 육의 본성이 순종을 거부하기 때문입니다. 그것이 바로 내적 분열과 갈등의 원인이 되는데, 그러한 양상을 화살표로 표시했습니다. 내적 평화와 질서에 이르는 유일한 길은 영의 영향력이 강해져서 하나님이 지으신 원래의 상태로 회복되는 것입니다. 그 이전까지 우리는 영적 죽음의 상태(표 2)에 머물러 있거나 내적 분열과 갈등 상태(표 3)에서 살아갈 수밖에 없습니다. 여기서 로마서에 나오는 바울 사도의 고백이 생각납니다.

그러므로 내가 한 법을 깨달았노니 곧 선을 행하기 원하는 나에게 악이 함께 있는 것이로다. 내 속사람으로는 하나님의 법을 즐거워하되 내 지체 속에서 한 다른 법이 내 마음의 법과 싸워 내 지체 속에 있는 죄의 법으로 나를 사로잡는 것을 보는도다. 오호라 나는 곤고한 사람이로다. 이 사망의 몸에서 누가 나를 건져내랴롬 7:21-24.

이 고백이 이 편지를 쓰던 당시 바울의 고백인지 아니면 믿기 이전의 고백인지에 대해 학자들의 논쟁이 치열합니다. 저는 성령 충만한 상태에 이르기 전 상태에 대한 고백이라고 생각합니다. 바로 뒤 즉 25절에서 바울은 "우리 주 예수 그리스도로 말미암아 하나님께 감사하리로다"라고 적고 있기 때문입니다. 그뿐 아니라, 이어지는 8장에서 그는 이렇게 선포합니다.

그러므로 이제 그리스도 예수 안에 있는 자에게는 결코 정죄함이 없나니 이는 그리스도 예수 안에 있는 생명의 성령의 법이 죄와 사망의 법에서 너를 해방하였음이라롬 8:1-2.

로마서를 쓸 당시에 바울 사도는 영적 충만 상태에 있었습니다. 영이신 하나님과 막힘없는 사귐을 통해 그의 영은 혼과 육을 다스리고 있었고, 내적 분열과 갈등의 상태를 벗어나 있었습니다. 그것을 바울은 "해방"이라고 표현합니다. 혼의 이기심과 육의 욕망이 더 이상 발목을 잡지 않는 상태에 이른 것이니 해방이라 할 만합니다. 이런 상태에서 살아가고 있던 바울은 로마 교인들에게 글을 쓰면서 자신의 과거 경험을 되돌아보았습니다. 그들 중에는 아직 영적 충만 상태에 이르지 못한 사람들이 많았을 것입니다. 그들이 자신의 이야기로 읽도록 바울은 마치 그것이 자신의 현재 상태인 것처럼 쓰고 있습니다. 실로 바울은 수사학에 뛰어난 사람이었습니다.

아마도 여러분은 '표 1'과 '표 3' 사이에서 오락가락하며 살아가고 있을 것입니다. 저도 마찬가지입니다. 영성을 유지하고 지키는 것은 매일매일의 과제입니다. 어느 단계에서 완성되어 늘 그 상태에 머무르는 것이 아닙니다. 영적 훈련을 게을리하면 '표 3'의 상태로 추락하고 영적 생활을 지속하면 '표 1'의 상태를 회복합니다. 우리의 과제는 '표 1'의 상태에 늘 머물러 있고 또한 그 상태가 깊어지게 하는 것입니다. 그럴 때 혼의 이기심과 육의 욕망이 영의 다스림을 받아 하나님의 뜻에 순종하게 됩니다. 신앙과 인격과 성품은 그렇게 자라 가는 것입니다. 영의 영향력이 커지면 성령께서 맺어 주시는 여러 가지 열매가 맺히기 때문입니다.

☐ 진실한 그리스도인, 진실한 설교자

영적 충만의 상태 곧 영의 영향력이 혼과 육을 다스리는
상태에 이르는 것이 영적 생활의 목표입니다. 바울 사도는 골
로새서 1:28에서 각 사람을 그리스도 안에서 완전한 자로 세
우는 것이 우리의 목표라고 말하고 있고, 에베소서 4:13에서
는 "그리스도의 장성한 분량이 충만한 데까지 이르는 것"이 우
리의 과제라고 썼습니다. 이것은 설교자나 목회자가 아니라 한
사람의 그리스도인이 가져야 할 목표입니다. 그렇다면 우리는
설교자나 목회자가 아니라 한 사람의 그리스도인으로서 변화
와 성장을 추구해 가야 합니다. 설교자는 '설교자'이기 이전에
한 사람의 진실한 '그리스도인'이 되어야 하고 진실한 '사람'이
되어야 합니다. 그것이 설교자의 가장 중요한 자산이며 또한
기초라 할 수 있습니다.

진실한 그리스도인이 되기 위해서는 적어도 세 가지의
요소가 있어야 합니다. 그 두 가지는 예수께서 공생애 기간 동
안에 말씀하셨습니다.

> 요한이 잡힌 후에 예수께서 갈릴리에 오셔서 하나님의 복음을 전
> 파하여 이르시되 때가 찼고 하나님의 나라가 가까이 왔으니 회개
> 하고 복음을 믿으라 하시더라^{막 1:14-15}.

여기서 예수님은 두 가지를 요청하십니다. 바로 '회개'와 '믿음'입니다. 그런데 부활하신 후에는 여기에 하나를 더하십니다.

예수께서 또 이르시되 너희에게 평강이 있을지어다. 아버지께서 나를 보내신 것같이 나도 너희를 보내노라. 이 말씀을 하시고 그들을 향하사 숨을 내쉬며 이르시되 성령을 받으라요 20:21-22.

'회개'와 '믿음' 그리고 '성령', 이것이 진실한 그리스도인에게 필요한 세 가지 요소입니다. 어느 정도 교회 생활을 한 사람이라면 이 세 단어를 모르지 않을 것입니다. 하지만 알고 보면 이 세 가지 요소를 제대로 이해하고 있는 사람은 많지 않습니다. 그로 인해 진실한 그리스도인으로서 성장해 가지 못하고 영적 충만을 맛보지 못합니다.

회개

첫째, '회개'가 무엇인지 생각해 보겠습니다. 회개를 의미하는 헬라어 '메타노이아'μετάνοια는 '마음' 혹은 '정신'과 관계있습니다. 마음을 돌이키는 것이 회개라는 뜻입니다. 하지만 히브리어 '슈브'שׁוּב는 마음뿐 아니라 존재 전체를 돌이키는 것입니다. 그것은 마음에서 시작합니다. 그런 점에서 '메타노이아'의 의미도 중요합니다. 마음의 돌이킴에서 모든 것이 시작되기 때문입니다. 하나님을 등지고 자신의 뜻과 욕망을 따라 살아가던 사람이 하나님께로 마음을 돌렸다면 그 사람의 모든 영역에 변화가 일어나게 되어 있습니다. 세상을 보는 눈이 달라지고 인생을 사는 가치관이 달라집니다. 습관도 달라지고 말버릇도 달라지며 취미도 달라집니다. 존 웨슬리John Wesley가 말했던 것처럼 '지갑의 변화'까지 일어나야 합니다. 그것을 세례 요한은 '회개의 열매'라고 했습니다.

스스로 그리스도인이라고 생각하는 사람들 중에 진실한 회개의 경험을 거치지 않은 이들이 많습니다. 꼭 오감 중 하나로 체험을 해야 한다는 뜻은 아닙니다. 내 마음의 방향이 하나님께로 돌아서고 그로 인해 삶의 방식에 변화가 일어나는 전환의 경험이 있었느냐는 질문입니다. 그것은 한순간에 전격적으로 일어날 수도 있고, 점진적으로 일어날 수도 있습니다. 만일 그러한 전환의 경험이 없고 전환의 증거도 없다면, 자신의 신앙을 심각하게 점검해 보아야 합니다. 혹은 과거에 그런 경험이 있었는데 그것이 까마득한 과거의 사건이 되도록 방치한 상태로 사는 사람도 있습니다. 회심의 추억만을 가지고 살아가는 것입니다. 그렇게 되면 과거에 내려놓았던 죄스러운 일들로 되돌아갑니다. "개가 그 토한 것을 도로 먹는 것같이 미련한

자는 그 미련한 것을 거듭 행하느니라"^{잠 26:11}는 말씀이 그 사람에게 진실이 됩니다.

불행하게도 설교자들 중에 이런 상황에 있는 이들이 적지 않습니다. 진정한 회개를 거치지 않은 이들도 없지는 않습니다만, 회개가 추억이 된 설교자들이 많이 있습니다. 저는 저 자신에게서 이 위험을 가끔 목도합니다. 또한 그동안 목사로 살아오면서 "토한 것을 도로 먹는" 설교자들을 많이 보아 왔습니다. 그들은 회개하면서 버렸던 부끄러운 일들을 하나씩 다시 회수합니다. 그러고는 이렇게 생각합니다. '과거에는 내 믿음이 연약하여 그것이 죄가 되었지만, 이제 그것쯤은 아무 상관없어. 나는 그런 저급한 도덕률에 얽매이지 않을 정도로 성장했지.' 이런 생각이 그들로 하여금 거룩하고 성결한 생활을 우습게 여기고 죄를 즐기도록 이끕니다. 속이는 자 사탄에게 속은 것입니다. 결국 설교자는 위선자가 됩니다.

믿음

그런 까닭에 두 번째 요소가 필요합니다. 그것은 바로 '믿음'입니다. 자신이 가던 방향에서 하나님께로 돌아서는 경험은 곧바로 믿음의 삶으로 이어져야 합니다. 많은 사람들이 믿음을 어떤 교리에 대한 '지적 승인' 정도로 오해해 왔습니다.

그것은 성경에서 말하는 믿음과는 매우 다릅니다. 구약과 신약에서 '믿음'이라는 단어는 주로 동사로 쓰였습니다. 믿음은 잡았다 놓았다 하는 '대상'이 아니라 살아가는 '과정'을 의미합니다. 믿음의 대상은 성부, 성자, 성령 삼위 하나님이시며, 삼위의 하나님을 의지하고 살아가는 과정이 곧 믿음입니다. '신앙' 혹은 '종교'를 의미하는 영어 단어 'religion'과 '관계'를 뜻하는 영어 단어 'relation'이 같은 뿌리에서 나왔다는 사실은 매우 의미심장합니다. 믿음은 하나님과의 '관계'입니다. 관계는 고정되어 있지 않습니다. 유동적이고 살아 있으며 움직입니다. 정성을 들이면 깊어지고 강해지지만 방치하면 얕아지고 약해집니다. 바로 믿음이 그렇습니다. 그것은 한번 소유하면 내 것이 되는 것이 아니라 매일, 매 순간 보이지 않는 영이신 하나님을 의지하며 살아가는 것입니다.

그런 점에서 우리는 믿음에 대한 성경 말씀들을 다시 살필 필요가 있습니다. 성경 전체에서 가장 중요한 구절 하나를 택하라면 요한복음 3:16이 가장 많은 표를 얻을 것입니다. 기독교 복음을 가장 간략하게 그러나 가장 완벽하게 요약한 말씀이라고 생각합니다.

하나님이 세상을 이처럼 사랑하사 독생자를 주셨으니 이는 그를 믿는 자마다 멸망하지 않고 영생을 얻게 하려 하심이라.

"그를 믿는 자마다"에 사용된 헬라어는 현재형 동사입니다. 그러므로 그 뉘앙스를 살려서 번역하면 "그를 지속적으로 믿는 자마다" 혹은 "그에 대한 믿음 안에 머물러 있는 자마다"가 됩니다. "그를"이라고 번역된 것도 실은 "그 안에"라고 번역해야 옳습니다. 믿음은 독생자 예수 그리스도 안에 나의 존재를 맡기는 일입니다. 그 상태로 계속 살아가는 것입니다. 그것이 예수께서 말씀하신 믿음입니다. 그것을 강조하기 위해 주님께서는 '포도나무와 가지의 비유'를 말씀하셨습니다.

> 나는 포도나무요 너희는 가지라. 그가 내 안에, 내가 그 안에 거하면 사람이 열매를 많이 맺나니 나를 떠나서는 너희가 아무것도 할 수 없음이라요 15:5.

포도나무 가지가 줄기에 붙어 있는 이미지는 믿음이 무엇인지를 정확히 묘사해 줍니다. 붙었다 떨어졌다 하는 가지는 말라 죽습니다. 항상 줄기에 붙어 있어서 줄기로부터 양분과 수분을 빨아들여야 합니다. 이처럼 믿음은 늘 주님 안에 머물러 있는 것입니다. 그것이 'believe him'그를 믿는다이라는 표현과 'believe in him'그 안에 믿는다이라는 표현의 차이입니다. '그를 믿는다'는 말은 그 사람을 의지하고 신뢰한다는 뜻이지만, '그 안에 믿는다'는 말은 그 사람에게 자신을 맡긴다는 뜻입니다. 그것이 믿음입니다.

진정한 회개는 이러한 믿음으로 이어져야 합니다. 진실한 회개가 추억이 되어 버리고 다시금 구습으로 돌아가는 이유는 인격적 믿음의 삶으로 이어지지 않았기 때문입니다. 예수 그리스도의 인격 안에 머물러 사는 상태가 지속된다면 그런 퇴보는 일어나지 않을 것입니다. 오히려 예수 그리스도로부터 양분과 수분을 받아 자라 가게 될 것입니다.

설교자에게 일어날 수 있는 가장 큰 위험은 자신이 예수 그리스도 안에 머물러 있다고 전제하는 것입니다. 설교자 혹은 목회자라는 위치가 그렇게 착각하게 만들고, 목사로서 해야 하는 일들이 그렇게 전제하게 만듭니다. 마치 하루 종일 예배당 안에 있었으니 하나님 안에 있었던 것이라고 착각하는 것과 같은 이치입니다. 온종일 예배당 안에 있으면서도 하나님을 완전히 망각하고 살 수도 있고 하나님의 뜻과 반대되는 죄악을 범할 수도 있습니다. 목사가 교회 목양실에서 성범죄를 저지르는 이유가 무엇입니까? 예배당 안에 있지만 하나님은 잊은 것입니다. 매일 하나님의 일을 하면서도 하나님을 잊고 살 수 있습니다. 매일 성경을 읽으면서도 정작 영혼은 파리하게 야윌 수 있습니다. 설교자의 모든 신앙 행위가 일이 되면 그렇게 됩니다. 매일 믿음을 이야기하면서 실은 줄기에서 떨어져 살아가는 가지들이 많습니다.

성령

　　세 번째 요소는 '성령'입니다. 예수께서는 당신이 떠나가면 또 다른 보혜사를 보낼 것이라 약속하셨고 그 약속을 이루셨습니다. 사실, 예수 그리스도를 주님으로 영접하고 그분에게 접붙임이 되어 살아가는 사람에게는 이미 성령께서 역사하고 있다고 할 수 있습니다. 예수 그리스도를 주님으로 영접하기 이전부터 성령께서는 그 사람을 부르셨습니다. 다만 영접하기 이전에는 그것이 성령의 활동인지 모를 뿐입니다. 하지만 영접하고 나면 그동안 알지 못했던 그 정체 모를 일들이 성령에게서 온 것임을 알게 됩니다. 자신의 내면에 성령의 임재를 인정하고 그분의 인도를 따라 살아가는 변화가 일어납니다. 그래서 바울 사도는 "성령으로 아니하고는 누구든지 예수를 주시라 할 수 없느니라"고전 12:3고 했습니다.

　　그럼에도 불구하고 이미 예수 그리스도를 믿는 이들에게 "성령을 받으라"고 말하는 이유는 무엇입니까? 예수께서도 그렇게 말씀하셨고 사도들도 그렇게 말하지 않았습니까? 복음에 응답하여 예수 그리스도를 주님으로 영접한 사람에게는 이미 성령께서 내주하고 계신데 왜 또 "받으라"고 말하는 것일까요? 이 점에 대해서는 여러 가지 해석이 있습니다. 지금 이 책에서 그 견해들을 모두 다룰 수는 없습니다. 또한 이 문제에 대하여 서로 입장을 달리한다고 해서 이단이라고 할 수는 없습니다. 이 점에 대해 성경이 '모호성'을 허락하고 있기 때문에 우리에게는 어느 정도의 입장 차이가 허락된 것입니다.

저는 이것을 '충만함을 향한 권고'로 해석합니다. "당신들에게 없는 성령을 받으라"는 뜻이 아니라 "당신들 안에 있는 성령의 다스림이 충만하게 하라"는 뜻으로 보는 것입니다. 우리 안에 성령께서 내주하신다는 사실을 인정하고 성령께서 우리 자신을 온전히 다스리도록 자리를 내어 드리라는 말입니다. 그분께서 나의 생각과 의지와 감정과 계획을 온전히 다스리도록 내어 드리라는 말입니다. 온종일 그분께 사로잡혀 살아가도록 주권을 이양하라는 말입니다. 그렇게 할 때 성령께서는 우리 안에 '은사'를 드러내시고 여러 가지 '열매'를 맺으십니다. 은사는 성품과 상관없이 나타나는 거룩한 능력이며, 열매는 성품에 드러나는 거룩한 능력입니다. 은사는 한동안 나타나다가 사라지는 경우가 많습니다만, 열매는 성품을 형성하기 때문에 믿음 안에 머물러 있는 한 없어지지 않습니다.

저는 베드로후서 1:4에 나오는 "신성한[하나님의] 성품에 참여하는 자"라는 표현을 좋아합니다. 그것은 모든 그리스도인들이 이 땅에서 소망할 일입니다. 진실하게 회개하고 믿음 안에 거하며 성령께 사로잡혀 살아가면 하나님의 성품에 참여하게 됩니다. 그렇게 되면 우리 존재의 모든 면에 변화가 나타납니다. 거룩한 에토스는 그렇게 형성되며, 그것이 설교자에게 가장 큰 자산이요 무기입니다.

비밀을 경험하고 드러내는 것

앞에서 말씀드린 대로, 설교는 맡겨진 비밀을 전하는 것입니다. 그래서 설교자로서 우리가 지속적으로 해야 하는 것은 이 비밀을 경험하고 드러내는 것입니다. 예수 그리스도를 통해서 얻는 구원은 비밀입니다. 다 경험할 수도 없고 다 알 수도 없는 것입니다. 그것이 비밀이고 신비입니다. 그 비밀은 믿는 자의 삶에 비밀을 만들어 줍니다. 표정과 언행과 태도와 삶의 이야기 안에 비밀과 신비가 깃듭니다. 그리고 그 비밀은 보는 사람으로 하여금 궁금하게 만듭니다. 베드로전서 3:15을 보면 "너희 속에 있는 소망에 관한 이유를 묻는 자에게는 대답할 것을 항상 준비하되"라고 말합니다. 내가 그 사람을 붙들고 "내 말 좀 들어 보십시오"라고 하지 않아도, "당신에게는 있고 내게는 없는 그것이 무엇입니까?"라고 묻게 된다는 것입니다. 그것이 바로 거룩한 에토스의 힘이요, 하나님의 성품에 참여하는 사람의 비밀입니다.

몇 년 전, 미국의 한 교회로부터 집회 초청을 받았습니다. 집회가 시작되기 한 달 전 즈음에 그 교회에서 어떤 분이 연락을 해오셨습니다. 알고 보니 고등학교 동창이었습니다. 40년 동안 떨어져 있다가 의외의 장소에서 만나게 된 것입니다. 집회를 시작하기 전에 그 친구 부부와 아침식사를 함께하면서 물었습니다. "그때 우리 반에 교회 다니는 아이들이 뭉쳐 다녔는데, 자넨 거기 없었잖아? 언제부터 믿기 시작한 거야?" 그 친구는 교회 다닌 지 10년 정도 되었다고 대답했습니다. 저는 호기심이 생겨서 믿게 된 경위를 물었습니다.

그 친구는 한국 회사의 미국 지사 주재원으로 왔다가 사표를 내고 미국에서 사업을 하고 있었습니다. 그러던 중 IMF 외환위기로 인해 우리나라가 힘들었을 때 국내에서 사업을 하던 절친한 친구 하나가 파산하게 되었습니다. 멀리서 두고 볼 수 없는 사이인지라 그는 급거 귀국하여 수습하는 일을 도와주었습니다. 친구 부부와 함께 지내는 동안에 그 친구의 눈에 이상하게 보이는 점이 있었습니다. 파산의 상황 때문에 갈피를 잡지 못하는 친구에 비해 그의 아내는 너무도 평안하고 담대하게 문제들을 대면하고 처리하는 것이었습니다. '이런 상황에서 어떻게 저럴 수 있을까?' 그 친구는 의문이 생겼습니다. 그 전에도 많이 만났는데 그때는 보지 못했던 모습이 보였던 것입니다. 모든 삶의 터전이 무너진 상황에서 친구의 아내가 보여준 태도가 놀라웠습니다. 그것이 무얼까 궁금해서 관찰해 보았습니다. 아무리 찾아보아도 한 가지 이유밖에 없었습니다.

그것은 바로 그의 믿음이었습니다.

그 친구는 미국으로 들어오기 전에 아내에게 전화를 걸어 다음과 같이 말합니다. "여보, 우리 교회 나갑시다." 그러자 갑작스러운 남편의 제안에 아내가 대답합니다. "사실 주변 친구들이 교회 가자고 하는데 나만 갈 수 없어서 그냥 가만히 있었어. 당신에게 이야기해 봐야 씨도 안 먹힐 것 같아서 말도 못하고 있었지. 당신 마음이 그러면 잘 됐어. 같이 나가자." 그렇게 하여 미국에 돌아오는 그 주일부터 두 사람이 제 발로 교회를 찾아 나가게 되었습니다.

바로 이것이 거룩한 에토스가 발산하는 비밀의 힘입니다. 「너 성결키 위해」라는 찬송새찬송가 420장 2절 가사에 "널 보는 이마다 주 생각하리"라는 가사가 있습니다. 그 찬송을 부를 때마다 저는 마음 다해 기도합니다. 정말 그렇게 되게 해달라고 말입니다. 그것은 우리의 노력만으로는 안 됩니다. 내가 윤리적으로 완전해지기 위해 노력하여 그렇게 되는 것이 아닙니다. 이것 역시 그 사람을 주님 앞으로 인도하는 성령의 인도하심입니다. 내가 스스로 인격 형성을 통해 누구에게나 그런 모습을 보이는 것이 아니라, 필요할 때 나를 통해서 성령께서 그것을 보여주십니다. 다만, 그렇게 쓰임받기 위해서는 우리가 먼저 그 비밀을 경험해야 합니다. 우리 안에 비밀이 있어야 합니다.

개신교 목회자들이 믿지 않는 사람들에게 어떤 이미지

로 비치고 있다고 생각하십니까? "목사님을 뵈면 신부님 같은 느낌이 듭니다"라는 말이 칭찬이라는 사실에 여러분은 어떻게 느끼십니까? 목회자의 이미지가 다른 종교의 지도자들의 그것만 못하다는 뜻이 아닙니까? 사실, 개신교 목회자는 구도자 혹은 수도자의 이미지보다는 사업가, 영업사원, 예능사회자 혹은 달변가 같은 이미지가 더 강합니다. 개신교 목회자의 이미지에는 성품이나 인격보다는 기능이나 능력이 더 강하게 작용하는 것 같아 보입니다. 구도자 혹은 신비와 비밀을 간직한 사람 혹은 눈 뜨고 꿈꾸는 사람 같은 이미지는 약합니다. 이것 역시 우리가 복음을 비밀이 아니라 비결로 대해 온 결과라 할 수 있을 것입니다.

☐ 거룩한 에토스의 형성

거룩한 에토스를 형성하는 과정에서 중요한 요소들을 몇 가지 짚어 보겠습니다. 영의 영향력 아래에 혼과 육이 통합되는 상태로 살아가기 위해서 혹은 경건의 능력 안에 머물러 살아가기 위해서 필요한 영적 습관이 있습니다.

기도

첫째는 '기도'입니다. "기도가 무엇입니까?"라고 물으면 절대다수는 "하나님께 구하는 것입니다"라고 대답할 것입니다. 그렇게 생각하기 때문에 "5분 이상 기도할 내용이 없습니다"라는 이야기를 교인들에게서 자주 듣습니다. 기도에 대해 심각하게 오해하고 있는 것입니다. 한마디로 말하면, 하나님과의 관계 안에서 행하는 모든 것이 기도입니다. 그래서 바울 사도는 "쉬지 말고 기도하라"^{살전 5:17}고 했습니다. "기도하다가 쉬거나 멈추지 말라"는 뜻이 아니라 기도의 상태가 지속되게 하라는 뜻입니다. 우리의 필요를 구하는 것만으로는 그럴 수 없습니다. 기도의 패러다임을 바꿔야 합니다.

한국 교회 문화에서 기도가 많이 왜곡되어 있다는 것은 새삼스러운 지적이 아닙니다. 가장 큰 문제는 기도가 하나의 '일'이 되어 버린 현실에 있습니다. 특히 목회자들에게는 더욱 그렇습니다. 한국 교회의 독특한 문화 때문에 목회자는 끊임없이 기도해야 합니다. 목사의 '일'로 기도하는 것입니다. 그러다 보니 자신이 충분히 기도하고 있다고 착각하게 됩니다. 시간을 따로 구별하여 일이 아니라 삶으로 하나님과 나누는 밀월의 경험이 필요한데 그것을 소홀히 합니다. 그러한 패턴이 굳어지면 영적 공허와 형식주의에 빠집니다. 목회자들이 목회 현장을 떠나면 기도를 하지 않는 경향이 있는데, 그 이유가 여기에 있습니다. 새벽기도를 일로 대하다 보니, 그 일을 하지 않아도 될 상황에서는 기도까지 증발해 버립니다.

　　또 다른 문제는 기도가 '구하는 것' 혹은 '구하는 과정'으로만 이해되어 왔다는 사실입니다. 하나님 앞에 선 피조물로서 구하는 것은 당연한 일입니다. 다만 무엇을 구하느냐가 중요한데, 현세적이고 물질적인 것을 구하는 것에 집중하는 것이 문제입니다. 우리의 '필요'뿐 아니라 '욕망'까지도 하나님께 구하기를 주저하지 않습니다. 성과주의의 기도 곧 무엇인가를 하고 무엇인가를 얻는 과정으로 기도를 생각합니다. 그래서 그 사람의 기도의 분량과 그 사람의 존재 사이에 아무런 상관성이 없는 경우가 많습니다.

　　교회 안에서 가장 골치 아픈 '문제적 교인'이 누굽니까? 기도를 오래 하는 사람, 기도에 가장 열심인 사람이 그럴 경우가 많습니다. 오랫동안 열심히 기도하는 것이 그 사람의 욕망을 비우고 사랑하는 품이 더 넓어지는 변화를 만들어 내지 않고 오히려 더 옹졸하고 집요하게 만들며 세속적 욕망을 더 강화시킵니다. 오래 기도하는 사람들 중에는 욕망이 특별한 사람, 강력한 사람이 많습니다. 기도 오래 하는 것으로 인해서 욕망이 순화되고 정화되고 비워져야 하는데 그러지 못합니다. 기도가 왜곡되었다고 말하는 이유가 여기에 있습니다.

그래서 제가 『사귐의 기도』에서 기도의 패러다임을 바꾸자고 제안한 것입니다.[5] '사귐의 기도'라는 이름은 제가 만들었습니다만, "기도는 하나님과의 사귐이다"라는 정의는 지난 세월 동안 기도의 본령을 경험한 사람들이 한목소리로 가르쳐 온 이야기입니다. 예컨대, 존 웨슬리는 '그리스도인의 완전'이라는 설교에서 이렇게 말합니다.

> 하나님을 생각하거나 하나님께 말씀드리는 것, 하나님을 위해 일하거나 고난받는 것, 이 모든 것은 그분에 대한 사랑과 그분을 기쁘시게 하려는 목적을 벗어나지 않는 한 모두 기도입니다. 그리스도인이 행하는 모든 일, 심지어 먹고 자는 것까지도, 하나님의 뜻에 따라 단순하게 행해질 때, 자기 멋대로 감하거나 더하지 않고 하나님의 뜻을 분별하여 따를 때, 그 모든 것은 기도가 됩니다.[6]

여기서 웨슬리는 기도에 대해 두 가지를 지적합니다. 첫째로, 기도는 하나님과의 영적 사귐이라는 것입니다. 앞에서 본 것처럼 영을 통해 영이신 하나님과 지속적으로 사귀는 것을 말합니다. 그런 기도라면 5분 혹은 10분으로 끝나지 않습니다. 좀 더 충분한 시간을 구별하여 하나님 앞에 머물러야 합니다. 그 시간 동안에 무엇인가를 하려는 생각에 마음이 찢겨서는 안 됩니다. 하나님 앞에서 자신의 영을 예민하게 열어 놓고 조용히 머물러 앉아 있어야 합니다. 그러면서 영의 인도를 따라 때로는 구하고 때로는 울고 때로는 웃고 때로는 찬송하고 때로는 중보하고 때로는 침묵합니다. 그것이 사귀는 것입니다.

그렇게 기도할 때 우리는 우리에게 맡겨진 하나님 나라의 비밀을 찾아 더듬어 들어갈 수 있습니다. 바울 사도가 기도 중에 "셋째 하늘"에까지 이끌려 갔었다고 하지 않습니까?고후 12:2 지속적으로 충분한 시간 동안 하나님 앞에 머물러 있을 때 그러한 체험이 주어집니다. 또한 우리에게 열린 하나님 나라를 더 깊이 탐색하고 싶어 하는 열망이 있어야 합니다. 다윗의 노래 한 구절이 생각납니다.

> 하나님이여, 주의 생각이 내게 어찌 그리 보배로우신지요. 그 수가 어찌 그리 많은지요. 내가 세려고 할지라도 그 수가 모래보다 많도소이다. 내가 깰 때에도 여전히 주와 함께 있나이다시 139:17-18.

우리의 기도 특히 설교자의 기도란 이처럼 하나님의 신비와 비밀을 더듬어 찾는 과정이어야 합니다. 때로 그 기도에 젖어 밤을 밝히고, 때로 불현듯 주시는 깨달음으로 소스라쳐 일어나는 경험이 있어야 합니다.

둘째로, 웨슬리는 일상의 모든 행위가 기도라고 말합니다. 바울 사도가 말한 대로 "먹든지 마시든지 무엇을 하든지

다 하나님의 영광을 위하여"^{고전 10:31} 행하는 것이면 무엇이든 기도가 된다는 것입니다. 기도의 과정 속에서 우리의 삶이 진행되어야 한다는 뜻입니다. 때로 '삶이 기도입니다'라는 말이 기도 없는 삶에 대한 평계로 사용되는 것을 봅니다. 그렇지 않습니다. 삶 전체가 기도의 과정이 되려면 기도의 시간이 충분해야 하고 또한 깊어야 합니다. 그렇게 살아갈 때 우리의 영은 혼과 육을 다스리고 길들일 만큼 자랍니다.

관조적 생활

거룩한 에토스를 형성하는 과정에서 강조해야 할 또 다른 요소는 '관조적 생활'입니다. 현대적 생활 방식은 영적 생활에 치명적입니다. 리처드 포스터^{Richard J. Foster}는 가장 치명적인 현대적 질병으로 '피상성'^{superficiality}을 듭니다.[7] 무엇 하나 깊이 보지 않고 스쳐 지나갑니다. 마치 페이스북에 올라오는 글이나 사진을 빠르게 넘겨 보다가 눈길을 끄는 글이 있으면 댓글을 간단히 써놓고 지나가는 식입니다. 그러한 문화가 삶의 모든 분야를 지배하고 있습니다. 가령, 짧고 가벼운 글에 익숙해진 현대인들은 묵직한 책을 외면합니다. 가볍게 읽을 수 있는 책을 선호하고 그 또한 가볍게 스쳐 읽습니다. TV 시청도 마찬가지입니다. 수없이 많은 채널을 서핑하면서 어느 것 하나 제대로 보지 못하는 것이 현대인의 증상입니다. 사람을 만나더라도 피상적으로 만납니다. 그러한 경향이 신앙 현장에까지 두루 영향을 미칩니다.

또 하나의 경향은 '분주함'busyness입니다. 끊임없이 무엇인가를 해야 된다는 스트레스에 모두가 시달리고 있습니다. 그 결과 멀티태스킹 곧 다중처리능력이 현대인의 능력 중 하나로 꼽힙니다. 젊은이들은 동시에 여러 일을 무리 없이 수행하고 있다고 말합니다. TV를 틀어 놓고 귀에는 이어폰으로 음악을 듣고 손으로는 스마트폰을 봅니다. 그것이 효율적인 삶의 방식이라고 생각합니다. 무엇이든, 어떻게든 빨리 그리고 많이 하는 것이 효율적이라고 생각하는 것입니다. 뭔가를 계속 만들어 내고 결과를 만들어 내야 된다는 성과 중심의 사고가 현대인의 생활 방식을 이렇게 바꾸어 놓았습니다. 이것은 결국 우리의 마음과 영혼을 찢어 하나도 제대로 보지 못하게 만듭니다.

관조적 생활은 이러한 흐름을 거슬러 살아가려는 노력입니다. 영어로는 'contemplative living'이라고 부릅니다. 느리고 깊게, 한 번에 하나씩, 마음 다해 살아가는 것을 말합니다. 영어로 'mindfulness'라고 부르기도 합니다. 오래전부터 우리 조상들은 그것을 '경'敬이라 불렀습니다. '경'의 본래적 의미는 마음을 다하는 태도를 뜻합니다. 마음을 다하여 한 번에 하나씩 정성을 다하는 것이 '경'입니다. 매일을 주일로, 모든 일을 예배로, 만나는 모든 사람을 주님으로 생각하고 말하고 행동하는 것입니다. 그런 마음으로 살아가는 것이 관조적 생활입니다.

흔히들 한적한 시골로 내려가 농사지으며 사는 것을 관조적이라고 오해하곤 하는데, 사실 "뭐, 안 되면 농사나 짓지!"라는 말은 농사짓는 분들에게 모욕적인 말입니다. 제가 농사를 알기 때문에 말씀드릴 수 있습니다. 제대로 농사를 지으려면 많은 시간과 땀과 노력이 필요합니다. 또한 농사를 지으면서도 얼마든지 피상적이고 분주하고 번잡하게 살 수 있습니다. 중요한 것은 '무엇을 하느냐'가 아니라 '어떻게 사느냐'입니다. 관조적 생활은 일종의 문화 전쟁이라 할 수 있습니다. 세속 문화가 우리를 몰고 가는 방향을 거슬러 살아가는 것이기 때문입니다.

목회자는 연륜이 깊어질수록 요구되는 일들이 점점 많아집니다. 그런 상황에서 설교자는 우선순위를 분명히 하고 중요한 일에 마음과 시간을 쏟아야 합니다. 영성을 지키고 보호하면서 그 영성으로 나에게 주어진 일을 제대로 감당하기를 원한다면 우선순위를 영성에 두어야 합니다. 그렇게 우선순위를 분명히 해두면, 아무리 좋은 요청이 오더라도 영성이 흐려지고 갈라지고 분열되지 않도록 자신을 지킬 것입니다. 반면 나를 선전하고 키우는 것에 마음을 두면 그런 유혹에 속절없이 무너집니다.

제 이야기 하는 것을 용서해 주십시오. 저서를 통해 조금 알려지고 보니 집회 요청을 자주 받습니다. 이민 교회에서도 요청받고 한국 혹은 다른 나라에 있는 교회에서 와 달라는 부탁을 받습니다. 그런 상황에서 저 자신을 보호하기 위해 저는 한 해에 두 번만 집회에 나가는 것으로 원칙을 정했습니다. 그러니 열에 아홉은 사양하게 됩니다. 그러다 보니 이제는 요청이 많이 줄어들었습니다. 하지만 아직도 사양하는 메일을 자주 씁니다. 만일 제가 그런 것에 무방비로 노출되어 나를 인정해 주고 불러 주는 것에 기쁨을 느끼고 찾아다닌다면, 저는 이미 빈 깡통이 되어 버렸을 것입니다. 정리하자면, 관조적 생활은 피상적이고 분주하고 번잡한 생활, 나를 선전하고 팔려는 유혹으로부터 자신을 보호하고 나에게 가장 중요한 일들에 집중하면서 한 번에 하나씩 정성을 다해서 섬기는 것입니다.

독서

'독서'는 거룩한 에토스 곧 인격과 영성을 형성하는 데 매우 중요한 요소입니다. 이 독서의 중심에는 성경이 있어야 합니다. 존 웨슬리는 자기 자신을 가리켜 "한 책의 사람"*Homo unius libri*이라고 불렀습니다. 사실 웨슬리는 대단한 다독가였습니다. 다만 그 모든 독서의 중심에 성경을 두었습니다.

성경을 통독하고 정독하는 일의 중요성을 특별히 강조할 필요가 없을지도 모르지만, 현실을 보면 목회자들에게 성경은 그리 중요한 책이 아닙니다. 목회적 필요를 위한 성경공부와 성경 읽기는 많이 하지만, 정작 자기 자신을 위한 영적 탐구로서 지속적으로 성경을 읽고 묵상하는 일에는 게으릅니다. 디모데후서 3:16에서 말씀하는 것처럼, 성경은 우리 내면을 변화시키고 형성하는 능력입니다. 말씀으로 내면이 지속적으로 형성되기 위해서는 말씀을 읽고 묵상하고 그 말씀 앞에 고개 숙이는 과정이 필요합니다.

여러분은 분주한 목회 현장에서 목회자가 아니라 한 사람의 그리스도인으로서 그리고 목회적 필요가 아니라 자신의 영적 갈증 때문에 말씀 앞에 고개 숙이는 시간을 얼마나 자주, 얼마나 오래 할애하고 있습니까? 설교 준비를 위해 말씀을 읽고 묵상할 때 가장 먼저 자신을 말씀의 칼날 혹은 말씀의 거울 앞에 세우고 있습니까? 설교 준비와 성경공부 준비를 위해 성경을 대하는 시간 외에 정기적으로 성경을 읽고 묵상하고 있습니까? 이 질문에 정직하게 답하시기 바랍니다. 그리고 말씀이 여러분을 만들어 가도록, 정기적으로 자신을 내어 드리도록 계획을 세우고 실천하십시오.

성경 외에도 설교자는 폭넓은 독서를 해야 합니다. 목회자들은 독서를 많이 하는 사람들 중 하나입니다. 최근 이사를 했는데, 이삿짐을 나르시던 분이 저의 짐을 보더니 "목사님이 시죠?" 하고 대뜸 묻습니다. 제가 "맞습니다. 어떻게 그걸 아셨습니까?"라고 물었더니 이렇게 대답합니다. "책이 많은 분들 가운데 열에 아홉은 목사님입니다." 그분 말씀에 의하면, 목사의 짐에서 제일 중요한 게 책이라고 합니다. 그만큼 책을 많이 읽어야 하는 사람이 목사입니다.

문제는 정말 책을 읽느냐에 있습니다. 또한 어떤 책을 어떻게 읽느냐에 있습니다. 설교자들은 주로 '써먹으려고' 책을 읽습니다. 설교 자료를 찾기 위해서 책을 읽습니다. 그것 자체에 의미나 목적을 두지 않고 무엇을 위한 도구로 하게 되면 글을 읽는 과정에도, 글을 쓰는 과정에도 '소외 현상'이 발생합니다. 즉 읽고 있는 글 혹은 쓰고 있는 글이 그 사람의 인격에 아무런 영향을 주지 않는다는 뜻입니다. 글을 읽고 쓰는 것이 가장 먼저 그 사람의 존재에 영향을 미쳐야 하는데, 그런 변화는 일어나지 않고 글이 단순한 도구가 되는 것입니다. 에리히 프롬Erich Fromm의 대표작이자 고전으로 『소유냐 존재냐』To Have or to Be?라는 책이 있습니다.[8] 이 책에서 그는 두 가지 생활 양식을 비교합니다. 하나는 '소유 양식'이고 다른 하나는 '존재 양식' 입니다. 소유 양식은 무엇을 하든지 소유를 늘리는 데 목적을 두는 것이고, '존재 양식'은 존재의 성장을 위해 목적을 두는 것입니다. 이 분류에 따르면 목회자들은 소유 양식 차원의 독서에 많은 시간을 할애합니다. 그렇기 때문에 책을 많이 읽어도 존재의 변화에는 영향을 미치지 못합니다. 거룩한 에토스를 형성하기 원한다면 독서 양식을 바꾸는 노력을 해야 합니다.

제가 설교학을 공부할 때만 해도 교수님들은 독서를 하는 중에 메모를 하고 그 자료를 모으고 분류하는 방법을 전수하셨습니다. 과거에는 엽서 크기의 카드에 좋은 이야기 혹은 구절을 베껴 썼습니다. 복사기가 나온 다음에는 복사하여 보관해 두었습니다. 어떤 분들은 자신이 모아 놓은 자료들을 복사하여 후배들에게 나누어 주기도 합니다. 그것이 그때그때의 필요를 위해서는 도움이 될지 모르지만, 존재가 성장하는 데는 도움이 되지 않습니다. 또한 존재가 성장하면 그런 자료가 필요 없습니다. 존재가 성장하는 것을 샘 파는 것에 비유한다면, 소유 양식 차원의 독서는 물을 떠오는 것에 비유할 수 있습니다. 존재가 비어 있는 상태에서 계속 설교를 하려면 '써먹을' 자료가 필요해집니다. 하지만 다른 데서 가져온 자료는 자신에게도 의미가 없고 듣는 사람에게도 별로 의미가 없습니다.

만일 독서하면서 메모를 하거나 정리를 한다면, 우선적으로 그 내용을 숙지하고 묵상하는 도구로 사용되어야 합니다. 또한 다른 사람의 독서 메모에 의존하는 것은 존재 성장에 장애 요소로 작용할 가능성이 큽니다. 다른 사람이 작성한 독서 메모에 끌렸다면, 그 책을 직접 읽고 스스로 정리하도록 노력해야 합니다. 다른 사람의 독서 메모를 사용하면서 마치 그 책을 읽은 듯 말하는 것은 절대 해서는 안 될 일입니다. 그런 행위가 반복되다 보면 표절의 경계선을 쉽게 넘어갑니다.

무엇보다 존재의 성장을 위해 읽도록 힘쓰시기 바랍니다. 책을 읽고 나서 다시 뒤지면서 설교에 써먹을 자료를 찾지 마십시오. 읽고 나서 치워 놓으면 다 잊어버리는 것 같을 것입니다. 저처럼 나이를 먹으면 더욱 그렇습니다. 하지만 자기도 모르는 사이에 존재는 성장합니다. 따라서 책을 읽으면서 자료를 찾으려 하지 말고 변화하고 성장하기를 도모해야 합니다. 처음에는 자료가 부족해서 어려움을 당할지도 모릅니다. 하지만 존재가 성장하면 자료 없이도, 예화 없이도 얼마든지 말씀을 나눌 수 있는 능력이 형성됩니다.

독서 방법도 중요하지만 독서의 대상도 중요합니다. 이것은 어떤 책을 읽느냐의 문제입니다. 설교자들은 주로 읽기 쉬운 경건 서적, 간증서 혹은 설교집에 묶이는 경향이 있습니다. 그것 역시 설교자의 존재를 가볍게 만드는 요인 중 하나입니다. 고전과 묵직한 책들을 가까이해야 합니다. 설교자로서 자신의 신학적 소양을 더 키우고 깊게 하려는 노력을 게을리하지 말아야 합니다. 참으로 안타까운 현실은 많은 목회자들이 신학교를 졸업하면 더 이상 신학책을 가까이하려 하지 않는다는 것입니다. 신학이 목회에 직접적인 도움을 주지 않는다는 오해가 널리 퍼져 있습니다. 신학교 문을 나서는 순간, 그동안 읽던 모든 신학책을 치워 놓습니다.

최근에 제럴드 히스탠드Gerald Hiestand와 토드 윌슨Todd A. Wilson 이 『목사 신학자』The Pastor Theologian라는 책에서 이 문제에 대해 다루었습니다.[9] 두 저자에 의하면 처음부터 목사 곧 설교자는 신학자였습니다. '목사 신학자'는 목회 현장에서 신학자의 역할을 하는 사람입니다. 즉 일상에서 일어나는 일들을 신학적인 시각으로 해석하고 대응하도록 돕는 것을 말합니다. 그것은 매일 자신의 싸움에 몰두하며 살아가는 회중에게는 매우 중요한 일입니다. 그 과제를 수행하려면 설교자는 목회 현장에서도 신학 공부를 게을리하지 말아야 합니다. 스펙을 높이기 위한 공부가 아니라 '목사 신학자'로서의 소임을 다하기 위한 공부가 필요합니다. 참으로 불행하게도 지금은 신학과 신앙, 신학교와 교회, 신학자와 목회자가 별거 중입니다. 그것이 두 저자의 뼈아픈 지적입니다. 그렇기 때문에 "신학은 목회에 도움이 되지 않는다"는 자조 섞인 말이 나도는 것입니다.

다행히 요즘은 묵직한 신학책들이 많이 나와 있습니다. 국내 신학자의 저작도 많이 축적되어 있고, 외국 신학자의 책들도 꾸준히 번역되고 있습니다. 제가 공부할 때만 해도 국내 신학자의 저작은 교과서 수준이었고, 번역서들은 원어를 읽는 것보다 더 어려웠습니다. 요즘 출간되는 국내 신학자의 저서

중에는 전문적인 연구서가 많고 번역서는 대부분 정밀하고 유려합니다. 또한 과거와 달리 요즘 신학자들은 대중에게 읽힐 만한 책들을 많이 저술하고 있습니다. 외국 학자의 경우, 톰 라이트, 월터 브루그만, 미로슬라브 볼프 같은 신학자들이 그 예입니다. 책뿐 아니라 유튜브나 팟캐스트를 통해 좋은 신학 강의를 무료로 들을 수 있습니다. 영어나 다른 외국어를 소화할 수 있다면 한없이 많은 정보를 접할 수 있습니다. 그런 자료를 활용하여 신학적으로 바른 설교와 목회를 하도록 힘써야 합니다.

의사에 비유하자면, 설교자는 전문의가 아니라 가정의에 가깝습니다. 전문의는 자신의 전문 분야에만 집중하면 되지만 가정의는 모든 분야에 대한 기본적 소양을 갖춰야 합니다. 설교자도 마찬가지입니다. 신학의 분야를 넘어 폭넓게 독서할 필요가 있습니다. 나이가 들수록 저는 역사와 사람에 관심이 갑니다. 그래서 평전을 자주 읽습니다. '문사철'(문학, 역사, 철학)을 아우르는 인문학의 주요 주제를 깊이 다루고 있는 신학책을 붙들고 씨름할 필요가 있습니다. 요즘 '인문학 열풍'이라고 해서 인문학 이야기를 많이 하는데, 그것은 결국 인간을 이해하자는 것입니다. 목회자에게 가장 중요한 것 중 하나가 인간에 대한 이해입니다. 루돌프 불트만Rudolf Karl Bultmann이 "신학은 곧 인간학이다"라는 유명한 명제를 남겼는데, 그 말에 아주 깊은 진리가 담겨 있습니다.

한번은 제가 집필한 『사람은 가도 사랑은 남는다』에 대한 기사가 인터넷 신문에 실려 유심히 본 적이 있는데, 그 기사에 달린 댓글 몇 개를 보고 마음이 무너졌습니다. '누군가가 작심하고 기독교의 질을 떨어뜨리려고 쓴 글이 아닌가?'라는 생각이 들 정도로, 다른 사람의 아픔에 대한 공감 능력이 송두리째 붕괴된 것 같은 글 때문이었습니다. 그 댓글에 대해 어느 분과 이야기를 나누는데, 그분이 자기 아버지가 돌아가셨을 때 있었던 이야기를 하십니다. 장례식장에서 어머니가 통곡을 하셨는데 담임목사님이 울지 말라고 강요하더라는 것입니다. 그것을 보고 그 딸이 너무나 마음이 아팠다고 합니다.

스위스의 정신의학자이자 호스피스 운동의 선구자였던 엘리자베스 퀴블러 로스Elisabeth Kübler-Ross의 『인생 수업』Life Lessons에 이런 이야기가 나옵니다.[10] 어느 여인이 남편 장례식장에서 너무 많이 울어서 화장이 다 망가졌습니다. 그것을 본 친정 엄마가 "얘, 그만 좀 울어라. 화장이 다 망가지고 있잖니?"라고 책망하자, 그 딸이 어머니에게 이렇게 대답했다고 합니다. "엄마, 지금 내 얼굴이 안 망가지면 나중에 내 마음이 망가질 거야."

인간을 알고 나면 때로 슬픔과 아픔과 눈물을 통과해야만 할 때가 있음을 알게 됩니다. 때로는 같이 울어 주는 것 외에 할 일이 없을 때가 있습니다. 목회자들은 그것을 잘 알아야 합니다. 목회자들이 눈 감고 하늘만 쳐다보아서는 안 되는 이유가 여기에 있습니다. 인문학이라는 게 무엇입니까? 사람을 이해하자는 것입니다. 사람을 이해하려면 직접 만나 경험하기도 해야 하지만 간접적으로도 이해의 폭과 깊이를 더해 갈 수 있습니다. 인문학은 결국 인간과 이 세상과 삶을 이해하게 만들어 주는 통로입니다.

마지막으로, 시집을 가까이하라고 말씀드립니다. 설교자는 무엇보다도 시인이어야 합니다. 이 말은 시를 쓰라는 뜻이 아니라 시적 감수성과 시적 시각을 가지고 인생과 세상을 볼 줄 알아야 한다는 말입니다. 그래서 미국의 구약학자 월터 브루그만Walter Brueggemann은 『설교자는 시인이 되어야 한다』Finally Comes the Poet라는 책을 썼습니다.[11] 원제를 그대로 옮기면 '마침내 시인이 오다'입니다. 그는 예언자들의 설교를 분석하면서, 그들로 하여금 자신의 사명을 다할 수 있게 한 것은 다름 아닌 그들의 시적 상상력이었다고 결론 내립니다. 시적 감수성, 시적 상상력, 사물을 시인의 눈으로 보고 시인의 언어로 표현해 낼 수 있는 능력이 참예언자들의 공통적 특징이었다는 말입니다. 그러면서 설교자는 무엇보다도 시인이 되어야 한다고 강조합니다. 시적 감수성과 상상력 그리고 시적 관점과 언어는 좋은 시집을 가까이 두고 자주 읽고 묵상할 때 개발될 수 있습니다.

높은 기준, 지속적인 노력

거룩한 에토스를 기르기 위해서는 무엇보다도 '높은 기준'과 '지속적인 노력'이 필요합니다. 디모데전서 4:11-16을 보면 바울 사도가 디모데에게 다음과 같은 교훈을 전합니다.

너는 이것들을 명하고 가르치라. 누구든지 네 연소함을 업신여기지 못하게 하고 오직 말과 행실과 사랑과 믿음과 정절에 있어서 믿는 자에게 본이 되어 내가 이를 때까지 읽는 것과 권하는 것과 가르치는 것에 전념하라. 네 속에 있는 은사 곧 장로의 회에서 안수 받을 때에 예언을 통하여 받은 것을 가볍게 여기지 말며 이 모든 일에 전심전력하여 너의 성숙함을 모든 사람에게 나타나게 하라. 네가 네 자신과 가르침을 살펴 이 일을 계속하라. 이것을 행함으로 네 자신과 네게 듣는 자를 구원하리라.

설교자들은 모두 이 말씀을 자신을 향한 말씀으로 받아들여야 합니다. 여기서 바울 사도는 설교자가 "믿는 자에게 본이 될 것"을 권면합니다. 다른 사람의 모범이 되려고 노력하다 보면 위선에 빠지기 쉽습니다. 자신이 아닌 모습으로 행동하게 되는 것입니다. 바울이 말하는 것은 그런 것이 아닙니다. 모든 면에서 교인들보다 더 진지하게 노력하라는 뜻입니다. 지속

적인 노력의 결과로 본이 되어야지, 본이 되기 위해 노력해서
는 안 됩니다. 교인들이 진정 주목하는 것은 설교자의 영성입
니다. 비록 나이가 젊어도 영적으로 깊으면 존경하게 되어 있
습니다. 반면 나이가 많아도 영적으로 비어 있으면 무시당하게
됩니다.

때로 "목사도 사람인데"라는 말을 핑계 삼는 사람들이
있습니다. 특히 목회자의 숨겨진 죄나 실수가 드러날 때 그렇
게 말합니다. 듀크 대학교 실천신학 교수인 윌리엄 윌리몬William
H. Willimon은 이렇게 핑계 삼는 것에 대해 일침을 가합니다.

> 이렇게 말하는 것은 "사람됨"에 대한 모욕이며 목회적 소명을 깎
> 아내리는 일입니다. 목회자는 세례 받은 모든 신자들이 그렇듯
> "사람됨" 이상이 되도록 부름받은 사람입니다. 세례의 물, 안수의
> 손 그리고 성령의 선물은 사람됨 이상이 되도록 만듭니다. 좀 더
> 정확히 말하자면 진실한 사람이 되도록 만듭니다.[12]

정확한 지적입니다. 적어도 목사의 입에서는 "나도 사
람이야"라는 말이 나와서는 안 됩니다. 그렇게 말하는 것은 그
리스인됨을 포기하는 일이고 목사로서의 소명을 부정하는 일
입니다. 물론 때로 실수할 수 있습니다. 때로 알고도 죄를 범
할 수 있습니다. 하지만 그것은 당연한 일이 아니며 그것이 우

리의 정체성을 대변하지 않습니다. 우리의 정체성은 그 이상입니다. 따라서 우리는 "나도 사람인데"라고 정당화할 것이 아니라, 주어진 소명에 미치지 못했음을 아파하고 회개할 부분은 깊이 회개하고 다시 일어나야 합니다.

목회를 하다 보면 때로 교인들 중에 숨어 있는 영적 고수를 만나곤 합니다. 겉으로는 그런 줄 모르겠는데, 중요한 순간에 깊은 영적 내공을 드러냅니다. 마음 깊이 영적 비밀을 품고 살아가는 분도 있고, '아, 저런 것이 겸손이구나!' 하고 감탄하게 만드는 분도 있으며, 깊이를 알 수 없을 정도로 든든한 믿음을 가진 분도 계십니다. 그런 교인들을 만날 때마다 목사는 겸손해집니다. 그리고 더욱 분투하고 싶은 열정을 얻습니다.

다시 앞의 본문을 보면 바울 사도는 "오직 말과 행실과 사랑과 믿음과 정절에 있어서"딤전 4:12 끊임없이 자라 가라고 권면합니다. 이렇게 여러 가지를 나열한 이유는 언어, 생각, 행동의 모든 면에서 전인적인 변화를 이루도록 노력하라는 뜻입니다. 그런 변화와 성숙을 위해 성경을 읽는 일과 권면하는 일과 가르치는 일에 마음을 다하라고 합니다. 다른 사람을 가르치고 권면하기 이전에 먼저 스스로를 위해 읽고 묵상하라는 뜻입니다. 다시 말해, 성경을 읽고 먼저 자신에게 설교하라는 것입니다.

그렇게 하다 보면 성숙함이 드러나게 되어 있습니다.

"너의 성숙함을 모든 사람에게 나타나게 하라"딤전 4:15는 말은 짐짓 자신의 영성을 과시하라는 뜻이 아닙니다. 말하지 않아도 내적 변화가 그 빛을 발할 정도로 노력하라는 뜻입니다. 설교자의 일차적 과제는 영성 형성과 인격 성숙입니다. 그것을 위해 "전심전력하라"고 권면합니다. 최선을 다하라는 것입니다. 또한 "네 자신과 가르침을 살피라"고 말합니다. 설교자는 항상 깨어서 자기 자신을 성찰하는 사람이어야 합니다. 목숨이 다할 때까지 멈춰서는 안 되는 일입니다. 그렇게 했을 때 비로소 설교자는 "네 자신과 네게 듣는 자를 구원하리라"딤전 4:16는 말씀을 이룰 수 있습니다. 우리는 말로써 다른 사람을 구원하는 사람들이 아닙니다. 바로 우리가 전하는 복음이 그들을 구원합니다.

□ 평신도 목회학

저는 유학 생활을 하느라 첫 목회를 조금 늦게 시작했습니다. 학위 논문을 쓰기 시작하면서 캐나다 토론토에 있는 작은 공동체를 섬겼습니다. 단독 목회로는 첫 목회여서 제 마음가짐이 특별했습니다.

목사로서 제 소망은 그냥 '좋은 목사'가 되는 것이었습니다. 교인들 속 썩이지 않는, 교인들을 고민하게 만들지 않는 목사가 되고 싶었습니다. 제 부친께서 목회자와의 갈등으로 고통받는 모습을 보고 자라왔기 때문입니다. 그럴 때면 가정불화도 심해졌습니다. 어머니는 매사에 목회자에게 순종해야 된다고 믿는 분이고, 아버지는 목회자가 옳지 않을 때는 바로잡아 주어야 한다고 믿는 분이셨습니다. 그런 모습들을 보고 자랐기 때문에 저는 그냥 '좋은 목사' 혹은 '사고 치지 않는 목사'가 되고 싶었던 것입니다. 그래서 첫 담임목회를 시작하기 전 잠시 귀국하여 지내는 동안에 아버님께 부탁을 드렸습니다. "아버지, 제가 이제 목회를 시작하는데, 아버지께서 그동안 교회 생활을 하면서 목사가 이렇게 해주었으면 좋겠다고 생각했던 것들을 좀 적어 주십시오."

가볍게 부탁드렸던 것인데, 아버지께서는 그 부탁을 무겁게 받으셨습니다. 일주일 동안 기도하면서 고민하셨습니다. 그렇게 해서 작성하신 것을 고치고 또 고쳐서 열두 가지 '당부의 말'을 적어 주셨습니다. 그 이후 그것은 제 목회의 길잡이가 되었습니다. 교직에 있을 때는 사은회 때 제자들에게 복사하여 나누어 주기도 했습니다. 저는 아버지의 그 당부의 말을 '평신도 목회학'이라고 이름 지었습니다. 그것을 여러분과 나누고 싶습니다. 거룩한 에토스와 관계된 문제이기 때문입니다. 저는 이 항목들 안에 목회자에 대한 평신도들의 기대가 담겨 있다고 믿습니다. 제 부친의 말이 아니라 여러분이 섬기는 교인들의 말이라고 생각하고 읽어 보시기 바랍니다.

당부의 말

1. 왕으로 군림하지 말고 종으로 봉사하라
2. 영광은 주님께 명예는 성도들께 모두 돌리라
3. 사람 앞에서 남의 말은 장점만 찾아하라
4. 내 뜻이나 계획도 성도들의 뜻으로 만들어 졌을때 행하라
5. 교회의 법과 질서도 민족의 윤리와 도덕과 예절의 터 위에서 지키라
6. 많이 배우고 듣고 행하되 입으로 가르치려고는 하지 말라
7. 생각하여 하지말고 성령 받고 영감으로 설교하라
8. 대접받고 인정 받을수록 두려워하고 낮아지라
9. 공사를 분명히하고 시종을 명확히 하라
10. 재물과 명예보다 체면을 더 중시하라
11. 들리는 말보다 들리지 않는 말을 들을 줄 알라
12. 언제까지나 처음 갔을 때의 마음과 태도로 살라

1990. 7. 28 아버지 김정섭
어머니 홍정순

첫째, "왕으로 군림하지 말고 종으로 봉사하라." 사실, 목회자가 자신의 목회 현장에서 왕처럼 군림하는 모습은 흔히 볼 수 있는 현상입니다. 이민 교회 목회자들 가운데는 죽기 전에 한국에 돌아가 목회해 보는 것을 소원하며 사는 분들이 많습니다. 왜 그런지 아십니까? 이민 교회의 목사는 한국 교회의

목사와 많이 다릅니다. 대개의 이민 교회에서는 목사가 권위 의식을 내려놓아야 합니다. 교인들도 그런 권위를 부여하지 않습니다. 그렇기 때문에 한국 교회에서처럼 높이 대접받아 보고 싶은 것입니다.

그런데 성도들이 정말 마음에서 우러나와 목사를 그렇게 대접합니까? 또한 우리가 부름받은 것은 모든 사람의 종이 되라는 것 아닙니까? 제가 교직에 있을 때 이런 이야기를 하면 목사님들이 저를 가르치려 하셨습니다. "교수님은 현장을 잘 모르기 때문에 그런 말씀을 하시는 겁니다. 현장에서 종처럼 낮아지려고 하면 교인들이 짓밟습니다. 권위를 주장하지 않으면 목회가 되질 않아요." 그런 말을 들을 때마다 속으로 생각했습니다. '아, 내가 현장에 나가야겠다. 현장에 나가서 종처럼 낮아져도 된다는 사실을 증명해 보여야겠다.' 현장에 나와서 종처럼 섬겨 보니, 교인들은 짓밟지 않고 오히려 더 존경합니다. "왕으로 군림하지 말고 종으로 봉사하라." 이것은 30년 가까이 교회 현장에서 목회자들로 인해 고통받던 한 평신도가 한 말입니다. 귀담아들으시기 바랍니다.

둘째, "영광은 주님께, 명예는 성도들께 모두 돌리라." 어떤 일을 이루었을 때 자신이 한 일이라고 자랑하지 말고 공은 교인들에게 돌리고 영광은 하나님께 돌리라는 말입니다. 그것이 진실이기 때문입니다. 교회 안에 혹은 교회를 통해 어떤 좋은 일이 일어났다면, 그것은 교인들의 기도와 희생 때문이며 하나님의 은혜 때문입니다. 그 공과 영광을 목회자가 가로채지 말아야 합니다. 회사나 사회단체에서도 그것을 지도자의 덕목 중 하나로 간주합니다. 하물며 교회야 더 말해 무엇하겠습니까? 하지만 현실은 정반대인 경우가 많습니다. 교회에서 일어난 일이 목회자의 자랑거리가 되어 버립니다. 그런 모습을 볼 때 교인들은 절망감과 배신감을 느낍니다. 목회자의 야망을 위해 자신들이 이용되었다는 느낌 때문입니다. 목회자는 교회를 위해 자신이 할 수 있는 일을 다 해야 하지만, 예수께서 말씀하신 비유에 나오는 종처럼 겸손히 물러서서 "저는 다만 맡겨진 일을 했을 뿐입니다"라고 말하기를 배워야 합니다.

셋째, "사람 앞에서 남의 말은 장점만 찾아서 하라." 목회 현장에서 목회자들은 억울함을 자주 느끼게 됩니다. 교인들에게 목회자는 늘 '을'이기 때문입니다. 교인들은 목회자에게 아무 말이나 합니다. 때로 상처 주는 말도 서슴지 않습니다. 하지만 목회자는 똑같이 응수할 수 없습니다. 그것이 그 사람으로 하여금 영원히 하나님을 떠나게 할 수 있기 때문입니다. 그래서 하고 싶은 말이 있어도 참아야 합니다. 그렇게 억울함이 쌓이다 보면 안전하다 싶은 사람 혹은 안전하다 싶은 상황에서 억울함이 터져 나옵니다. 그것을 자제하지 못하면 교인들에 대한 비난, 모욕, 험담을 쏟아 놓게 됩니다. 그리고 그것이 거듭되면 습성이 되어 버립니다. 그러한 언어 습관은 목회자의 인격을 손상시킵니다. 부정적인 감정을 더욱 강화시킵니다. 또한 그 말이 돌고 돌아 본인의 귀에 들어가면 영적으로 치명상을 입습니다. 그것은 엄청난 부덕입니다.

넷째, "내 뜻이나 계획도 성도들의 뜻으로 만들어졌을 때 행하라." 목회자들이 헛된 권위 의식에 빠지면 자기의 뜻을 하나님의 뜻과 동일시하는 경향으로 기웁니다. 교인들과 함께 하나님의 뜻을 분별하는 것을 불편해합니다. 또한 교인들의 목소리에 귀를 기울이고 때로 자신의 생각을 내려놓는 일을 매우 어려워합니다. 그래서 한국 교회의 임원회 혹은 제직회는 매우 일방적입니다. 때로 교인들의 뜻과 대립할 때 목회자는 자주 "하나님께 응답받았다"고 주장하면서 자신의 뜻을 관철시키려 합니다. 특히 예배당 건축 같은 무리한 일을 추진하는 과정에서 이런 일이 일어납니다. 한국 교회 전체가 짊어지고 있는 부채가 어마어마하다고 합니다. 그 부채가 대부분 예배당 건축 때문에 생긴 것입니다. 목회자의 뜻대로 너무 지나치게 계획을 잡고 추진하다 보니 문제가 생기는 것입니다.

저는 목회를 새롭게 시작하면서 11주간 동안 '어떤 교회가 될 것인가?'라는 제목으로 성경공부를 인도했습니다. 이 성경공부가 교회의 비전을 찾고 만들어 가는 과정이라는 사실을 교우들에게 미리 알리고 참여를 호소했습니다. 매주 토요일 오전에 모여 교회에 관한 성경 본문들을 공부한 다음 소그룹으로 나누어 교회의 중요한 문제들에 대한 하나님의 뜻을 분별했습니다. 그리고 모든 과정이 끝난 후에 하루 수양회를 통해 교회의 비전을 정리했습니다. 그것은 저의 비전이 아니라 교우들의 비전입니다. 물론 저의 생각과 기도가 그 안에 반영되어 있습니다. 하지만 교우들이 공부하고 토론하고 기도하여 만든 비전입니다. 그렇게 만든 비전이기 때문에 교인들이 그것을 더 기쁘게 받아들였습니다. 그렇게 할 때 목사가 원하지 않는 방향으로 갈 수도 있습니다. 하지만 그것이 비신앙적이고 비성경적인 것이 아니라면 목회자는 교우들의 의견을 따라가는 것이 맞습니다. 성령께서는 목사 한 사람을 통해서 말씀하실 때도 있지만 더 많은 경우에 교회라는 그리스도의 몸을 통해 말씀하시기 때문입니다.

다섯째, "교회의 법과 질서도 민족의 윤리와 도덕과 예절의 터 위에서 지키라." 이 항목을 설명하시면서 아버지께서는 당신의 경험 하나를 말해 주셨습니다. 새로 파송받아 온 삼십 대 초반의 목사가 교인의 집에 초청받아 식사를 하게 되었답니다. 그 자리에는 교회의 중직들도 초청을 받았습니다. 교인들이 늘 그렇게 하듯, 주인은 목사에게 상석에 앉도록 권했습니다. 그럴 경우 어른들을 생각하여 사양하고 낮은 자리에 앉으려고 해야 하는데, 그 목사는 당연히 자신의 자리인 것처럼 떡하니 상석에 앉아서 어린 자녀들에게 밥을 떠먹여 주었습니다. 아버지는 그런 모습에 "어찌 저렇게 철이 없을까!" 싶었다고 합니다. 그러면서 그런 예가 많다고 하셨습니다. 한마디로 말하면, 상식과 예의를 따르라는 것입니다.

여섯째, "많이 배우고 듣고 행하되 입으로 가르치려고는 하지 말라." 설교자의 로고스보다 에토스가 더 중요하다는 사실을 표현한 말입니다. 설교자가 자신이 설교한 것을 모두 실천할 수는 없습니다. 진리를 다루는 사람들의 말과 글은 행동과 어느 정도 틈이 벌어지게 되어 있습니다. 설교자가 자신이 행하는 것만 설교하는 것은 직무 유기입니다. 자신도 회중의 한 사람이라고 여기고 진리를 선포해야 합니다. 동시에 설교자는 자신을 통해 선포된 진리에 대해 가장 먼저 반응해야 하는 사람이어야 합니다. 그러한 진지한 자세가 있어야만 회중이 그 설교를 귀담아듣습니다.

일곱째, "생각하여 하지 말고, 성령 받고 영감으로 설교하라." 앞에서 말씀드렸듯이, 저는 공부하는 중에 첫 목회를 시작했습니다. 제 부친께서는 아마도 그것이 걱정되었던 것 같습니다. 아들 목사가 설교 준비를 위해 기도실보다 책상에서 더 많은 시간을 보내지 않기를 바라셨던 것 같습니다. 설교 사역을 어느 정도 하고 보니 이 말씀에 깊이 공감하게 됩니다. 설교는 생각으로 하는 것이 아닙니다. 나의 사상을 전하는 것이 아니기 때문입니다. 나중에 로고스에 대해 말씀드릴 때 자세히 다루겠지만, 생각만으로 설교를 준비하고 선포하다 보면 공허함과 권태로움에 빠집니다. 깊은 기도와 묵상을 통해 성령의 영감을 힘입어야 합니다. 그럴 때 설교자 자신도 자신을 통해 선포되는 설교에 은혜를 입을 수 있습니다.

여덟째, "대접받고 인정받을수록 두려워하고 낮아져라." 목회자는 적어도 교회라는 영역 안에서는 대접받는 위치에 있습니다. 성도들의 머릿속에 목회자를 최우선적으로 대접해 주어야 한다는 생각이 있습니다. 그것은 지난 반세기 동안 부흥사들이 이룬 업적(?) 중 하나입니다. 목회자를 잘 대접해야 복받는다는 믿음이 널리 퍼져 있습니다. 그것을 당연한 것으로 여기고 넙죽넙죽 받는 목회자들이 많습니다. 그 모습이 얼마나 보기에 흉한지 모릅니다. 목회자들에 대한 성도들의 대접 중 억지로 혹은 마지못해 하는 경우가 다수입니다. 그것을 당연한 것으로 받는 모습은 덕이 되지 않습니다. 그 어떤 대접도 당연하게 여기지 말고, 할 수 있는 대로 사양하는 것이 맞습니다. 어린 나이에 목회 현장에 들어온 목회자들일수록 이 문제가 심각합니다. 대접받는 것에 너무도 익숙해지는 것입니다.

저는 교인과 함께 식사할 경우 비용을 제가 부담하려고 노력합니다. 시늉만 하는 것이 아니라 실제로 그렇게 합니다. 그로 인해 교인과 실랑이를 벌이기도 합니다. 초청할 때 미리 못 박아 두기도 합니다. 물론 대접을 받아야 할 때는 감사하게 받습니다만, 더 많은 경우에 제가 지불합니다. 제가 경제적으로 넉넉해서가 아닙니다. 목사는 당연히 대접받는 사람이라는 선입견 때문입니다. 그럴 때마다 거의 예외 없이 "목사님에게 대접받아 보기는 난생 처음입니다"라고 인사하십니다. 인사치레로 하는 말씀이 아닌 것을 느낍니다. 그만큼 목회자는 대접받는 것을 당연하게 생각하는 경향이 있습니다. 그것이 심해지면 대접받고도 당연하게 여기고 감사의 인사를 건넬 줄도 모릅니다. 그것은 심각한 '목사병' 중 하나입니다.

　　또한 목회자는 인정받는 일에 취약합니다. 다른 사람의 인정에 목말라하는 것은 모든 인간의 공통된 욕구입니다. 목회는 사람들에게 영향을 미치는 일이기 때문에 다른 직업보다 인정받고 칭찬받는 경우가 빈번합니다. 게다가 목회 현장에 워낙 문제가 많고 문제 있는 목회자들이 많은 것이 현실이다 보니, 조금만 잘해도 돋보입니다. 어떤 교인이 자조적인 어조로 "요즘에는 상식만 지켜도 훌륭한 목사로 인정받을 수 있습니다"라고 말하는 것을 들었습니다. 그 말이 어느 정도 진실이라는 것이 우리의 불행입니다. 그러므로 여러분이 자신을 다잡아 바른 길을 가려고 한다면, 교인들은 금세 그것을 알아보고 인정하고 칭찬할 것입니다. 그만큼 진짜에 목마른 것입니다. 그럴 때 조심해야 합니다. 더욱 두려워하고 낮아져야 합니다. "그런즉 선 줄로 생각하는 자는 넘어질까 조심하라"는 바울 사도의 경고를 명심하시기 바랍니다^{고전 10:12}.

아홉째, "공과 사를 분명히 하고 시종을 명확히 하라." 목회만큼 공과 사를 구분하기가 쉽지 않은 영역이 또 없을 것입니다. 시간만 해도 그렇습니다. 목회자의 시간은 전부가 공적인 것이라 할 수 있습니다. 하지만 그렇기 때문에 전부를 사적으로 사용할 수 있는 여지가 있습니다. 다른 직업인들처럼 정확한 출퇴근 시간도 없습니다. 공적인 것인지 사적인 것인지 구분하기 어려운 영역이 너무도 많습니다. 가령, 지금 여러분은 이 책을 읽는 시간을 사적으로 사용하고 있습니까, 아니면 공적으로 사용하고 있습니까? 둘 다 해석이 가능합니다. 돈의 경우를 생각해도 그렇습니다. 가령, 여러분이 타고 다니는 교회 밴은 분명 공적인 것입니다. 하지만 사적인 용도로 사용하는 경우가 얼마나 많습니까?

목회자는 이런 문제로 고민해야 합니다. 고민을 중단하는 순간 공과 사의 경계선은 허물어지고, 그것은 목회자의 정직성에 심각한 의문을 불러일으킬 수 있습니다. 그렇기 때문에 목회자는 자신의 한 주일 일정을 교인들에게 알리는 것이 좋습니다. 사적인 시간과 공적인 시간을 구분하여 스스로에게 부끄럽지 않게 공적인 일을 위해 시간을 사용하도록 힘써야 합니다. 돈의 사용도 그렇습니다. 교회 비품의 경우도 마찬가지입니다. 공적 목적을 위해 사다 놓은 종이를 사적 목적을 위해 사용하지 않도록 스스로 기준을 세워야 합니다. 처음에는 좋은 의미로 '교회 것이 내 것이고 내 것이 교회 것이다'라고 생각하고 시작합니다. 공을 위해 사를 모두 털어 바칩니다. 하지만 그것이 나중에는 사를 위해 공을 오용하는 잘못으로 넘어갑니다. 처음부터 이런 문제에 대해서 반듯한 기준을 세우고 그것을 고집하려는 노력이 필요합니다.

"시종을 명확히 하라"는 말은 단지 시간을 잘 지키라는 뜻에 국한되지 않습니다. 맺고 끊는 것을 분명히 하라는 뜻입니다. 할 것과 안 할 것을 분명히 하고, 시작과 끝을 분명히 하라는 뜻입니다. 이것은 목회자에게 특별히 중요합니다. 스스로 원칙을 세워 놓고 그것을 지켜 나가야 합니다. 그러한 절도 있는 모습 혹은 질서 잡힌 모습이 보는 이들에게 안정감과 신뢰감을 줍니다. 하는 것도 아니고 안 하는 것도 아닌 자세는 따르는 이들에게 불안감을 심어 줄 뿐입니다.

열째, "재물과 명예보다 체면을 더 중시하라." 보통 '체면'이라는 말은 부정적 의미로 사용됩니다만 '체면을 지키다'라는 말은 긍정적인 뜻으로 사용됩니다. 사전적으로는 "남을 대하기에 떳떳한 도리"라고 정의되어 있습니다. 안중근 의사가 좋아했던 『논어』의 한 구절 '견리사의 견위수명'見利思義 見危授命이 생각납니다. 이익이 눈앞에 보일 때 무엇이 옳은지, 무엇이

덕스러운 것인지를 생각하라는 뜻입니다. 또한 바울 사도의 말씀이 생각납니다. "모든 것이 가하나 모든 것이 유익한 것은 아니요 모든 것이 가하나 모든 것이 덕을 세우는 것은 아니니 누구든지 자기의 유익을 구하지 말고 남의 유익을 구하라"고전 10:23-24. 그렇게 선택하고 행동할 때 재물은 잃을지 몰라도 신뢰와 존경을 얻습니다. 목회자는 신뢰를 먹고사는 존재입니다.

열한 번째, "들리는 말보다 들리지 않는 말을 들을 줄 알라." 목회의 연조가 깊어지면서 이 말씀이 얼마나 진실인지를 거듭 확인합니다. 목회자에게 들리는 말들은 대부분 진실과 거리가 있습니다. 만일 목회자가 들리는 말에 의존하여 목회를 한다면 큰 어려움에 직면하게 될 것입니다. 부정적인 말이든 긍정적인 말이든 들리는 말에는 큰 비중을 두지 말아야 합니다. 말을 들려주는 사람들을 너무 의지하지 말아야 합니다. 그 대신에 들리지 않는 말을 들으려고 노력해야 합니다. 특히 우리 한국 사람들은 정작 하고 싶은 말은 감추어 두는 경향이 있습니다. 목회자들에게는 더욱 그렇게 합니다. 따라서 말로 표현되지 않는 말을 들으려 해야 하고 또한 듣는 법을 배워야 합니다.

인정 욕구로 인해 목마른 목회자들에게는 듣고 싶은 말만 들으려는 경향이 있습니다. 듣기 싫은 말 혹은 비판하는 말에 대해서는 방어적이고 때로는 공격적으로 반응하는 사람들이 많습니다. 자신을 비판하는 사람들을 설교를 통해 공격하는 경우도 비일비재합니다. 목회자가 건설적인 비판에 귀를 막는다면 그 목회의 미래는 암울하다고 단정할 수 있습니다. 물론 병적으로 비판하는 사람들도 있습니다. 그런 비판은 전혀 도움이 되지 않습니다. 하지만 교회와 목회자를 위하는 마음으로 비판적인 발언을 하는 사람들도 많습니다. 저의 부친이 그런 분이었습니다. 스스로 높은 기준을 가지고 사셨던 분이었기에 목회자에게도 높은 기준을 기대하셨습니다. 그래서 비판적인 발언을 많이 하셨습니다. 그런데 그 말씀을 진실하게 경청했던 목회자는 소수였습니다. 그런 경험이 그분으로 하여금 아들에게 이런 충언을 하게 만든 것입니다.

열두 번째, "언제까지나 처음 갔을 때의 마음과 태도로 살라." 첫 마음을 지키는 것처럼 어려운 것이 또 있을까요? 제가 11년 동안 섬겼던 교회를 떠난 뒤에 그 사실을 다시 한 번 깨달았습니다. 저는 첫 마음을 그대로 지키고 살려 노력했고 또 그 일에 어느 정도 성공했다고 생각했습니다. 하지만 현장을 떠나서 저를 객관화시켜 놓고 돌아보니, 제가 첫 마음에서 많이 멀어져 있었음을 깨달았습니다. 이제 새로운 목회지에서 새로운 마음으로 시작했는데, 이 마음을 은퇴할 때까지 지킬 수 있을지 모르겠습니다.

이것이 한 평신도 아버지가 목회자인 아들에게 전한 당

부의 말입니다. 저는 이 말씀을 제 서재에 걸어놓고 자주 제 마음을 다잡고 있습니다. 여러분에게도 그런 지침이 있으면 좋겠습니다. 하지만 명심할 것이 있습니다. 이 모든 원칙은 거룩한 성품이 어떤 것인지를 알게 해주는 사례라는 것입니다. 거룩한 성품이 갖추어져 있지 않으면 이 원칙들을 일관되게 지킬 수 없습니다. 반면 거룩한 에토스가 형성되어 있으면 이 원칙들은 자연스러운 영적 습관으로 표현될 것입니다.

☐ 영성 생활에 대한 조언

다음으로, 영성 생활에 대해서 몇 가지 조언을 드리려 합니다. 우선, '일'이 아니라 '존재'가 먼저라는 사실을 늘 기억하십시오. 목사로서 내가 얼마나 많은 '일'을 하느냐가 중요한 것이 아니라, 목사로서 내가 어떤 존재가 되느냐 그리고 어떻게 사느냐가 더 중요하다는 것입니다. 물론 교인들은 일을 기준으로 목회자를 평가하는 경향이 있습니다. 일을 하지 않는 것도 문제입니다. 실제로 나태하고 게으른 목회자들이 적지 않습니다. 그런 맥락에서 일은 중요합니다. 하지만 그것에 목을 매기 시작하면 '눈치 목회' 혹은 '겉치레 목회'로 전락합니다. 목회의 본질은 일이 아니라 목회를 통해 맺어지는 '열매'입니다. 목회의 본질은 사람입니다. 존재입니다. 먼저 목회자의 존재의 문제요 교인들의 존재의 문제입니다. 목회자가 진지한 영성 생활을 통해 지속적으로 새롭게 빚어지고 있다면 가장 중요한 일을 하고 있는 셈입니다. 부지런한 것은 좋은 것이지만 분주한 것은 피할 일입니다.

둘째, '기도와 묵상'을 위한 시간을 미리 확보하기 바랍니다. 우리 몸에는 관성의 법칙이 배어 있기 때문에 그냥 두면 끊임없이 움직이게 되어 있습니다. 가만히 있는 것이 움직이는 것보다 더 편할 것 같은데, 반대로 우리는 끊임없이 무언가를 하려고 합니다. 이 관성을 끊고 머물러 있으려면 시간을 정하고 결단해야 합니다. 방해받지 않는 시간을 확보해야 합니다. 이와 관련하여 마틴 로이드 존스David Martyn Lloyd-Jones가 『설교와 설교자』Preaching and Preachers에서 다음과 같이 말합니다.

> 해를 거듭할수록 느끼는 점은, 오전 시간을 확보하는 것이야말로 설교자가 지켜야 할 중요한 규칙이라는 것입니다. 이것을 절대적인 법칙으로 정해 놓으십시오. 오전 시간에는 전화를 받지 않는 구조를 만들어 놓으십시오. 아내나 다른 이들에게 부탁해서 전화를 바꾸어 주지 말고 메시지만 받아 달라고 하십시오. 이런 의미에서 목회자는 자기 삶을 지키기 위해 말 그대로 분투할 필요가 있습니다![13]

저의 경우에도 오래전부터 오전 시간을 황폐하게 만들지 않으려고 노력해 왔습니다. 병원 심방이나 장례식 혹은 성경공부 인도 같은 것이 아닌 한 오전에는 따로 약속을 잡지 않습니다. 새벽기도회를 마친 후 충분히 기도를 한 다음 점심식사 시간 이전까지는 주로 사무실이나 서재에서 지냅니다. 사무적인 일들을 미루어 놓고 말씀을 읽고 연구하는 일 혹은 독서와 묵상으로 시간을 보냅니다. 그로 인해 종종 사무적인 일 처리가 늦어지기도 합니다만, 큰 문제는 아닙니다. 이러한 생활 패턴이 처음에는 별 차이가 없어 보이지만 5년 혹은 10년 동안 축적되면 풍요로운 영적 자산이 됩니다.

셋째, '생활 패턴'을 만들고 그것을 지킬 것을 권합니다. 즉 월요일이면 반복적으로 하는 중요한 일이 있게 하라는 것입니다. 우리 몸은 그런 관성을 따라가게 되어 있습니다. 몸처럼 정직한 게 없습니다. 해외에 나가서 일정한 시간이 지나면 몸이 새로운 시간에 적응합니다. 처음 며칠 동안은 새로운 시간에 적응하는 데 어려움을 겪지만, 어느 정도 적응이 되면 몸이 그것을 따라 움직입니다. 영적 생활도 마찬가지입니다. 반복적이고 규칙적인 생활 패턴으로 몸이 그것에 적응하게 되면 영적 생활에 큰 도움을 얻습니다. 앞에서도 말씀드렸지만, 영적 생활은 영혼에 관한 것만이 아닙니다. 육신과 정신과 영혼을 모두 잘 관리해야만 영적 생활에 성공할 수 있습니다.

넷째, '새벽기도'를 적극적으로 끌어안을 것을 권합니다. 목회자들은 새벽에 기도를 오래 그리고 깊이 하지 않는 경향이 있습니다. 새벽기도 인도가 끝나면 잠시 앉아 있다가 일을 핑계로 움직입니다. 제 신앙을 지켜 준 가르침 중 하나는 저에게 설교학을 가르쳐 주신 고 나원용 목사님의 조언입니다. "여러분이 목회에 나가면 새벽기도회 시간에 가장 오래 기도하는 교인보다 10분만 더 기도하십시오. 그러면 틀림없습니다." 그 말이 저에게 큰 도움이 되었습니다. 제가 섬긴 교회마다 괴로울 정도로 오래 기도하는 권사님들이 계셨습니다. 처음에는 그분들보다 더 오래 기도하기 위해 노력했는데, 그것이 저에게 기도하는 습관, 하나님 앞에서 '거룩한 시간 낭비'를 하는 습관을 만들어 주었습니다.

저의 경험으로 보면, 가장 방해받지 않는 시간이 새벽입니다. 목회자는 시간을 활짝 열어 놓고 살아야 하는 존재입니다. 어느 때든 교인들이 필요로 할 때 응답해야 합니다. 또한 해도 해도 끝이 없는 것이 목회입니다. 일을 찾자면 한이 없습니다. 그러므로 새벽 시간이 중요합니다. 이 시간에 방해할 교인은 거의 없습니다. 새벽기도회 이전 혹은 이후에 충분한 개인기도의 시간을 가져야 합니다. 저의 관찰이 옳다면, 목회자들은 새벽기도회를 인도하는 것으로 기도를 다 했다고 생각하는 경향이 있습니다. 그 시간을 그냥 보내고 다른 시간에 기도

하는 것은 아주 어려운 일입니다.

다섯째, '외적 성장'에 대한 조바심을 내려놓으라고 권면
드립니다. 목회자에게 가장 집요하게 따라붙는 유혹 중 하나는
교회의 외적 성장입니다. 저는 그동안 네 교회를 섬겼습니다.
첫 교회는 개척 단계의 교회였고, 두 번째 교회는 쇠퇴하는 백
인 교회였으며, 세 번째 교회는 이민 교회로는 대형 교회였습
니다. 그리고 지금은 개척 단계를 막 지난 교회를 섬기고 있습
니다. 한 목회자가 경험할 만한 교회 유형을 모두 경험했다 할
수 있습니다. 그래서 저는 확신을 가지고 말씀드릴 수 있습니
다. 어떤 상황에 처하든 외적 성장에 대한 유혹 혹은 조바심은
목회자의 마음을 흔들 수 있습니다. 교회가 크면 큰 대로, 작으
면 작은 대로 그 유혹은 집요하게 따라붙습니다. 그 유혹을 어
떻게 다스리느냐가 가장 중요한 관건입니다.

외적 성장이 나쁜 것은 아닙니다. 생명 현상의 가장 우
선적인 특징은 변화하고 성장하고 성숙하는 것입니다. 제대로
목회를 하고 있다면 교회 안에는 영적 생명력이 약동하게 되
어 있습니다. 그 생명력이 어떻게 표현되는지는 교회의 여건에
따라 다르게 나타날 수 있습니다. 하지만 어떤 변화든 생겨나
게 되어 있습니다. 또한 교회의 궁극적 사명이 선교에 있으므
로 잃어버린 영혼을 찾아 그리스도 앞으로 인도하는 일은 꾸
준히 해야 하는 일입니다. 그러므로 외적 성장은 생명력 있는

목회의 결과로 일어날 수 있는 결과입니다. 하지만 외적 성장은 말 그대로 결과 혹은 결실입니다. 억지로 만들어 내야 할 무엇이 아니라 조건이 갖추어지면 열리는 열매입니다. 그러므로 외적 성장을 기대하고 노력하되 그것에 매이고 집착하지 않도록 조심해야 합니다.

외적 성장에 대한 조바심에 붙들리는 순간부터 목회자는 곁길로 들어서게 됩니다. 열매에 대한 조바심을 가진 농부는 씨앗을 심어 놓고 자라기를 기다리지 못합니다. 어떻게든 빨리, 어떻게든 많이 수확하기 위해 머리를 짜내고 꼼수를 씁니다. 그런 농부는 결코 좋은 열매를 얻을 수 없고, 얻은 결실에 만족하지 못합니다. 목회도 그렇습니다. 외적 성장에 대한 조바심에 붙들리면 목회자의 영성에 병이 들기 시작합니다. 묘수와 꼼수를 찾기 시작합니다. 외적 성장보다 더 중요한 성도들의 영적 성장에 대해서는 관심이 없어집니다.

참으로 애석한 것은 그런 방식으로 교회를 키우는 것이 가능하다는 사실입니다. 비성경적이고 반성경적인 방법을 사용하여 초대형 교회를 일구는 것은 얼마든지 가능한 일입니다. 바른 신앙과 목회는 교회 성장으로 이어질 수 있지만, 그 역이 늘 성립하는 것은 아닙니다. 교회 성장 속도가 빠르고 성장 규모가 크다고 해서 바른 목회 때문이라고 결론지을 수 없다는 뜻입니다. 초대형 교회를 일군 목회자들의 초라한 영성을 자주 목격하는 이유가 여기에 있습니다. 외적 규모가 큰 교회일수록 교인들의 영성이 허약한 이유도 여기에 있습니다. 마치 교회의 규모가 자신의 영성의 규모라도 되는 것처럼 착각하고 영적 교만에 빠져 있지만 영적으로는 텅 빈 경우가 많습니다.

앞으로 여러분은 목회를 마치는 그날까지 이 문제와 씨름할 것입니다. 그래서 드리는 말씀입니다. 부디, 외적 성장에 대한 유혹에 붙들리지 마시기 바랍니다. 외적 성장은 하나님께서 허락하실 때 일어나는 일입니다. 우리는 오직 교회의 본질 그리고 목회의 본질을 붙들고 그것에 전념하면 됩니다. 그렇게 되면 목회를 마치고 나서 텅 빈 영성으로 무너지지 않을 것입니다. 은퇴하신 선배 목사님들에게 여쭈어 보시기 바랍니다. 외적 성장을 위해 분투하는 것이 얼마나 어리석은 일이었는지를 고백하실 것입니다. 가장 후회되는 것이 더 많이 기도하지 못하고 더 많이 영성을 키우지 못한 것이라고 말씀하실 것입니다.

여섯째, '영적 멘토'를 찾으십시오. 멘토는 정기적으로 만나서 지도를 받는 대상을 말합니다. 그런 사람을 주변에 한두 사람 두고 있다면 행복한 사람입니다. 오늘 우리는 신뢰하고 존경할 만한 선배를 찾기 어려운 시대에 살고 있기 때문입니다. 그것과 함께 롤모델로 삼고 따를 만한 사람을 가지는 것도 중요합니다. 문제는 그런 사람을 어떤 기준으로 선정하느냐인데,

외적 성과가 아니라 영성과 삶이 기준이 되면 좋겠습니다.

일곱째, '여가 생활'에도 배려를 하십시오. 휴식 시간을 정해 놓고 가급적 그 시간을 지키도록 노력하십시오. 저의 경우에는 월요일을 휴식의 날로 정해 놓고 지키는데, 장례식이나 다른 위급한 심방이 아니면 그 시간을 지키려고 노력합니다. 또한 일 년에 두 차례 정도 휴가를 가지려고 노력합니다. 휴가를 따로 내기도 하고, 집회로 인해 출타했을 때 며칠 쉬기도 합니다. 제가 속한 연합감리교회는 한 해에 4주의 휴가를 가지라고 권하고 있지만, 한인 교회에서는 그것을 다 누릴 수 없습니다. 교인들의 생활환경을 아는데 어떻게 그렇게 할 수 있겠습니까? 그렇다고 해서 휴가를 가지지 않는 것도 바람직하지 않습니다.

여가 생활은 영적 생활에 큰 영향을 미칩니다. 그러므로 여가 시간을 어떻게 사용할 것인지에 대해 생각해야 합니다. 드라마 혹은 예능 프로그램을 시청한다면, 잘 선별하고 과도하지 않게 하는 것이 필요합니다. 설교자의 사고 세계가 그런 것들에 지배당하여 천박해지지 않도록 경계해야 합니다. 그런 것들은 잠시 다른 세계로 옮겨 가서 숨을 돌리는 정도면 충분합니다. 여가 시간에 좋은 스토리들을 접하도록 힘쓸 필요가 있습니다. 스토리는 '사람'의 이야기입니다. 드라마 중에도 인간 이해를 깊고 넓게 해주는 좋은 이야기가 있습니다. 영화를 통해서도 훌륭한 이야기를 접할 수 있습니다. 좋은 소설을 접하는 것은 더 말할 필요도 없습니다. 설교자가 자주 문학의 향기에 취하는 것은 무엇보다 중요한 일입니다. 문화생활을 계획하고 즐기는 것도 필요합니다. 고전음악을 감상하고 미술 전람회에 가서 예술의 향기에 빠져 보는 것도 큰 도움이 됩니다.

요즘에는 인터넷과 SNS를 적절하게 관리하는 것이 매우 중요해졌습니다. 그런 것에 과도하게 노출되면 사고의 깊이가 얕아지고 통합적 사고를 못하게 됩니다. 저도 몇 년 전부터 페이스북을 하고 있어서 그 유혹과 폐해를 잘 알고 있습니다. 저의 페이스북 친구들은 절반 이상이 목회자들입니다. 그분들이 올리는 글의 내용을 보면 인터넷에 중독된 것 같은 증상을 볼 때가 있습니다. 불행한 일입니다. SNS 사용에 절도가 있어야 합니다. 설교자는 보고 듣고 접하는 모든 것에 대해 '이것이 나의 영혼에 어떤 영향을 미칠까?'라고 질문해야 합니다. 그렇게 질문하는 것은 때로 피곤한 일입니다. 하지만 그 질문을 멈추는 순간, 내면에 쓰레기가 쌓이기 시작합니다.

마지막으로, '육체적인 건강'을 관리하는 것 역시 영성 생활의 일부임을 기억할 것을 당부합니다. 정기적으로 운동을 하고, 스트레스를 잘 관리하고, 집착과 욕심을 버리고, 식단을 건강하고 균형 잡힌 것으로 유지하는 것은 모두 영성 생활에 큰 영향을 미칩니다. 이와 함께 '건강한 인간관계'를 유지하는 것이 필요합니다. 결혼한 사람의 경우 배우자와 순결하고 깊은 사랑의 관계를 유지해야 합니다. 배우자와의 관계가 엉클어지기 시작하면 그 부정적 영향이 다른 관계에도 미치게 되어 있습니다. 그러므로 부부 관계를 깊게 하고 키워 나갈 수 있도록 노력해야 합니다. 독신의 경우에는 관계망을 형성하여 주기적으로 만나 대화를 나눌 좋은 친구가 필요합니다.

☐ 거룩한 에토스의 적들

리처드 포스터는 영성 생활에서 가장 집요하고도 강력한 위험 요인으로 세 가지 곧 돈, 섹스, 권력을 지목했습니다.[14] 믿는 사람이면 누구나 이 세 가지 유혹을 경계해야 한다는 말인데, 그렇다면 목회자는 더욱 그래야 마땅합니다. 교회 안에서 자라면서 자주 들은 말이 있습니다. "목사는 이 세 가지만 조심하면 된다. 돈, 여자 그리고 명예." 이제는 여성 목회자들도 많으니 '여자'라는 말을 '이성' 혹은 '섹스'라는 말로 바꾸어야 할 것입니다. 거룩한 에토스의 형성 과정에서 이 세 가지를 어떻게 관리하는가의 문제는 정말 중요합니다. 또한 거룩한 에토스는 이 세 가지 문제에 대한 자제력과 통제력을 길러 줍니다.

이 세 가지는 사실 하나의 뿌리를 가지고 있는데, 그것은 아무리 채워도 만족하지 못하는 병든 욕망입니다. 영적으로 어느 정도 성장하면 이 유혹에 대해 대처하는 것이 한결 수월해집니다. 영성은 곧 욕망의 문제를 해결하는 것이기 때문입니다. 영성의 대가인 것처럼 알려진 목회자들이 이런 문제에 힘없이 무너지는 것은 그들의 영성이 알려진 것과는 달리 허약했다는 뜻입니다. 혹은 영적 자만에 빠진 결과일 수도 있습니다. 그러므로 영적 성장 과정에서 우리는 이 세 가지 문제들에 대해 각각 구체적인 원칙과 대책을 가지고 있어야 합니다.

돈

먼저 '돈'에 대해 생각해 보겠습니다. 돈 문제에 대해서는 이미 『바늘귀를 통과한 부자』에서 충분히 말씀드렸습니다.[15] 사실 그 책은 돈에 대한 책이 아니라 청지기직에 대한 책입니다. 기독교 청부론이 대세일 때 그에 대한 반대 목소리를 낸 것입니다. 제가 기독교 청부론을 위험하게 본 가장 중요한 이유는 그것이 돈에 대한 경계심을 풀어놓는다는 점이었습니다. 신약성경을 전공으로 삼아 공부해 온 저로서는 그 의견에 동의할 수 없었습니다. 기독교 청부론은 아무리 세련되게 말해도 결국은 돈을 추구하는 삶에 관한 것입니다. 그리고 자신이 얻은 수입 중에서 어느 정도의 의무를 하고 나면 나머지는 누려도 된다고 가르칩니다. 처음부터 끝까지 돈에 대한 추구를 자극합니다. 하지만 제가 읽은 바로는, 성경은 처음부터 끝까지 돈에 대해 긴장하라고 가르칩니다.

오래전 일입니다. 연극인들로부터 존경받는 어느 연극 연출가의 인터뷰를 보았습니다. 인터뷰를 진행하는 사람이 그분에게 마지막 질문을 던졌습니다. "마지막으로 후배 연극인들에게 하고 싶은 말이 있다면 한 말씀 부탁드립니다." 그러자 그분이 잠시 생각하더니 "돈에 대해 긴장하라고 말하고 싶습니다"라고 답했습니다. 그리고 이어서 다음과 같이 말했습니다. "돈에 대한 긴장감을 놓아 버리면 연극인은 돈에 팔리게 됩니다. 그렇게 되면 연극인으로서 그 사람은 끝입니다." 저는 이 말을 들으면서 '아, 저건 목사들이 들어야 할 말인데'라고 생각했습니다. 목회자도 돈에 대한 긴장감을 내려놓는 순간 내적 침식이 시작됩니다. 돈에 팔리는 초라한 신세로 전락하고 맙니다. 목회자는 돈에 대해서는 도도한 자세를 견지해야 합니다.

그러기 위해서 가장 중요한 것은 '자족의 비결'빌 4:12을 배우는 것입니다. 그것은 하나님 안에서 타락한 욕망을 치유받음으로 가능해집니다. 돈에 대한 갈망은 만족되지 않는 내적 공허감에서 나오기 때문입니다. 바울처럼 가난해도 찌들리지 않고 부해도 부패하지 않는 영성에 이르기 위해 힘써야 합니다.

이와 함께, 돈에 대한 나름의 원칙을 정하는 것이 도움이 됩니다. 저도 목회 초기부터 몇 가지 원칙을 세웠습니다. '사례비에 대해 의견을 내지 않는다'는 것이 그 첫째입니다. 교회에서 정해 주는 대로 그것에 맞추어 살기로 마음을 정했습니다. 지금 돌아보니 네 교회를 섬기는 과정에서 한 번도 사례비 문제로 의견을 낸 적이 없습니다. 사례비를 동결해 달라는 의견을 낸 적은 있었습니다만, 올려 달라는 의견은 낸 적이 없습니다. 최근 목회지를 옮기면서 제 사례비가 20퍼센트 정도 줄어들었습니다. 그것도 감사하게 받았습니다. 혹자는 '사례비가 충분하니까 그렇게 할 수 있었겠지'라고 생각할지 모릅니다. 이 생각에는 문제가 있습니다. 목회자들이 사례비에 대해 의견을 내는 것은 사례비가 부족하기 때문만은 아닙니다. 더 많은 경우에는 자존심 때문입니다. '나를 이렇게 대우해 주기냐?' 하는 마음 때문입니다. 또한 저 자신에 대해 말하자면, 사례비가 기본 생활에 미치지 못할 때에도 그 원칙을 지켰습니다.

또 하나의 원칙은 '심방 혹은 다른 목회 활동의 대가로 주는 사례비는 사양한다'는 것입니다. 첫 목회지에서의 일입니다. 부임하여 한 장로님 댁으로 첫 심방을 갔습니다. 심방을 마치고 나오는데 장로님이 제게 봉투를 찔러 넣어 주십니다. "이게 뭡니까?"라고 여쭈니, "용돈으로 쓰시라구요"라면서 알 수 없는 미소를 지으십니다. 저는 "심방 감사 헌금은 주일예배 때 직접 드리시고, 제게 용돈으로 주시는 거라면 사양하겠습니다"라고 답했습니다. 장로님은 물러서지 않으시면서 "다들 받으시던데 왜 그러세요. 그냥 넣어 두세요. 이사해서 쓸 곳도 많을 텐데요"라고 말씀하십니다. 저는 다시 한 번 사양 의사를 밝히고 나왔습니다. 그날 이후로 그 일이 순식간에 모든 교인에게 퍼져 나갔습니다. 그리고 한 주일도 지나기 전에 저는 교인들의 신뢰를 얻게 되었습니다. 그것을 기대한 것도, 의도한 것도 아니었는데 그런 결과가 발생한 것입니다.

'공적인 시간에 얻은 부수입은 교회에 드린다'는 원칙도 오래전부터 지켜 왔습니다. 공과 사를 구분하려는 뜻도 있고, 돈에 팔려 다니지 않으려는 뜻도 있습니다. 교직에 있을 때도 설교 사례비로 받은 돈은 생활비로 사용하지 않고 연구실에 두었다가 제자들을 돕는 데 사용했습니다. 목회 중에는 집회에서 받는 사례비를 교회에 헌금으로 드려 왔습니다. 그 역시 생활비가 충분하지 않을 때부터 그렇게 했습니다. 그렇게 원칙을 세워 놓으면 돈에 팔려 다니지 않을 수 있습니다. 물론 명예에 팔려 다니는 위험은 아직 남아 있습니다. 하지만 가장 큰 유혹은 제어할 수 있습니다. 목사의 외부 활동이 금전적 수입과 상관없다는 사실을 알 때 교인들의 신뢰와 후원은 더 커집니다.

제가 김종희 대표와 함께 목회멘토링사역원을 설립하

여 목회자들을 돕는 사역을 할 수 있었던 이유가 여기에 있습니다. 몇 년 동안의 목회 과정을 통해 교인들이 돈에 관한 저의 정직성을 신뢰하게 되었습니다. 그러자 몇몇 교우들께서 "목사님이 알아서 쓰십시오"라면서 돈을 맡기셨습니다. 그것이 매년 미주에서 목회자 멘토링 컨퍼런스를 여는 힘이 되었습니다. 저에게 아무리 많은 돈을 맡겨도 사적으로 사용하지 않으리라는 믿음이 있기 때문에 그런 분들이 나온 것입니다. 사실, 이때가 더 위험합니다. 그 신뢰를 오용할 위험이 있기 때문입니다. 재정 문제로 넘어지는 경우, 대개는 신뢰를 오용함으로 발생합니다. 저는 그 믿음을 배반하지 않기 위해 모든 것을 투명하게 운영하고 있습니다. 또한 이 사역에서 저 자신은 아무런 재정적 도움을 받지 않습니다. 오히려 저의 수입의 일부를 사용해 왔습니다.

우리의 숨이 끊어질 때까지 돈은 결코 우리를 놓아주지 않을 것입니다. 사탄은 언제든지 돈을 이용하여 우리의 거룩한 에토스를 망칠 기회를 찾을 것입니다. 평생 존경받아 온 목회자들이 은퇴하면서 거액의 전별금을 두고 교인들과 싸우고 갈라지는 이유가 여기에 있습니다. 부단한 영성 생활을 통해 욕망을 비우고 자족의 비결을 배우며 영원한 것을 사모하는 마음을 키우지 않으면 우리는 언제든지 넘어질 수 있습니다. 그리고 그 넘어짐은 참으로 초라하고 추합니다.

섹스

이번에는 '성적 유혹'의 문제입니다. 예전에 「바람난 가족」이라는 영화가 있었습니다. 그 제목이 저에게는 '바람난 나라'로 읽혔습니다. 성도덕이 무너지고 말초감각적 쾌락을 추구하는 풍조가 이제는 더 이상 문제로 여겨지지 않을 만큼 심해졌습니다. 성을 사고파는 것이 인터넷과 SNS의 발달로 너무나 쉬워졌습니다. 성적 외도가 더 이상 부끄러운 일도 아니고 죄도 아닙니다. 사람들이 모여 있는 곳마다 곁눈질을 해가며 쾌락의 상대를 찾는 눈빛이 번득입니다. 교회도 예외가 아닙니다. 교회에 모여 있는 사람들 중에도 불순한 성적 욕구를 품고 있는 사람들이 없지 않습니다. 그들에게 목회자는 좋은 표적이 될 수 있습니다. 그런 상황을 적극적으로 악용하는 목회자들도 있습니다.

목회자는 그 어떤 직업군에 종사하는 사람보다 성적 유혹에 더 자주 노출됩니다. 목회자와 교인의 관계라는 것이 기본적으로 성적 타락을 쉽게 만들어 주는 경향이 있습니다. 순진한 교인들은 목회자에게 전적으로 의지하는 경향이 있습니다. 또한 성적으로 목회자를 안전하게 보는 경향도 있습니다. 성적으로 안전하다고 느끼기에 마음 놓고 의지합니다. 그런 상황에서 목회자가 불순한 마음을 품으면 성추행이나 성폭행으로 쉽게 이어질 수 있습니다. 그리고 목회자는 그 죄를 사랑이나 헌신 혹은 다른 '거룩한 말'로 정당화시킵니다. 목회자들의 성범죄가 자주 뉴스로 전해집니다만, 드러나지 않은 은밀한 죄들이 얼마나 많을까요?

목회자는 이 문제에 대해 철저한 대책을 세워야 합니다. 평생 목회를 한다고 가정한다면, 성적 타락의 경계선에서 넘어질 만한 순간을 여러 번 만나게 될 것입니다. 그때 미끄러지지 않으려면 단단히 대책을 세워야 합니다. 가끔 성적 문제로 인해 넘어진 목회자들이 "제가 오히려 희생자입니다"라고 말하는 것을 듣습니다. 목회자를 적극적으로 유혹하는 교인들이 실제로 있습니다. 하지만 그 경우에도 목회자가 거부하면 사태는 더 이상 진전되지 않습니다. 따라서 그 어떤 경우에도 목회자는 희생자라고 말할 수 없습니다. 모든 성추행과 성폭행에서 목회자는 범행자입니다. 스스로를 단속하지 못했기 때문에 일어나는 일입니다.

성적 유혹에 대한 최선의 방책은 사랑입니다. 하나님과의 깊은 사귐을 통해 목회자의 내면이 거룩한 사랑으로 채워져 있어야 합니다. 성적 욕구는 결국 사랑받고 사랑하고 싶은 욕구입니다. 그러나 섹스는 그 욕구를 다 채우지 못합니다. 잠시 채워진 것 같지만 다시금 고갈됩니다. 그 욕구는 오직 하나님의 사랑으로만 채워집니다. 그러므로 하나님의 사랑에 깊이 잠겨 사는 사람은 성적 유혹에 흔들리지 않습니다. 영성 생활이야말로 성적 타락에 대한 가장 효과적인 대책입니다.

건강한 부부 관계도 성적 유혹에 대한 강력한 대책입니다. 부부가 서로에 대한 성적 만족을 위해 힘쓰는 것은 하나님께서 기뻐하시는 일입니다. 적어도 부부로 연합되었다면 서로의 필요를 위해 섬겨야 합니다. 그래서 바울 사도는 기도를 위해 잠시 부부 관계를 중단할 필요가 있어도, 그 기간이 지나면 부부간의 의무를 다하라고 권면합니다고전 7:5. 하지만 부부의 만족스러운 성생활보다 더 중요한 것이 있습니다. 서로에 대한 진실한 사랑입니다. 자신의 배우자에게 진실하게 헌신된 사람이라면 성적 일탈을 꿈꿀 수 없습니다. 그것은 배우자에 대한 최악의 배신이기 때문입니다. 그런 까닭에 목회자 부부가 영과 혼과 육으로 하나됨을 추구하며 사는 것이 성적 타락에 대한 가장 좋은 대책 중 하나라고 말할 수 있습니다.

아울러 구체적 사안에서 분명한 원칙을 세워야 합니다. 밀폐된 장소에 이성과 마주 앉는 일이 없도록 하는 것이 그 예입니다. 저는 여성 사역자와 함께 일하는 중에 한 번도 둘이서만 차를 타거나 밀폐된 방에서 둘만 있는 상황을 만들지 않았습니다. 여성 교우를 상담할 때도 언제나 방문을 열어 놓거나 유리창이 있는 방을 사용했습니다. 아내와 함께 만나는 것이 제일 좋은 방법입니다. 교인 집에 방문할 때는 언제나 다른 사람과 동행했습니다. 저는 성적 유혹에 넘어지지 않을 자신이 있지만, 그 자신감이 오히려 더 위험한 것을 알기에 그러한 원칙을 세우고 지켰습니다. 여성 목회자와 독신 목회자의 경우, 제가 말할 만한 입장이 되지 못합니다만 원리는 같을 것이라고 생각합니다.

성적 타락과 관련하여 음란물에 대한 언급도 필요하리라 봅니다. 방송과 인터넷과 스마트폰의 발전으로 인해 음란물은 우리에게 너무도 가까이 와 있습니다. 과거에는 그런 것에 밝은 사람만이 접할 수 있었고, 보통 사람들은 그런 것을 접하기까지 여러 가지 장애물을 넘어야 했습니다. 그런데 지금은 어렵지 않게 그리고 전혀 생각지도 못하는 순간에 우리의 문을 두드립니다. 인터넷으로 뉴스를 검색하다 보면 기사 가장자리에 음란물 광고가 뜹니다. 수위가 별로 높지 않아서 클릭했다가는 자신도 모르게 더 깊은 곳으로 빠져 들어갑니다. 제가 사용하고 있는 페이스북에도 가끔 음란 동영상이 뜹니다. 이메일을 통해 오기도 합니다. 스스로 구하지 않아도 찾아오는 것입니다. 그러니 적극적으로 찾는 사람에게는 우주와도 같이 광활한 음란물의 세계가 열립니다.

목회자들 중에 인터넷 음란물에 중독된 사람들이 꽤 많습니다. 그것을 사소한 것으로 여기면 안 됩니다. 어떤 분들은 '나이가 들면 나아지겠지'라고 말합니다. 그렇지 않습니다. 성적 욕망은 죽을 때까지 사라지지 않습니다. 노인들 중에도 음란물에 중독되어 살아가는 경우가 적지 않습니다. 그것은 나이로 해결할 수 있는 문제가 아니라 영성과 원칙과 결의로 해결해야 하는 문제입니다. 만일 여러분이 이 문제에서 자유롭지 못하다면, 해결을 위해 어떤 구체적인 노력을 기울여야 합니다. 이 문제를 하나님 앞에 가져가 구체적이고도 솔직하게 고백하고 은혜를 구해야 합니다. 또한 이런 유혹에 이끌리지 않도록 자신을 보호하는 장치를 마련해야 합니다. 야고보서에 다음과 같은 말씀이 있습니다. "샘이 한 구멍으로 어찌 단 물과 쓴 물을 내겠느냐"약 3:11. 이 말씀은 말에 관한 것입니다만, 이 문제에도 적용할 수 있다고 생각합니다. 한 영혼으로 어찌 음란 영상과 하나님의 말씀을 같이 담을 수 있겠습니까? 음란 영상에 물든 마음과 눈으로 어찌 거룩한 성도들을 대할 수 있다는 말입니까?

제가 속해 있는 연합감리교회의 지도적 인물 가운데 한 사람이 아담 해밀턴Adam Hamilton입니다. 그가 어느 집회에서 자신을 보호하는 도구로서 늘 스스로에게 묻는 질문을 소개했습니다. "내일 아침 우리 지역 신문에 나의 이야기가 보도되었을 때 나를 아는 사람들에게 부끄럽지 않을까?" 어떤 일에 유혹을 받을 때 이 질문을 스스로에게 해본다고 합니다. 그 질문 앞에서 유혹을 내려놓은 적이 여러 번 있었다고 고백합니다. 저는

'내가 사고로 갑자기 죽었을 때 내 자녀들이 내 유품을 정리하면서 실망할 만한 것이 있을까?'라는 질문을 자주 합니다. 제가 갑자기 사고로 죽으면 저의 서재와 옷장과 컴퓨터와 일기 등 모든 것을 살피지 않겠습니까? 그 과정에서 제가 부끄러운 것을 숨겨 놓고 즐기고 있었음이 드러난다면 얼마나 큰 수치가 되겠습니까? 그 질문이 저를 지켜 주고 있습니다. 여러분도 여러분 나름의 질문을 만들어서 스스로를 지키는 도구로 사용하시기 바랍니다.

권력

마지막으로 '권력'의 문제입니다. '권력'이라는 말에 아마도 여러분은 교권에 대한 욕망을 먼저 생각할 것입니다. 사실 그것도 큰 문제입니다. 젊은 분들에게는 먼 이야기처럼 들릴 것입니다만, 머지않아 교권에 대한 욕망으로 흔들릴 때가 옵니다. 젊은 시절에 교권에 대해 전혀 관심 없던 사람들이 나이 들어 교권을 가지기 위해 분투하는 모습을 저는 자주 보아 왔습니다. 그것 역시 영적 결핍으로 인해 생기는 증상입니다. 하나님의 사랑으로 우리의 영혼이 채워져 있으면 교권에 대한 욕망을 다스릴 수 있습니다. 만일 그런 것을 가져야만 존재감이 확인된다면 그 사람의 영성에 문제가 있는 것입니다. 또한 젊은 시절부터 소유가 아니라 존재를 키우는 삶을 살게 되면 교권에 대한 집착으로부터 벗어날 수 있습니다. 거룩한 에토스는 권력욕에 대한 가장 강력한 대책입니다.

권력의 문제가 목회자에게 늘 교권의 문제로만 다가오는 것은 아닙니다. 보다 사소하고도 은밀한 방식으로 목회자의 에토스를 흔듭니다. 교회 안에서의 주도권 싸움이 그 한 예입니다. 목회자들은 교인들이 자기가 아닌 다른 사람에게 끌리는 사태를 견디지 못하는 경향이 있습니다. 평신도 지도자에게도 그렇고, 다른 목회자들에게도 그렇습니다. 모든 교인이 자신의 통제와 관리 안에 있어야 만족합니다. 그것을 벗어나는 상황이 발생하면 견디지 못합니다. 교인들이 자기 외에 다른 사람에게 영적 리더십을 인정하는 것을 참지 못합니다. 자신에게 없는 은사를 받은 사람을 견디지 못하고, 자신보다 성경공부를 더 잘 인도하는 사람을 견디지 못합니다. 그것 역시 에토스의 허약함이 만들어 내는 문제입니다. 자신의 존재에 대한 자신감이 없으므로 그렇게 반응합니다. 내면이 하나님의 사랑으로 충만하다면 그런 것에 붙들리지 않습니다. 모든 이들을 품을 수 있습니다.

목회자들은 교회 일을 처리하는 과정에서도 주도권을 쥐어야 한다고 생각합니다. 자신의 의견이 항상 관철되어야 한다고 생각합니다. 자신의 의견이 거부되면 자신의 전체가 거부당하는 느낌에 사로잡힙니다. 그래서 반대 의견을 내는 사람들을 견디지 못합니다. 때로는 영적 거짓말도 일삼습니다. 하나님의 음성을 들었다느니, 환상을 보았다느니 하는 말로 자신의 뜻을 강요합니다. 물론 목회자가 하나님의 음성을 들을 수도 있고 환상을 통해 응답을 받을 수도 있습니다. 하지만 그것이 교회 공동체를 위해 주어진 것이라면 교회 전체가 그 뜻을 분별하고 받아들일 때까지 기다려야 합니다. 그것을 견디지 못한다면, 이 역시 권력에 대한 욕구 때문입니다. 그런 욕구가 교회 중직들과의 갈등을 빚어내고 부교역자들을 괴롭게 만듭니다. 부교역자가 권력욕에 사로잡혀 문제를 만들어 내는 경우도 많습니다. 자신의 세력을 형성하기 위해 은밀하게 분열을 조장하고 때로는 추종 세력을 이끌고 나가 교회를 세우기도 합니다.

거듭 말하지만, 거룩한 에토스의 형성은 영적 생활에서 가장 치명적 위험 요소인 돈과 섹스와 권력의 문제에 대한 가장 강력한 대책입니다. 또한 그동안 형성해 온 에토스를 지키고 키워 나가는 데 이 세 가지는 경계해야 할 가장 중요한 요소입니다. 목회의 여정이 끝날 때까지 그리고 우리의 숨이 다할 때까지 이 세 가지와 싸워 이기는 것이 우리의 과제입니다.

☐ 설교자의 일주일

이 책의 제목이 『설교자의 일주일』인 만큼, 그런 의미에서 저의 일주일 생활 패턴을 소개하는 것도 여러분에게 도움이 되지 않을까 싶습니다. 거룩한 에토스 형성에 필수적인 요소는 거룩함에 이르는 삶의 패턴을 만드는 것입니다.

앞에서 말씀드린 대로, 월요일은 휴식의 날로 삼고 있습니다. 제가 2010년에 전립선암 수술을 받고 나서 새롭게 익힌 취미이자 운동이 하이킹입니다. 전립선암 수술 후에 회복하는 데 걷는 운동이 제일 좋다 하여 시작했는데 이제는 없어서는 안 될 삶의 일부가 되었습니다. 제가 사는 지역에 쉽게 닿을 수 있는 하이킹 코스가 있어서 아내와 함께 많이 걷습니다. 보통 8킬로미터 정도 걷는데, 월요일에는 12킬로미터 정도 걷습니다. 봄이나 가을철에는 조금 멀리 가서 등산을 하기도 합니다. 그 외의 시간은 빈둥거리는 데 사용합니다. 빈둥거리면서 책도 읽고 TV를 보기도 합니다. 이날만큼은 저 자신에게 스트레스를 주지 않으려 합니다.

화요일부터 시작되는 일과 시간을 저는 셋으로 나눕니다. 새벽기도회 이후로 점심시간까지, 점심식사 후 저녁식사까지, 그리고 저녁식사 이후부터 잠자리에 들 때까지, 이렇게 세 부분입니다. 저의 원칙은 세 부분 중 두 부분은 공적 사역을 위해 사용하고 나머지 한 부분은 사적으로 사용하는 것입니다. 물론 상황에 따라 이 원칙은 달라질 수 있습니다. 새벽부터 잠 자리에 들 때까지 교회 일에 매어 있을 때도 있습니다. 하지만 그렇지 않은 경우에는 세 부분 중 한 부분은 사적으로 사용하 려 합니다. 사적으로 사용한다는 말은 책을 읽거나 글을 쓰거 나 운동을 하거나 지인을 만나는 일들을 말합니다.

화요일은 주로 교회 일에 전념합니다. 오전에는 사무 처 리와 말씀 준비를 하고, 오후와 저녁에는 심방, 상담, 회의 등 을 위해 열어 놓습니다. 수요일은 오전에 성경공부를 위한 준 비를 하고 저녁에는 성경공부를 인도합니다. 그 사이 시간은 열어 놓습니다. 여러 필요에 응하는 시간입니다. 특별한 필요 가 없으면 독서나 글쓰기 등 사적으로 사용합니다.

제가 설교를 준비하는 날은 목요일입니다. 목회자들은 대개 토요일을 설교 준비하는 날로 잡습니다. 토요일에 설교 준비를 하면 묵상과 준비를 위해 충분한 시간을 사용할 수 있 다는 장점이 있습니다. 문제는 하루의 시간이 충분하지 않을 경우가 많다는 것입니다. 토요일에는 설교 준비 외에 아무것도 하지 않는다고 원칙을 세워도 그 원칙을 지키기 어려울 때가 있습니다. 대형 교회의 담임목사라면 부교역자에게 일을 맡기 면 되지만, 홀로 목회를 해야 하는 상황에서는 피할 수 없는 일 들이 자주 일어납니다. 아무 일 없이 설교에만 집중한다 해도 하루의 시간이 충분하지 않을 때가 많습니다. 그렇게 되면 스트레스가 쌓이고, 그로 인해 가족들이 어려움을 당할 수 있습니다. 목사 자녀들에게서 "우리 자랄 땐 토요일과 주일 아침에는 숨도 제대로 못 쉬었어. 아버지가 설교를 준비하시느라 신경이 곤두서 있었기 때문이지"라는 소리를 자주 들었습니다. 시간은 하루밖에 없는데 설교 준비가 제대로 진척되지 않으면 그 스트레스는 모두 가족들에게 쏟아지게 되어 있습니다. 그럴 때면 목회자는 토요일 밤 늦도록 설교문과 씨름해야 하고 때로는 주일 아침까지 붙들려 있기도 합니다. 그렇게 되면 주일에 분산된 마음으로 허둥댑니다. 그리고 피곤한 얼굴로 강단에 서게 됩니다.

저는 설교 사역을 시작할 때부터 수요일 혹은 목요일에 설교 준비를 시작했습니다. 저는 체질적으로 몸과 마음이 강하지 못하여 지나친 스트레스를 감당하지 못합니다. 그렇기 때문에 막판에 몰리지 않으려고 미리미리 준비하는 습관을 길렀습니다. 그것이 설교 사역에도 영향을 주었습니다. 전에 시무하던 교회에서는 목요일에 준비를 시작하여 금요일 정오까지 완성했습니다. 통역팀이 원고를 받아 금요일 저녁과 토요일 오전에 번역을 해야 했기 때문에 항상 금요일 정오에 마치려고 노력했습니다. 쉽지 않은 일이었지만, 장기적으로 보면 그것이 저의 건강을 지키는 비결이었습니다. 금요일 정오 이후에는 설교 준비의 부담으로부터 해방되어 편안한 마음으로 주일을 준비할 수 있었기 때문입니다. 일단 원고를 완성하고 나서는 웬만하면 손을 대지 않았습니다. 주어진 시간 안에 최선을 다하고 성령께 맡기자는 것이 저의 태도였습니다. 그렇게 했기에 주일 아침에 제 마음과 몸이 흐트러짐 없이 예배에 준비될 수 있었습니다.

지금 섬기는 교회에는 통역팀이 없습니다. 하지만 여전히 설교 준비는 목요일에 시작합니다. 다만 금요일 정오까지 완성하기 위해서 과도하게 몰아붙이지 않습니다. 금요일과 토요일에 원고를 다듬을 여유가 있기 때문입니다. 목요일에는 초고 완성만을 목표로 합니다. 과거에는 하루 전체를 모두 설교 준비에 쓸 수 있었습니다만, 이제는 나이가 들어서 그런지 힘에 부칩니다. 목요일을 설교 준비일로 고정해 놓았지만, 앞에서 말한 세 부분 중 한 부분은 다른 일에 사용합니다. 하루 종일 컴퓨터 앞에 앉아 있는다고 해서 머리가 기계처럼 돌아가는 것이 아니기 때문입니다.

금요일 오전에는 주일 준비를 위해 시간을 사용하고, 오후와 저녁 시간은 심방 혹은 회의를 위해 사용합니다. 토요일 오전은 제자 훈련을 위해 사용하고, 오후나 저녁 시간은 심방에 사용합니다.

지금 섬기는 교회는 미국 교회 예배당을 빌려 사용하고

있기 때문에 오후 두 시에 주일예배를 드립니다. 그래서 주일 오전에 말씀을 읽고 묵상하며 예배 준비를 합니다. 주일예배는 오전에 드려야 한다는 고정관념이 있는데, 오후에 예배드리는 것도 주일을 거룩하게 지키는 데 아주 유익하다는 사실을 경험하고 있습니다. 주일예배 후에는 가급적 공적 모임을 만들지 않으려고 노력합니다. 특별한 심방이 없는 한, 저녁식사는 가족과 함께하면서 쉽니다.

이것이 별로 특별할 것 없는 저의 일주일 패턴입니다. 물론 항상 이 패턴을 지키지는 못합니다. 그것을 방해하는 일들이 자주 일어나기 때문입니다. 하지만 이런 패턴이 마련되어 있기에 흩어졌다가도 다시 원래의 패턴으로 돌아옵니다. 그것이 지금까지 제 생활을 붙들어 주는 힘이 되어 왔습니다.

이제, 에토스에 관한 이야기를 마치면서 결론으로 마틴 로이드 존스의 책에 수록된 글 일부를 인용합니다.

설교자는 어떻게 설교를 해야 하며, 어떤 준비 과정을 거쳐야 합니까? 제가 첫 번째로 제시하고자 하는 원리는, 설교자는 말 그대로 항상 준비해야 한다는 것입니다. 물론 책상 앞에 계속 붙어 있으라는 말은 아닙니다. 그러나 항상 준비하고 있어야 합니다. 영적인 영역에는 휴일이 없다는 말이 진리이듯이, 저는 동일한 의미에서 설교자에게는 휴일이 없다는 생각을 늘 합니다. 물론 일상적인 업무에서 벗어날 때도 있고 휴가를 떠날 때도 있습니다만, 자신이 받은 소명의 본질과 성격상 사역에서 아주 자유로울 수는 없습니다. 그는 자신이 하는 모든 일, 자신에게 일어나는 모든 일이 이 위대한 사역과 상관이 있으며, 따라서 그 준비 과정에 포함된다는 사실을 발견합니다.

그러나 세부적인 문제로 들어가서, 설교자에게 가장 중요한 첫 번째 임무는 설교문을 준비하기 전에 자기 자신을 먼저 준비하는 것입니다. 사역의 경험이 어느 정도 있는 사람이라면 누구나 제 말에 전적으로 동의할 것입니다. 이것은 경험으로 배우는 것입니다. 처음에는 설교문 준비야말로 큰일이라고 생각하기 쉽습니다. 지금까지 말했듯이 설교문 준비는 아주 세심하게 준비할 필요가 있기 때문입니다. 그러나 그보다 훨씬 더 중요한 일이 있는데, 그것은 설교자 자신이 준비되는 것입니다.[16]

3

파토스

설교자와 회중 사이

공감적 설교자로 자라가는 여정

이제 파토스에 관해 말씀드리겠습니다. 헬라어 '파토스'πάθος는 우선 '고통'을 의미합니다. '병리학'을 뜻하는 영어 단어 'pathology'가 여기서 나왔습니다. 병리학은 '고통에 관한 학문'입니다. 그러므로 파토스는 고통을 포함한 인간의 여러 가지 '정서'와 '감정'을 가리키는 말입니다. 우리말에서 정서와 감정은 그 의미에서 상당히 중첩되어 있습니다. 비유하자면, 정서는 바다와 같고 감정은 그 바다에 일어나는 파도와 같습니다. 바다와 파도를 구분할 수 없는 것처럼 정서와 감정도 완전히 구분할 수 없습니다. 그러나 다른 면도 있습니다. 정서의 바다는 감정이라는 파도가 일어나게 하는 바탕입니다. 그러므로 이 장에서 저는 정서라는 단어와 감정이라는 단어를 섞어서 사용하겠습니다. 때로는 동의어로, 때로는 구분되는 단어로 사용할 것입니다.

아리스토텔레스는 듣는 사람의 정서와 감정을 움직이는 것이 수사학의 두 번째 관심사라고 했습니다. 먼저, 아리스토텔레스의 말을 인용해 보겠습니다.

말을 통해 어떤 감정 상태로 끌려 들어갈 때, 듣는 사람은 자신의 감정 상태를 통해 말하는 사람의 말을 믿게 된다. 실제로 우리는 고통을 겪거나 즐거워할 때, 또는 좋아하거나 미워할 때 똑같은 판단을 내리지는 않기 때문이다. 오늘날 연설 기술의 저자들은(예를 들어 소피스트) 바로 이 점(곧 정서적인 설득)만을 다루려 한다고 말해 두고 싶다.[1]

2016년에는 현대 정치사에서 두고두고 기억될 중요한 두 사건이 일어났습니다. 하나는 영국이 유럽연합에서 탈퇴하는 문제를 두고 행한 국민투표의 결과이고, 다른 하나는 도널드 트럼프Donald John Trump의 미국 대통령 당선입니다. 두 사건은 여러 가지 면에서 닮았습니다만, 가장 중요한 공통점은 투표 결과에 대한 예상이 완전히 빗나갔다는 것입니다. 두 경우 모두 투표 이전의 여론조사와는 정반대로 결과가 나타났습니다.

여기에는 여러 가지 이유가 있겠습니다만, 전문가들의

분석에 의하면 가장 중요한 이유가 포퓰리즘이었습니다. 미국 정치평론가 중에 도널드 트럼프를 대통령감으로 인정한 사람은 소수의 보수주의자들뿐이었습니다. 공개적으로 후보를 지지한 신문의 절대다수가 힐러리 클린턴을 선택했습니다. 이성적이고 합리적인 사고를 하는 사람들의 절대다수는 영국이 유럽연합에 남아 있어야 한다고 생각했고 도널드 트럼프가 대통령이 되어서는 안 된다고 생각했습니다. 하지만 영국의 포퓰리스트 정치인들과 도널드 트럼프의 포퓰리즘이 대중의 마음을 움직였습니다. 이 두 사건은 사람들이 이성이 아니라 감정으로 선택하고 결정하는 경향이 있다는 사실을 극명하게 보여주었습니다.

위의 인용문에서 보듯, 아리스토텔레스는 당시의 소피스트들 곧 궤변가들이 청중의 정서를 움직이는 방법에만 몰두하고 있다고 비판합니다. 오늘날의 표현으로 말하자면 '감정 조작' 기술을 사용하고 있다는 뜻입니다. 아리스토텔레스는 감정 조작은 악한 일이며 타인에 대한 보이지 않는 폭행이라고 정죄합니다. 하지만 그는 연설에서 감정에 호소하는 것은 매우 중요한 요소라는 사실을 인정합니다. 문제는 어떻게 선하고 건강한 감정을 불러일으키고 그 감정으로 바른 선택과 결정을 하게 하느냐에 있습니다.

가만히 생각해 보면, 인간 존재가 얼마나 불합리한지 모릅니다. 우리는 다 이성적 존재로 살아가기를 원하는데 실제로는 이성을 따라 살기보다는 감정을 따라 삽니다. 교회의 분열 과정을 지켜볼 때마다 그것을 거듭 확인합니다. 제가 속한 이민 교회는 분열이 특징이고 속성이며 장기입니다. 많은 경우에 명명백백하게 목회자가 잘못하여 분열과 갈등이 발생합니다. 이성 문제일 수도 있고, 돈 문제일 수도 있습니다. 요즘에는 표절 문제도 자주 발생합니다. 그런 상황에서 깔끔하게 정리하고 거취를 정하는 사람이 많지 않습니다. 어떻게든 눌러앉으려고 합니다. 그러다가 정 안 되면 교인 일부를 끌고 나가 개척을 합니다. 제삼자가 보아도 목회자의 잘못이 분명합니다. 그런데도 따라 나가는 사람들이 있습니다. 한국 교회의 양상도 별반 다르지 않습니다. 초대형 교회를 일군 목사가 초대형 스캔들을 일으켰는데도 적지 않은 사람들이 여전히 그를 추종하고 있습니다.

왜 그럴까요? 여러 경우를 관찰한 저의 결론은 인간의 '불합리성' 때문이라는 것입니다. 옳고 그른 것이 기준이 아닙니다. 네 편이냐 내 편이냐가 더 중요합니다. 머리가 아니라 마음으로 선택하고 결정하는 것입니다. 그런 것을 알기에 악한 사람들은 감정을 조작합니다. 감정을 조작하여 자기편으로 만드는 것입니다. 이 점에서 도널드 트럼프는 천부적 능력을 타고났습니다. 판단력이 꽤 좋은 사람들도 감정 조작에는 무력하게 넘어갑니다. 그 사람이 날 알아주고 내 편인 것 같으면 아무리 도덕적으로 문제가 있고 이성적으로 모순되어도 문제 삼지 않습니다. 여러분 자신의 의사결정 과정을 되돌아보십시오. 무언가를 선택하고 결정할 때 이성적이고 논리적이고 합리적으로 모든 것을 계산하여 최선의 선택을 할 경우가 더 많았습니까, 아니면 소위 '필feel이 꽂히는' 대로 선택하는 경우가 더 많았습니까?

그 약점을 가장 교묘하고 집요하게 파고드는 것이 상업 광고입니다. 과거의 광고는 순진하게 그 제품이 왜 좋은지를 이성적으로 설득하려 했습니다. 하지만 요즘은 감정을 조작하는 광고가 대세입니다. 15초라는 짧은 시간 안에 그 제품을 갖고 싶은 욕망을 자극하는 것입니다. 어떤 사람은 현대 상업 광고에 대해 "불만을 심어 주는 기술"이라고 평가합니다. 선전하는 그 상품을 가지지 않으면 뭔가 결핍되거나 시대에 뒤떨어지는 것 같은 느낌을 갖게 만들기 때문입니다.

상품 디자인을 중요하게 생각하는 이유도 여기에 있습니다. 상품 로고 디자인에 엄청난 돈을 쏟아붓는 이유도 마찬가지입니다. 눈으로 보는 즉시 갖고 싶게 만드는 것입니다. 요즘 나오는 스마트폰은 일이 년마다 한 번씩 새로운 버전이 출시됩니다. 기능과 성능을 살짝 업그레이드해 놓고 디자인을 새롭게 바꿉니다. 그러고는 신형 모델의 특징을 부각하여 감각적으로 선전합니다. 그 광고를 거듭 보다 보면, 지금 가지고 있는 스마트폰이 멀쩡하고 기능상 충분한데도 신형을 사고 싶은 충동이 생깁니다. 신형 차 모델을 보고 있노라면 지금 몰고 있는 차가 낡고 볼품없어 보입니다. 그런 감정이 충동구매를 자극합니다. 저는 애플이나 메르세데스 벤츠의 엠블렘이 인간의 타락한 욕망과 병든 자아를 자극하는 데 최강이라고 생각합니다.

아리스토텔레스는 당시의 소피스트들이 이러한 점을 악용하여 사람들로 하여금 거짓을 진리로 오인하고 따르도록 만든다고 비판했습니다. 하지만 그는 "그러므로 감정에 호소하는 것은 어떤 경우에도 잘못이다"라고 결론 내지 않았습니다. 오히려 선한 목적을 위해 감정에 호소하는 것이 연설자의 책임이요 과제라고 생각했습니다. 사실, 감정을 조작하는 것과 감정에 호소하는 것의 경계선은 아주 희미합니다. 그렇기 때문에 감정에 호소하는 모든 언행을 금기시하는 사람들도 있습니다. 그렇지만 그것은 의사 전달에서 가장 강력한 요소를 포기하는 것입니다. 오히려 적극적으로 인간의 감정의 역학을 연구하여 유익하게 사용하도록 노력해야 합니다.

□ 설교와 파토스

설교에서도 파토스는 매우 중요합니다. 설교자가 어떤 정서를 가지고 있는지에 따라 설교가 달라질 수 있기 때문이고 또한 설교자는 회중의 정서에 호소하여 건강한 감정을 불러일으켜야 하기 때문입니다. 저는 우선 '설교자의 파토스'에 대해 말씀을 나누려 합니다. 이것은 설교자가 자신의 정서를 어떻게 관리하며 어떤 감정으로 선포할 것인지에 관한 문제입니다.

과거 부흥회에서 부흥사들은 감정 조작을 참 많이 했고 또한 잘했습니다. 특히 예배당 건축을 할 때면 부흥회에서 그런 일들이 벌어지곤 했습니다. 회중을 고도로 흥분시켜 놓고는 그 자리에서 건축 헌금을 작정하게 했습니다. 공명심과 경쟁심과 시기심이 최고조로 팽창된 상태에서 감당하지 못할 정도의 헌신 약정을 하는 사람들이 항상 생겨났습니다. 그로 인해 가정 파탄이 나는 경우도 많았습니다. 지금도 그런 식의 집회가 어디에선가 진행되고 있을 것입니다. 이제는 대세가 된 '열린 예배' 혹은 '찬양 예배'는 이 점에서 늘 위험성을 안고 있습니다. 찬양 인도자들의 멘트가 감정을 조작하는 경우를 자주 봅니다. 은혜를 구실로 열광적 분위기로 회중을 몰아넣습니다. 그런 경향 때문에 저는 찬양 인도자들에게 최대한 멘트를 삼가하고 찬양만 하라고 권합니다.

어떻게 하면 회중의 정서에 건강한 방식으로 영향을 미칠 수 있을까? 이것이 설교자의 중요한 관심사 중 하나가 되어야 합니다. 여러분은 다른 사람의 글을 읽으며 눈물을 흘려 본 경험이 있을 것입니다. 글을 통해 정서적 터치를 받으면 눈물을 흘리게 됩니다. 글만으로도 그런데, 그 글이 몸을 입으면 정서적 영향력이 얼마나 더 강해지겠습니까? 음성, 음조, 표정, 몸짓 같은 부차적 통로를 통해 말하는 사람의 파토스가 전달되기 때문입니다. 설교자들 중에는 이런 요소들을 최대한 자제해야 된다고 생각하는 분들도 있습니다. 앞에서 보았듯이, 아리스토텔레스는 연설에서 말하는 사람의 감정이 거기에 들어가야 된다고 이야기합니다. 연설이 아직도 최고의 의사소통 수단인 이유가 여기에 있습니다. TV 같은 통신 수단이 발전되지 않았을 때는 정치 집회에 수많은 사람들이 모여서 연설을 들었습니다. 오늘날에는 의사소통 수단이 훨씬 다양해졌기 때문에 과거와 같은 대규모 집회를 자주 볼 수 없습니다. 그럼에도 불구하고 연설가적 은사로 청중에게 깊은 영향을 미치는 현상에는 변함이 없습니다.

2016년 미국 민주당 전당 대회 때 미셸 오바마Michelle Obama의 연설이 그 좋은 예입니다. 그 연설 장면은 TV에서 수없이 반복하여 방영되면서 많은 사람들에게 영향을 미쳤습니다.

연설문을 읽는 것만으로도 마음이 벅차오릅니다. 하지만 그 글에 그의 음성이 입혀지고 그의 표정이 가미되고 그의 손짓이 더해질 때 보다 큰 감동을 받게 됩니다. 반면, 박근혜 전 대통령의 연설은 그 반대의 예라 할 수 있습니다. 그는 재임 시절 말하는 사람의 감정을 전혀 느낄 수 없는 연설을 하곤 했습니다. 그러다가 탄핵 위기에 봉착했을 때 눈물을 글썽이며 "내가 이러려고 대통령이 됐나, 자괴감이 든다"라는 명언(?)을 남겼습니다. 이것은 일종의 감정 조작에 해당합니다. 건강하게 감정에 호소할 줄 모르는 사람은 결국 감정 조작의 위험에 빠지는 것입니다.

오늘날 여전히 설교가 존재하는 이유는 문자로 전달되지 않는 설교자의 에토스와 파토스 때문이라고 할 수 있습니다. 문자만으로는 충족되지 않는 차원이 우리에게 있습니다. 그래서 설교집을 읽는 것으로는 충분하지 않은 것입니다. 또한 인격과 인격의 만남에서 일어나는 독특한 현상이 있습니다. 그래서 인터넷에 수많은 설교 영상이 있음에도 몸으로 모여 예배를 드리고 설교에 귀를 기울이는 것입니다.

□ 설교자의 파토스

병든 마음의 치유

　설교자의 파토스와 관련하여 먼저 '마음의 병'에 대한 이야기를 드릴까 합니다. 저는 목회자들에게 치유되지 않은 마음의 상처가 많다는 것을 목회 현장에 나가서야 비로소 알았습니다. 교직에 있을 때만 해도 잘 몰랐습니다. 학교에서 학생들을 대하는 것은 제한적입니다. 강의실에서 가르치는 것으로 책임을 다하기 때문입니다. 물론 강의실을 떠나서 계속 지도하는 경우도 있지만, 대개는 강의실에서 끝납니다. 그래서 학교에 있는 동안에는 학생들을, 아니 사람을 잘 몰랐습니다. 목회를 하고 나서야 인간이 어떤 것인지 알게 되고 또 목회자들이 가진 문제가 무엇인지도 경험을 통해 더 깊이 알게 되었습니다. 그런 과정을 거쳐 '목회 지망생들에게는 상담 치료가 필수적이 아닐까?'라는 결론에 이르렀습니다. 제가 속한 연합감리교회는 목사 안수 과정 가운데 심리 분석 테스트를 꼭 거치게 합니다. 그 테스트 결과 문제가 발견되면 상담 치료를 받아야 합니다. 그렇게 하지 않고는 안수를 받을 수 없습니다. 저는 그 과정이 매우 중요하다는 사실을 제 경험을 통해 확인했습니다.

　지난 11년 동안 저는 꽤 규모가 큰 교회에서 여러 사역자들을 경험했습니다. 또한 목회자 학교와 목회자 멘토링 컨퍼런스를 섬기며 이런저런 관계로 인해 어려움을 겪고 있는 많은 목회자들을 만났습니다. 그 경험을 돌아보면, 목회자들 중에 마음의 상처를 갖고 있거나 그 상처가 심각한 사람이 적지 않습니다. 신학 지망생, 목회 지망생 그리고 선교 지망생들에게 마음의 병이 특히 더 많고 깊은 경향이 있습니다. 그 문제를 해결하고 싶어서 신학교에 오는 것입니다. 다 그렇다고는 할 수 없지만 많은 사람들이 그렇습니다. 목사만 그런 것이 아닙니다. 정신분석가들이나 상담가들 중에는 한때 마음의 문제를 심각하게 겪은 사람들이 많습니다. 제가 아는 목회상담학자들도 그런 경력을 가지고 있습니다. 마음의 문제를 겪으면서 혹은 그 문제를 치유하는 과정에서 그 분야에 관심을 갖게 된 것입니다. 목회자들의 경우, 자신도 어찌할 수 없는 문제를 해결하고 싶어서 전임사역자의 길로 투신하는 사람들이 많습니다.

　문제는 마음의 질병이 깊을 경우에는 신앙의 힘만으로는 다 해결되지 않는다는 데 있습니다. 전문가의 도움을 받아 치유해야 합니다. 하지만 그렇게 하는 사람은 많지 않습니다. 오히려 기도와 헌신으로써 그 문제를 회피하며 살아갑니다. 그러다 보니 자신도 모르는, 자신도 어쩔 수 없는 문제(폭력, 중독, 외도 등)를 만들어 냅니다. 목회 현장에서는 좋은 성과를 거두지만 가정에서는 폭군이 되고, 사람들이 보지 않는 어두운 곳에서는 이중적인 생활을 합니다. 그 문제가 목회 현장의 발목을 잡는 경우도 많습니다. 자신의 목회 현장에서 유사한 문제가 주기적으로 반복되고 있다면 목회자 자신의 내면에 문제의 뿌리가 없는지 살펴볼 필요가 있습니다.

마음의 상처가 있다는 것 자체가 문제는 아닙니다. 중요한 것은 그 상처가 얼마나 치유되었는가에 있습니다. 만일 상처가 잘 치유되었다면 상처가 없는 사람보다 더 좋은 목회자가 될 수 있습니다. 헨리 나우웬의 표현을 빌리자면, 그런 사람은 '상처 입은 치유자'가 되는 것입니다.[2] 저는 이 말을 '치유받은 치유자'라고 바꾸고 싶습니다. 제가 몇 년 전 전립선암 수술을 했을 때, 그 과정을 지켜본 저의 멘토 목사님이 이렇게 말씀하셨습니다. "이제 목사님은 더 이상 같은 목사가 아닙니다. 교우들의 아픔을 공감할 수 있는 능력을 얻으신 것입니다." 진실로 그랬습니다. 상처는 목회자에게 훈장과 같은 것입니다. 다만, 치유되어야 합니다. 치유되지 않은 상처는 평생 가시가 됩니다.

그러므로 설교자는 자신을 늘 돌아보아야 합니다. 자라면서 받은 상처들을 되돌아보고 치유되지 않은 것이 있다면 치유하도록 적극적으로 노력해야 합니다. 상처의 치유에는 기도와 말씀 묵상, 일기 쓰기, 영적 대화 같은 것들이 도움이 됩니다만, 상처의 정도에 따라 전문적인 도움이 필요할 때도 있습니다. 이런 시각에서 보면 영성 형성은 육신의 문제이기도 하고 마음의 문제이기도 하고 영혼의 문제이기도 합니다. 영혼의 문제로만 생각하고 마음의 질병을 간과한다면 아무리 영적으로 노력해도 내면의 문제가 우리의 발목을 잡을 수 있습니다. 그러므로 자신에 대한 지속적이고 정직한 성찰이 필요한 것입니다.

최근 신경과학 분야에서 심리적인 문제는 단순히 자라면서 얻은 상처 때문이 아니라 그 사람의 타고난 형질 때문이라는 주장이 제기되고 있습니다. 저는 목회하면서 그런 문제를 겪는 분들을 가까이에서 관찰할 수 있었습니다. 그 과정에서 가계를 통해 정신분열증이 이어져 내려오는 경우를 여럿 보았습니다. 가족의 형질로서 당뇨병이 유전되듯이 심리적 연약함이 유전되는 경우도 분명히 있습니다. 그렇다고 그것을 일반화시켜서는 안 됩니다. 자라면서 겪은 상처가 문제가 되는 경우도 많습니다.

그래서 저는 이렇게 권면드립니다. 마음의 질병의 문제에 관심을 갖고 자신의 라이프 스토리를 돌아보시기 바랍니다. 특히 젊은 목회자들에게 꼭 해주고 싶은 말입니다. 우리 문화에서 정신과 의사나 상담가를 만나는 것이 수치스러운 일처럼 인식되어 있지만 그렇게 생각하지 마시기 바랍니다. 어떤 사람은 목회자로서 자존심 때문에 그러지 못합니다. 알고 보면 어리석은 일입니다. 목회자는 모든 면에서의 전문가가 아닙니다. 전문화된 이 시대에 목사가 다른 분야의 전문가에게 도움을 받는 것은 당연하고도 필요한 일입니다.

어떤 사람은 누가 봐도 상당한 능력을 가졌습니다. 아주 똑똑하고 실력도 좋습니다. 그런데 다른 사람 앞에서 자신을 드러내는 것을 무척 두려워합니다. 나중에 그분의 이력을 보니, 어릴 때부터 탁월한 아버지로부터 "너는 왜 그것밖에 못하니?"라는 핀잔을 들었습니다. 아버지는 초등학교부터 대학 졸업 때까지 일등을 놓친 적이 없는데, 아들은 그렇게 못한 것입니다. 그래서 성적표가 나올 때마다 아버지의 핀잔을 들어야 했습니다. 아버지로서는 답답하니 그렇게 말했을지도 모릅니다. 하지만 그렇게 말하는 사이 아들에게 '난 이것밖에 안 되는 사람이야'라는 자아관이 형성되었고, 결국 사람들 앞에서 자신을 드러내지 못하게 된 것입니다.

이러한 경험은 사람마다 차이가 있겠지만, 마음의 상처라는 것이 그 뿌리를 들여다보면 생각보다 심각한 문제가 아닐 수도 있습니다. 아주 사소한 것인데 그것이 마음을 잡고 억누를 수 있습니다. 그렇다면 다른 사람의 도움을 받아 마음에 대한 종합 검진을 받아 볼 필요가 있습니다. 부부간에 이런 대화가 이루어진다면 제일 좋습니다. 부부가 정기적으로 충분한 대화를 나눌 수 있어서 성장 과정의 이야기를 꺼내 대화를 나누다 보면, 자기도 모르는 사이에 '아, 그랬구나!' 하고 깨닫게 됩니다. 그런 깨달음이 치유의 약효를 발휘합니다. 이것은 제가 제 아내와의 관계 안에서 직접 경험한 것입니다.

또한 '일기 쓰기'는 마음의 치유 과정에서 매우 중요한 요소입니다. 그것은 자신의 내면 이야기를 나눌 수 있는 또 다른 나를 얻는 일입니다. 그 누구보다 목회자에게 일기 쓰기는 필수입니다. 아직 쓰지 않고 있다면 오늘부터라도 시간을 정해 하루를 돌아보며 일기를 쓰시기 바랍니다. 저는 일기 쓰기를 '하루의 역사를 해석하는 것'이라고 정의합니다. 살아가는 동안에는 하나님이 내 안에 어떻게 역사하셨는지 잘 보이지 않습니다. 지금 우리가 듣고 말하는 것에 집중하고 있기 때문에 하나님의 성령께서 우리 안에서 어떻게 역사하시는지 보이지 않는 것입니다. 또한 그것을 잘 느끼지 못합니다. 그런데 이 모든 일이 끝나고 나서 그날 있었던 일을 일기에 기록하다 보면 '아, 하나님께서 그 사람을 만나고 그 자리에 서게 하신 이유가 있었구나!' 하고 깨닫게 됩니다. 또한 일기 쓰기는 '내면의 쓰레기통'입니다. 집 안에 가장 필요한 것이 쓰레기통과 배수구입니다. 그것이 없으면 살 수 없는 공간이 됩니다. 마음도 마찬가지입니다. 일기 쓰기는 내면의 쓰레기를 비워 내는 좋은 도구입니다.

'좋은 멘토'를 찾는 것도 중요한 일입니다. 멘토란 가장 우선적으로 무엇인가를 배우는 대상이 아니라 신뢰하는 대상입니다. 기댈 언덕 같은 사람입니다. 인생의 중요한 기로에서 찾아가 자신의 비밀스러운 이야기까지 털어놓고 기도를 부탁할 수 있는 사람, 세상 모든 사람이 등을 돌려도 품어 안아 줄 수 있는 사람입니다. 자존심 내려놓고 자신의 부끄러운 부분을 보일 수 있는 사람입니다. 그런 사람이 많을 필요는 없습니다. 하나 혹은 둘이면 충분합니다.

정기적으로 만나 삶의 이야기를 나누는 '작은 공동체'도 마음의 상처를 치유하는 데 큰 역할을 합니다. 저명한 상담심리학자로서 많은 사람들을 치유와 회복으로 인도했던 래리 크랩Larry Crabb은 나중에 믿음 안에서 삶을 나누는 작은 공동체의 치유 능력을 경험합니다. 그러한 토대 위에 그는 상담 치료를 훈련받은 전문상담가의 상담보다 영적 공동체가 더 강한 치유 능력을 가진다고 결론짓습니다.[3] 저는 그동안의 목회를 통해 래리 크랩의 결론에 공감하게 되었습니다. 주기적이고 지속적으로 만나 믿음 안에서 삶을 나누는 공동체 안에서 놀라운 치유가 일어납니다. 그런 면에서 목회자는 외로울 수 있습니다. 마음을 활짝 열고 나눌 만한 상대가 마땅치 않기 때문입니다. 그런 의미에서 신뢰할 수 있는 목회자들이 소수로 모여 진실한 영적 나눔을 지속하는 것은 매우 중요한 일입니다.

복음적 파토스

마음의 치유는 정상적이고 긍정적인 파토스의 발현을 위해 필요한 최소한의 기본 조건입니다. 그것이 중요하기는 하지만 그 자체만으로 충분하지 않습니다. 그것에 더하여 설교자의 마음은 복음의 은혜로 채워져 있어야 합니다.

설교자의 정서는 회중에게 전염이 됩니다. 중고등학교 때의 경험을 기억하실 것입니다. 담임선생님이 아침 조회 시간에 축 처진 기분으로 말씀하시면 반 분위기 전체가 처져 버리지만, 밝은 표정과 목소리로 말씀하시면 학생들의 표정도 밝아집니다. 대중 앞에 선 사람의 파토스가 대중에게 영향을 미치기 때문입니다. 때로는 미세할 수도 있지만 그 영향력은 확실합니다. 그러므로 말씀을 들고 단에 선 설교자의 파토스는 그것 자체로 매우 중요합니다.

설교자의 파토스는 어디서 오는 것일까요? 하나님의 은혜에 대한 체험과 변화에서 옵니다. 물론 다른 요소들도 영향을 미칠 것입니다. 가정 분위기도 영향을 미칠 것이고, 교회 상황 혹은 경제적 상황 같은 것들도 설교자의 파토스에 영향을 줍니다. 목회자의 가정이 밝고 건강해야 되는 이유가 여기에 있습니다. 가정에서 불화를 겪고 있거나 어떤 심각한 우환이 있다면 집을 나서는 목회자의 마음이 침울하고 무거울 수 있습니다. 그럴 경우 책임 있는 설교자라면 강단에 오르기 전에 그 정서를 바꾸도록 노력할 것입니다. 물론 그것이 쉽지는 않습니다. 여러분도 자주 혹은 가끔 경험할 것입니다.

그렇기 때문에 목회자의 파토스에서 무엇보다 중요한 것은 하나님의 구원의 은혜를 경험하고 누리는 것입니다. 그 것을 저는 '복음적 파토스'라고 부릅니다. 복음을 알고 복음의 능력을 경험하는 데서 오는 정서를 말합니다. 바울 사도는 고린도후서 6장에서 복음적 파토스의 비밀을 다음과 같이 밝힙니다.

> 우리가 하나님과 함께 일하는 자로서 너희를 권하노니 하나님의 은혜를 헛되이 받지 말라. 이르시되 내가 은혜 베풀 때에 너에게 듣고 구원의 날에 너를 도왔다 하셨으니 보라 지금은 은혜 받을 만한 때요 보라 지금은 구원의 날이로다. 우리가 이 직분이 비방을 받지 않게 하려고 무엇에든지 아무에게도 거리끼지 않게 하고 오직 모든 일에 하나님의 일꾼으로 자천하여 많이 견디는 것과 환난과 궁핍과 고난과 매 맞음과 갇힘과 난동과 수고로움과 자지 못함과 먹지 못함 가운데서도 깨끗함과 지식과 오래 참음과 자비함과 성령의 감화와 거짓이 없는 사랑과 진리의 말씀과 하나님의 능력으로 의의 무기를 좌우에 가지고 영광과 욕됨으로 그러했으며 악한 이름과 아름다운 이름으로 그러했느니라. 우리는 속이는

자 같으나 참되고 무명한 자 같으나 유명한 자요 죽은 자 같으나 보라 우리가 살아 있고 징계를 받는 자 같으나 죽임을 당하지 아니하고 근심하는 자 같으나 항상 기뻐하고 가난한 자 같으나 많은 사람을 부요하게 하고 아무것도 없는 자 같으나 모든 것을 가진 자로다고후 6:1-10.

여기서 바울 사도는 "하나님의 은혜를 헛되이 받지 말라"고 말합니다. 하나님의 은혜를 받았다고 말하면서도 삶의 태도가 바뀌지 않으면 헛되이 받은 것입니다. 하나님의 은혜를 제대로 받았다면 모든 종류의 어려움에도 불구하고 하나님의 일꾼으로 나서게 된다는 뜻입니다. 그뿐 아니라 그 많은 어려움을 겪으면서도 짓눌리거나 변질되지 않고 일관되게 정직하고 진실하고 거룩하고 깨끗하게 살아가게 됩니다. 하나님의 은혜에 사로잡혀 살면 바깥으로는 고난이 많아도 내면에는 기쁨이 넘칩니다. 또한 세상적 평가와 기준에 따라 살지 않고, 하나님 안에서 얻은 새로운 신분과 약속을 따라 살아갑니다. 그렇기에 외적 상황과 상관없이 내면에는 항상 기쁨이 넘치고 평안을 누립니다. 그러한 내적 기쁨과 평안이 바울로 하여금 "항상 기뻐하라. 쉬지 말고 기도하라. 범사에 감사하라. 이것이 그리스도 예수 안에서 너희를 향하신 하나님의 뜻이니라"고 권면하게 만들었습니다살전 5:16-18.

따라서 설교자의 가장 큰 과제 중 하나는 하나님의 은혜 안에 머물러 사는 것입니다. 앞에서 인용한 고린도후서 6:1-2에 대해 어네스트 베스트Ernest Best는 이렇게 설명합니다.

> 여기서 바울이 말하는 '날'은 오늘을 뜻하며 그리스도께서 재림하실 때까지 계속될 매일의 오늘을 뜻한다. 1-2절을 믿지 않는 사람들에게 해당하는 말씀으로 여긴 나머지 "오늘이 회개할 때다"라는 식으로 해석하는 경우를 자주 본다. 하지만 이 말씀에서 바울은 믿는 사람들에게 말하고 있다. 구원은 한순간에 일어나는 사건이 아니라 지속되는 과정이기 때문이다.[4]

"은혜 받을 만한 때"는 바로 오늘이라는 뜻입니다. 다시 말하면, 매일 다가오는 '오늘'이라는 날이 은혜를 새롭게 경험하는 날이라는 뜻입니다. 바울 사도가 수많은 고난과 박해에도 불구하고 복음 전하기를 포기하지 않은 것은 그가 매일의 삶 가운데 경험했던 하나님의 은혜 때문이었습니다. 또한 고난과 박해 가운데서도 짓눌리지 않고 늘 감사와 기쁨으로 살 수 있었던 힘도 매일 하나님의 은혜를 맛보며 살았기 때문입니다. 물론 그는 잃어버린 영혼에 대한 안타까움과 교회에 대한 간절한 마음으로 인해 자주 번민하고 아파했습니다. 그것을 "해산의 고통"갈 4:19, 새번역이라고 부를 정도로 그 아픔은 극심했습니다. 하지만 그는 그 모든 것을 기쁨으로 견뎠습니다. 하나님의 은혜는 그의 감정과 정서를 둔감하게 만든 것이 아니라 더 예민하게 만들었습니다. 죄에 대한 가책도 더 심해지고 성령께 대한 예민함도 더 깊어졌으며, 잃어버린 영혼에 대한 사랑도 더 강해지고 교회에 대한 애정도 더 깊어졌습니다. 그 은혜로 인해 그는 더 많이 웃었고 더 심하게 울었습니다.

하나님의 은혜가 만들어 내는 복음적 파토스 안에는 비밀을 아는 사람의 '설렘'이 있습니다. 내가 알고 있는 이것을 속 시원하게 말해 주고 싶은데, 이루 다 설명할 방법이 없습니다. 모든 사람에게 꼭 필요한 것인데, 도무지 어떻게 말해야 될지 알 수 없습니다. 또한 영원한 것을 아는 사람의 '자신감'이 있습니다. 아무것도 가지지 않은 것 같은데 다 가진 사람처럼 말하고 행동합니다. 자신이 누구인지를 진실로 아는 사람에게서 우러나오는 '겸손'도 있습니다. 하나님 앞에서 자신이 어떤 존재인지 아는 것이 겸손입니다. 진리 안에서 누리는 '자유함'도 있습니다. 그 어떤 도덕률에도 얽매이지 않는, 하지만 그 모든 도덕률을 넘어서는 자유함을 말합니다. 든든한 반석 위에 서 있는 사람의 '견고함'도 있습니다. 하나님의 은혜를 맛본 사람은 삶의 터전이 와르르 무너지는 상황 속에서도 흔들리지 않습니다. 잠시 무너진다 해도 다시 일어설 수 있습니다. 또한 '유연함'도 있습니다. 은혜를 경험한 사람은 완고한 고집쟁이가 될 수 없습니다. 은혜는 모든 것을 녹이기 때문입니다. 어떤 사안을 두고 얼굴을 붉히고 싸우려 들지 않습니다. 비밀을 알지 못하는 사람들에 대한 '간절함'도 있습니다.

이러한 정서가 내면에서 살아 꿈틀거리고 있다면 아무 말 하지 않더라도 그 정서가 회중에게 전달될 것입니다. 설교자의 삶의 상황은 여러 가지 요인으로 인해 항상 변하게 되어 있습니다. 자신이 잘못하여 발생하는 문제도 있지만, 더 많은 경우에는 자신의 통제력이 미치지 않는 문제들이 발생하여 설교자의 삶의 터전을 흔들어 놓습니다. 그런 상황에서 언제나 복음적 파토스를 잃지 않도록 자신을 지켜야 합니다. 그것이 설교자의 영성 생활의 초점이 되어야 할 것입니다.

말씀에 대한 열정

제가 사는 지역에서 목회하는 백인 목사 친구에게서 들은 이야기입니다. 어느 날 교인 중 한 사람이 자신에게 와서 이렇게 말하더랍니다. "저는 설교 전에 목사님의 표정과 몸짓을 봅니다. 목사님은 언제나 무언가 중요한 메시지를 가지고 준비하고 있는 듯한 표정을 짓습니다. 그 표정을 볼 때마다 저는 마음이 설렙니다."

매일 하나님의 은혜 안에 머물러 살아감으로 복음적 파

토스가 살아 있게 하는 것과 함께 중요한 것은 설교자가 이렇듯 준비된 말씀에 '열정'을 가지는 것입니다. 주일예배를 기다리는 설교자의 마음에 뜨거움이 있어야 합니다. 준비한 말씀을 회중에게 전하고 싶은 열정이 있어야 합니다. 물론 그런 표정을 일부러 만들어 내면 안 됩니다. 설교자에게 가장 중요한 덕목 중 하나는 '진정성'입니다. 설교자의 표정과 눈빛과 행동에서 진심이 느껴져야 합니다. 일부러 만들어 내는 표정으로는 잠시 동안 속일 수 있을 뿐입니다. 설교자 자신이 정말 그렇게 느끼기 때문에 보는 사람도 그렇게 느끼도록 해야 합니다.

저도 매 주일 그런 열정을 가지고 강단에 서려고 노력합니다. 그런 열정이 제 안에서 형성되게 하려면 그만큼 정성스럽게 말씀을 준비해야 합니다. 많은 기도와 연구와 묵상을 통해 말씀을 준비하고 나면 마음에 열정이 타오릅니다. 하나님께서 지금 이 순간 성도들에게 전하고 싶은 말씀을 내게 주셨다는 믿음이 열정을 불러일으키는 것입니다. 가끔 주일에 폭설 때문에 예배를 드리지 못할 때 혹은 날씨가 좋지 않아서 예배에 불참한 교인이 많을 때면 안타까움을 느낍니다. 꼭 들려주고 싶은 말씀을 들려줄 수 없다는 생각 때문입니다. 때로 예배를 시작하기 전에 이런저런 일로 주의가 분산되어 말씀에 대한 열정이 식어지는 경우가 있습니다. 그럴 때면 예배에 앞서 간절히 기도합니다. 말씀에 대한 열정의 불을 되살려 달라고 기도합니다. '그냥 하기 때문에 하는' 설교는 하고 싶지 않기 때문입니다.

어떻게 하면 말씀에 대한 열정에 불을 지필 수 있을까요? 다음 장에서 다룰 로고스와도 관련이 있는 내용입니다만, 설교를 준비하는 과정에서 다음의 질문들을 스스로에게 던져 볼 필요가 있습니다.

첫째, '이것이 반드시 들어야 하는 복음의 핵심 사안인가?'라는 질문입니다. 저의 신학교 시절 일입니다. 어느 목사님이 학교 채플에 오셔서 말씀을 전하신다는 소식을 듣고 무척 기대했는데 실제로 보고서 크게 실망한 적이 있습니다. 얼마나 실망이 컸으면 40년도 넘은 지금까지 기억하고 있습니다. 그분은 '그리스도의 언어생활'이라는 주제로 설교를 하셨습니다. 그 주제가 설교 주제로 적합하지 않았다는 뜻이 아닙니다. 말을 조심하고 말을 골라 써야 하는 이유가 복음에 닿아 있지 않았습니다. 언어생활에 대한 교양 강좌 정도의 내용이었습니다. 설교하시는 분의 표정이나 음성에서도 복음적 열정이 느껴지지 않았습니다. 그냥 '또 한 번' 하는 설교였습니다.

제가 경험으로 확인한 바가 있습니다. 복음의 핵심 사안을 다룰 때면 저 자신도 모르게 목소리에 힘이 들어차고 열정이 솟아나는 것을 느낍니다. 제가 의도적으로 목청을 높이는 것과는 전혀 다른 차원입니다. 제가 의도적으로 목소리를 높일 때는 뭔가 자신이 없을 때입니다. 그럴 때면 설교 후에 영적 탈진을 느낍니다. 하지만 복음의 핵심 사안을 설교할 때는 목소리에 저도 모르게 확신이 들어찹니다. 또한 설교를 다 마치고 나면 영적으로 충전되어 있음을 발견합니다. 복음의 핵심으로 접근해 갈수록 이런 경험을 합니다. 그래서 말씀 자체에 생명력이 있다고 말하는 것입니다. 그럴 때는 제가 말씀을 전하는 것이 아니라 말씀이 저를 사로잡는 것입니다. 그렇기 때문에 설교에서 다루는 모든 주제가 복음의 핵심과 연결되게 만들려고 노력합니다.

둘째, '이것이 회중에게 긴급한 문제인가?'라는 질문입니다. 때로 설교자들은 자신만의 관심사에 사로잡혀 목청을 높이는 잘못에 빠집니다. 회중과 아무런 상관이 없는 문제를 매우 중요한 문제인 것처럼 설교를 합니다. 혹은 들어도 그만 안 들어도 그만인 내용을 설교하는 경우도 있습니다. 과거와 같은 회중이라면 그런 설교에도 "아멘!"으로 응답할지 모르지만 포스트모던 시대의 회중은 그러지 않습니다. 그런 설교가 지속되면 처음에는 귀를 닫고 나중에는 마음을 닫을 것이고 마침내는 발길을 끊을 것입니다. 자신의 값진 시간을 무의미한 일에 보내고 싶지 않기 때문입니다.

따라서 설교자는 두 가지의 노력을 해야 합니다. 하나는 회중의 삶을 깊이 들여다보고 그들의 삶의 자리에서 말씀을 읽고 묵상하는 것입니다. 그럴 때 말씀이 그들에게 들려주고자 하는 음성을 들을 수 있습니다. 그 '접촉점'을 찾아야 합니다. 그러한 노력의 열매가 말씀에 담길 때, 회중은 매 주일 선포되는 말씀을 기대하게 될 것입니다.

또 하나는 회중이 긴급하게 느끼지 않는 문제를 긴급하게 느끼게 만드는 노력입니다. 여러분이 섬기는 교회의 회중은 대개 매일의 일상에 파묻혀 사는 분들입니다. 그들은 주로 생존 문제와 개인적 관심사들과 씨름합니다. 그렇게 살다 보면 큰 그림을 보지 못할 때가 많습니다. 교회 문제, 선교 문제 혹은 사회 정의 문제에 대해 무관심하게 됩니다. 설교자는 그들의 긴급한 일상의 문제에 대해서도 말씀을 선포해야 하지만, 그들이 잊고 있는 문제들에 대해서도 말씀을 선포해야 합니다. 그럴 경우, 그것이 그들의 개인적 삶의 문제와 무관하지 않다는 사실을 느끼게 해주어야 합니다. 그럴 때 자신의 소시민적 삶을 하나님의 구원 역사 안에서 보는 시각의 변화를 경험하게 됩니다.

셋째, '이것이 회중의 삶에 적실한 문제인가?'라는 질문입니다. 영어로 표현하자면 앞의 문제는 'urgency' 곧 '긴급성'의 문제이고, 지금의 문제는 'relevancy' 곧 회중의 삶에 얼마나 직접적 '연관성'이 있느냐의 문제입니다. 설교를 듣고 나서 "그래서 어쩌란 말인가?"So what?라는 질문이 나오게 해서는 안 됩니다.

제가 섬기던 교회의 어느 교우께서 가끔 제게 던진 질문이 있습니다. "목사님은 교인들이 매일 어떤 전쟁을 겪으며 사는지 아시나요?" 그 질문을 들을 때마다 저는 찔림을 받았습니다. 물론 저도 매일 전쟁을 겪으며 살아가고 있습니다. 목회만한 전쟁이 또 어디에 있겠습니까? 교인들은 목사의 삶이 어떤 것인지 잘 모릅니다. 목회야말로 참 어려운 전쟁입니다. 그렇기는 하지만 그 교우의 말씀을 귀담아들을 이유가 있습니다. 교우들이 겪는 전쟁은 목사가 겪는 전쟁과 전혀 차원이 다른 것일 수 있기 때문입니다. 그것을 알지 못하면 교인들의 삶에 와닿게 설교할 수 없습니다.

오래전 교계 신문에서 읽은 기사가 생각이 납니다. 로스앤젤레스 지역에 있는 한 한인교회의 모든 목회자들이 매년 한 주 동안 사역을 쉬고 교우들의 일터에서 '삶의 체험'을 한다는 내용의 기사입니다. 어떤 사람은 세탁소에서, 어떤 사람은 슈퍼마켓에서, 또 어떤 사람은 주차장에서 함께 일하면서 교우들이 어떤 전쟁을 치르고 있는지를 경험하자는 취지입니다. 저는 그 기사를 읽고 깊이 공감했습니다. 아주 의미 있는 시도요 노력이라고 생각합니다. 이런 노력은 설교자의 메시지가 회중의 삶에 가까이 다가갈 수 있는 적실성을 확보해 줍니다. 물론, 그런 노력으로 교우들의 매일의 전쟁의 실상을 다 알 수는

없습니다. 그 일을 '한번 해보는' 사람과 '평생 해야 하는 사람'
의 심정이 같을 수 없습니다. 그러므로 그런 노력을 선전하지
는 말아야 합니다. 그렇게 되면 진정성을 잃게 되고 '쇼'를 하
는 것이 되며 매일의 전쟁 속에 사는 분들에게 상처를 주게 됩
니다.

넷째, '이것이 회중의 삶에 구체적 변화를 만들어 낼 것
인가?'라는 질문입니다. 좋은 설교는 회중의 삶에서 구체적 열
매로 맺어지는 설교입니다. 저는 교인들로부터 "저는 목사님
의 설교가 좋습니다. 생각을 하게 만들거든요."I like your sermon. It is
thought-provoking라는 평을 들을 때마다 속으로 생각합니다. '제발,
생각만 하게 하지 말고 행동하게 했으면.' 저는 '생각하게 만드
는'thought-provoking 설교보다 '행동하게 만드는'action-provoking 설교를
하기 원합니다. 행동으로 이어지지 않는다면 결국 저는 사람들
의 지적 욕구만 충족시키고 마는 꼴이 되어 버립니다. 그래서
설교 말미에 구체적으로 결단을 호소합니다. 또한 설교를 마치
고 나서 결단을 위한 묵상 기도 시간을 갖습니다. 그날 들은 말
씀에 개인적으로 응답하고 결단하게 만드는 것입니다.

이 네 가지 질문에 대해 어느 정도 '예'라는 답을 할 수
있다면 열정을 가지고 단에 설 수 있습니다. 아니, 단에 섰을
때 열정이 솟아오르는 것을 느낄 것입니다. 회중은 그것을 설
교자의 표정과 몸짓에서 먼저 느끼고, '오늘 뭔가 매우 중요한

말씀을 듣게 될 것 같다'라는 기대감을 갖게 될 것입니다.

열정을 잡아먹는 매너리즘

다음으로, 설교 사역을 오래도록 지속하는 과정에서 목회자가 꼭 만나게 되는 심각한 위험 하나를 말씀드립니다. 그위험에 빠지면 말씀에 대한 열정을 유지하는 것이 매우 어려워지는데, 그것은 바로 '매너리즘'의 위험입니다. 사전은 매너리즘을 '항상 틀에 박힌 일정한 방식이나 태도를 취함으로써신선미와 독창성을 잃는 일'이라고 정의합니다. 신선미와 독창성을 잃으면 열정이 식어 버립니다.

설교 사역에 매너리즘이 파고드는 주요 경로는 적어도두 가지입니다. 하나는 신비 혹은 비밀에 익숙해지는 것입니다. 목회 혹은 설교 사역을 하다 보면 신비로운 일들을 자주 경험합니다. 본문 말씀을 두고 묵상하고 연구하다 보면 성령께서 말씀을 이끌고 나가시는 것을 경험합니다. 마치 하나님께서"자, 네가 찾는 자료가 여기 있다. 이것을 읽어 보아라" 하고던져 주는 것 같은 일이 일어납니다. 우연히 펼쳐 든 책 속에서묵상하고 있는 주제와 관련된 글을 읽습니다. 신문을 읽거나TV를 보는 동안에 묵상하고 있는 주제와 관련된 이야기를 봅니다. 혹은 심방이나 상담으로 만난 사람에게서 묵상하는 주제에 대한 간증을 듣습니다. 설교 사역 초기에는 이런 경험을 할 때마다 소름이 돋습니다. 성령께서 돌아오는 주일에 하실 말씀이 있으셔서 나를 인도하고 있다는 사실을 확인하기 때문입니다. 그렇게 인도를 받다 보면 말씀을 준비하는 기쁨이 크고, 말씀을 선포할 때도 열정이 솟아오릅니다.

그런데 이런 일을 반복적으로 경험하다 보면 점점 무감각해집니다. 더 이상 소름이 돋지 않습니다. 한때 그런 일이 생길 때마다 멈추어 감사의 기도를 드렸는데, 점차 그 감격이 식어듭니다. 이것은 영적으로 아주 위험한 질병입니다. 아브라함 요수아 헤셸Abraham Joshua Heschel은 "영적 생활에서 당연시하는 것이 가장 큰 위험이다"라고 지적한 바 있습니다.[5] 물리적 환경에 반복적으로 노출되면 당연시하는 반응이 생깁니다. 그와 같이 영적 신비에도 익숙해짐이 발생한다는 사실을 알아야 합니다. 그러한 영적 둔감성을 느낄 때면 더욱 기도해야 합니다. 영적 민감성이 회복되도록 자신을 깨워야 합니다. 오늘 내가 선포할 말씀을 하나님께서 인도해 주셨다는 믿음이 강단에 섰을 때 가장 강력한 열정의 불쏘시개가 되기 때문입니다.

매너리즘의 또 다른 원인은 복음의 진리에 익숙해지는 것입니다. 같은 진리를 거듭 말하다 보면 나중에는 무덤덤하게 반복할 수 있습니다. 제가 학교에서 가르칠 때 자주 경험했던 일입니다. 강의안을 준비하여 처음 강의할 때는 열정을 가지고 신나게 강의합니다. 하지만 다음해가 되어 그 강의안으로 다시 강의를 하려면 열정을 느끼지 못합니다. 필수 과목은 어쩔 수 없이 반복해서 가르쳐야 하지 않습니까? 그래서 방학 중에 강의안을 새롭게 수정합니다. 하지만 기본적으로 강의할 내용이 동일하다 보니 열정을 회복하기란 쉽지 않았습니다. 그것은 마치 손으로 펌프질을 하여 물을 끌어 올리는 것에 비유할 수 있습니다. 강의안을 준비하여 처음 강의할 때는 마치 샘물처럼 열정이 솟아오릅니다. 익숙함이 이렇듯 큰 차이를 만들어 냅니다. 제가 경험해 보니, 복음도 거듭 선포하다 보면 익숙해질 수 있습니다. 그것이 평생 말씀 사역을 하는 사람들에게 가장 큰 도전이라고 생각합니다.

이 위험에 빠지면 바울 사도가 말한 "하나님의 말씀을 팔아서 먹고 살아가는 장사꾼"이 됩니다 고후 2:17, 새번역. 젊은 목회자들 중에도 그런 사람들이 있겠지만, 말씀 사역을 오래 한 목회자들 가운데 더 많습니다. 목회자들의 대형 스캔들이 터질 때면 사람들이 이렇게 질문합니다. "어떻게 매 주일 하나님의 말씀을 전하는 사람이 숨어서 저런 죄를 즐기며 살았을까?" 설교 사역을 어느 정도 해보니 그럴 수 있음을 느낍니다. 복음에 익숙해진 까닭입니다. 자신이 전하는 말씀 가운데 살아 있지 못했던 것입니다. 약장사가 약을 팔듯 설교를 한 것입니다. 만일 자신이 전하는 말씀에 깨어 있었다면 그런 일이 있을 수 없

3
파토스 — 설교자와 회중 사이

습니다. 어쩌다 실수할 수는 있어도 숨겨진 죄를 계속 즐길 수는 없는 일입니다. 영적 익숙함이 영적 불감증을 만들어 내고 그로 인해 믿음을 잃은 것입니다. 결국 '익숙함'이 설교자의 가장 큰 영적 질병이라는 결론입니다.

이 문제와 관련하여 추천하고 싶은 책이 있습니다. 폴 트립Paul David Tripp의 『목회, 위험한 소명』Dangerous Calling 입니다.[6] 여러분 중에 아직 익숙함의 위험을 느껴 보지 못한 분들이 있을 것입니다. 그렇다면 미래를 위해 이 책을 여러분의 서가에 비치해 두시기 바랍니다. 설교 사역을 지속하다 보면 반드시 직면하게 될 문제이고, 여러분 중에는 이미 이 문제로 씨름하고 있는 분들도 있을 것입니다. 그렇다면 더욱 이 책을 권합니다. 정체를 알 수 없는 그 무감각이 어디에서 시작되었는지를 알게 될 것이며, 또한 그 문제를 해결하는 데 도움을 얻을 수 있을 것입니다. 익숙함의 질병이 만들어 내는 문제에 대해 트립이 한 말의 일부를 인용합니다.

오랫동안 성경을 대하다 보면 광대한 지혜가 깃들어 있는 위대한 구원 이야기에 더 이상 감흥을 느끼지 못하게 된다. 오랫동안 속죄를 설명하다 보면 십자가 밑에 서 있어도 기쁨도 없고, 눈물도 나지 않는다. 오랫동안 다른 사람들에게 제자훈련을 시키다 보면 자신이 예수 그리스도의 제자로 선택되었다는 사실이 더 이상 놀랍지 않게 된다. 오랫동안 성경의 신학을 배우다 보면 그 목적이 개인의 거룩함이라는 사실을 잊게 된다. 또한 오랫동안 교회 사역을 위한 전략과 계획을 세우는 데 집중하다 보면 계획자이신 하나님이 매 순간 주권적으로 우리를 인도하신다는 사실이 더 이상 경이롭게 느껴지지 않는다. 게다가 오랫동안 다른 사람들의 예배를 인도하다 보면 개인적으로 경외심을 갖기가 어렵게 된다. 이 모든 것이 너무 규칙적이고 일상적인 일이 되다 보니 더 이상 마음의 감동을 느낄 수 없다. 바쁜 사역 일정에 쫓기다 보면 은혜의 경이로움을 생각하기 어려울 때가 많은 게 사실이다.[7]

트립은 익숙함에서 오는 영적 무감각의 문제로 인해 실제로 괴로움을 겪었던 사람입니다. 영적 분별력을 가진 사람이면 언젠가 이 문제와 마주하게 되어 있습니다. 저 자신도 겪었으며 또한 겪고 있습니다. 사실 요즘 저의 가장 큰 싸움은 익숙함과의 싸움입니다. 이 감정을 그대로 두면 영적 사기꾼이 되고 말씀을 팔아 먹고사는 장사꾼이 되어 버립니다. 목회 여정이 지속되는 가운데 가장 조심할 문제가 바로 이것입니다.

제가 전해 들은 두 분의 은퇴 목사님 이야기입니다. 한 분은 은퇴한 이후 더 이상 신앙생활을 하지 않고 있습니다. 은퇴할 때까지 목회를 한 것은 먹고살기 위한 방편이었습니다. 그분이 처음부터 그랬을 리는 없습니다. 말씀 사역을 하다가 익숙해진 것이고, 그 익숙함에 너무 깊이 빠져서 결국 믿음을 잃은 것입니다. 늦은 나이에 직업을 바꿀 수 없어서 은퇴할 때까지 자신도 믿지 않는 복음을 앵무새처럼 전한 것입니다. 이것은 아주 무서운 이야기입니다.

또 다른 한 분은 목회를 하는 동안 시간이 없어서 성경 공부와 개인기도 생활을 더 깊게 하지 못한 것이 늘 아쉬웠습니다. 그래서 은퇴 후에 새로운 성경 주석 전집을 사 놓고 오전 내내 말씀을 공부했습니다. 설교하거나 성경공부를 위해 준비하는 것이 아닙니다. 더 깊이 알고 싶었기에 말씀을 붙들고 씨름하고, 더 깊이 체험하고 싶었기에 더 치열하게 기도하게 된 것입니다. 저 또한 은퇴 이후가 이렇게 되기를 소망합니다. 그러기 위해서 지금 익숙함의 질병과 싸워 저 자신을 지켜야 합니다.

정서 관리

감정과 관련하여 설교자는 두 가지 점에서 노력해야 합니다. 하나는 자신의 정서를 깨끗하고 거룩하게 관리하는 것이고, 다른 하나는 설교 중 감정을 표현하는 데 있어서 절제와 지혜를 발휘하는 것입니다. 둘 다 세심한 배려와 지속적 노력이 필요합니다.

우선, 정서를 순화시키고 정화시키며 거룩하게 하는 문제를 생각해 보겠습니다. 앞에서 말한 대로, 하나님의 은혜에 늘 잠겨 사는 것이 가장 중요합니다. 하지만 복음적 파토스가 더 깊어지고 풍요로워질 수 있도록 노력할 일들이 있습니다. 보고 듣고 느끼는 모든 것이 정서에 영향을 주게 마련입니다. 그렇기 때문에 정서에 부정적 영향을 줄 만한 일들을 피하고 도움이 될 만한 일들을 추구해야 합니다. 그것은 회중을 위한 것이라기보다 설교자 자신을 위한 것입니다. 분산되지 않은 마음, 맑게 정화된 정서, 주변에서 일어나는 일에 예민하게 반응하는 부드러운 마음 그리고 한 번에 하나씩 마음 다해 섬기는 차분한 정서는 설교자에게 가장 큰 축복입니다.

정서를 파괴하고 사막으로 만드는 요인들은 우리 삶에 널려 있습니다. 그 가운데 요즘 경계 대상 1호로 떠오른 것이 스마트폰 혹은 태블릿입니다. SNS를 통해 우리는 수많은 사람들과 연결되어 있고 그들이 전하는 수많은 이야기들에 노출됩니다. 또한 손바닥 안에서 우리는 어마어마한 정보의 바다로 헤엄쳐 나아갑니다. 자신을 통제하지 않으면 그 가상 공간 안에서 한없이 시간을 허비하게 되고, 결국 그것이 우리의 정서를 천박하게 만듭니다. 그곳에서는 깊이 있는 소통이 이루어지기가 어렵기 때문입니다. 인격과 인격이 만나 깊은 소통을 이룰 때, 정서가 치유되고 정화되며 깊어지고 맑아집니다. 가상 공간 안에서 이루어지는 가상 소통은 정서를 더욱 메마르게 할 뿐입니다. 또한 인터넷에서 접할 수 있는 감각적이고 자극적인 사진과 영상 그리고 저급한 뉴스들은 설교자의 정서를 흩뜨려 놓습니다. 이런 것들을 잘 분별하여 자신을 관리하는 것이 우선적 과제입니다.

설교자가 가장 경계하고 조심해야 할 정서는 분노입니다. 설교자는 목회자로서 항상 교인들과 만나야 합니다. 때로는 행정이나 사무적 문제로 교인들과 의견이 갈릴 수도 있습니다. 목회자는 항상 교인에게 무엇인가를 부탁해야 하는 입장에 서야 하고, 그렇기에 교인들로부터 거부당하는 일을 피할 수 없습니다. 교인의 입장에서는 '사양'이지만 목회자의 입장에서는 '거절'입니다. 영성과 덕성이 넉넉한 목회자라 해도 이런 일들을 피할 수 없습니다. 영성이나 덕성 혹은 목회적 능력에 결함이 있을 경우에는 더 심한 비판과 거부를 직면하게 됩니다. 거기에 목회자의 낮은 자존감의 문제까지 결부되면 분노는 파괴력을 가집니다.

따라서 설교자는 자신의 내면을 정직하게 살펴야 합니다. 내면에 쌓인 분노가 어느 정도의 수위를 넘어서면 설교를 통해 표출되기 때문입니다. 분노로 인해 병든 영혼으로 독극물을 내뿜는 설교자들이 얼마나 많은지 모릅니다. 다들 그렇게 느끼는데 정작 본인은 하나님의 말씀을 전하고 있다고 강변합니다. 그러므로 교인들로부터 받는 부정적인 태도와 언사를 잘 소화할 수 있도록 노력해야 합니다. 병든 내면을 치유하여 건강한 자아상을 가져야 하고, 교인들의 반응을 정직하게 분별해야 합니다. 그럴 때마다 설교자는 "내게 무슨 문제가 있는가?"라고 진지하게 물어야 합니다. 잘못된 것은 고치고 그렇지 않다면 대면하여 문제를 해결해야 합니다. 문제 대면하기를 회피하면서 강단에서 분노를 쏟는 것은 비겁한 행동입니다. 문제를 더 복잡하게 할 뿐입니다. 분노의 감정이 들 때마다 한편으로는 문제를 직면하여 해결하면서 다른 한편으로는 마음에 남은 감정의 찌꺼기를 해결하도록 노력해야 합니다.

정서 관리를 위해 방어적인 노력에 더하여 적극적인 노력도 병행해야 합니다. 깊이 있는 책을 읽는 것도 필요하고, 음악 감상 혹은 미술 감상 같은 취미를 가지는 것도 필요합니다. 가끔씩 몰두하여 무엇인가를 하는 것도 큰 도움이 됩니다. 마음에 쌓인 것을 발산하고 정화시키려는 노력입니다. 땀 흘려 노동하는 것도 좋고, 운동도 역시 도움이 됩니다. 저는 하이킹을 하면서 훌륭한 신학자들의 강의를 유튜브를 통해 듣는데, 마음을 모으고 정화시키는 데 유익합니다. 이 문제에서 각자 자신에게 맞는 방법을 강구해야 할 것입니다.

감정 표현

이번에는 설교 중 감정을 표현하는 문제에 대해 생각해 보겠습니다. 말하는 사람은 말을 통해 자신의 마음에 있는 것을 드러내게 되어 있습니다. 그런데 있는 그대로 드러난 감정은 자주 파괴적인 결과를 만들어 내곤 합니다. 슬픔과 분노도 그렇고 기쁨과 감사도 그렇습니다. 감정 표현에는 절제가 있어야 합니다. 일반 연설자도 그렇지만 특히 설교자의 감정 표현에는 절제의 덕이 필수적입니다. 감정 과잉은 부정적인 결과를 만들어 내기 때문입니다.

저는 설교 중에 가끔 울먹일 때가 있습니다. 나이가 들어 여성 호르몬이 많아지면서 더 심해지고 있습니다. 저의 감정선을 흔드는 몇 가지 요소들이 있습니다. 10년 넘게 치매를 앓고 계신 어머니에 대해 이야기할 때면 감정선을 통제하기 어렵습니다. 그래서 어머니 주일 설교가 가장 어렵습니다. 그렇기는 해도 티를 내지 않으려고 노력합니다. 잘못하면 신파조의 설교로 전락하게 되기 때문입니다. 혹은 교우의 아픈 문제를 이야기할 때 혹은 고통받은 사람들의 문제를 두고 말할 때면 울먹이게 됩니다. 이럴 경우에는 할 수 있는 대로 감정을 통제해야 합니다. 그렇지 않으면 설교자가 회중의 눈물을 강요하는 상황에 이릅니다. 그것은 감정 조작과 별반 다르지 않습니다.

설교 중에 설교자가 흘려야 할 가장 귀한 눈물은 잃어버린 영혼을 위한 눈물입니다. 복음을 전하는 설교자라면 가끔 잃어버린 영혼에 대한 간절함 때문에 혹은 영적으로 잠자고 있는 영혼들에 대한 간절함 때문에 울먹일 정도로 뜨거워져야 합니다. 예수님은 감람산에서 성전을 마주 보시고 우셨습니다눅 19:41. 성전에 닥칠 비참한 운명을 내다보셨기 때문입니다. 또한 십자가를 지고 골고다로 끌려가시는 동안에 당신을 보고 우는 여인들에게 "예루살렘의 딸들아, 나를 위하여 울지 말고 너희와 너희 자녀를 위하여 울라"고 하셨습니다눅 23:28. 사도행전에 나오는 바울 사도의 고별 설교는 이미 앞에서 살펴보았습니다. 그는 "많은 눈물"로써 복음을 전했습니다행 20:19, 새번역. 복음을 받아들이지 않을 때 그들이 당하게 될 미래의 운명을 내다보았기 때문입니다. 또한 복음을 거부하는 완악한 마음을 보고 가슴 아팠기 때문에 그랬을 것입니다.

조지 윗필드도 설교 때마다 자주 울었는데, 이에 대해 그는 이렇게 말했습니다. "제가 운다고 흉을 보시지만, 자기 영혼이 멸망의 경계에 서 있는데도 불구하고 여러분 자신은 울지 않으니 제가 어찌 울지 않을 수 있습니까? 여러분들은 어쩌면 지금 마지막 설교를 듣고 있는 것일 수도 있고, 그리스도께서 주시는 기회가 여러분들에게 더 이상은 없을 수도 있습니다."[8] 이런 눈물 혹은 이런 파토스가 설교자에게 회복되어야 합니다.

앞에서 말한 대로, 분노의 감정에 대해서는 특별히 조심할 필요가 있습니다. 목회자가 하나님의 분노를 전해야 한다고 느낄 때가 있습니다. 이렇게 느낄 경우, 거듭거듭 분별해 보아야 합니다. 그것이 자신의 인간적 분노의 감정 때문인지를 확인해야 합니다. 설교자가 자신의 개인적 분노를 하나님의 말씀에 담아 해소하는 경우가 적지 않습니다. 자신의 부정적 감정이 실리지 않도록 노력해야 합니다. 그렇지 않으면 그 설교는 회중의 영혼을 질식시키는 폭력이 되고 맙니다. 선택한 본문이 하나님의 진노를 전하도록 명령한다고 느낀다면, 설교자는 자신도 그 회중 안에 포함시켜야 합니다. 그리고 할 수 있는 대로 조용하게 말씀을 전해야 합니다. 또한 분노에 대한 설교가 분노로 끝나지 않도록 해야 합니다. 설교는 항상 복음이어야 하기 때문입니다.

☐ 회중의 파토스

이번에는 관심을 돌려 '회중의 파토스'에 대해 생각해 보겠습니다. 팀 켈러는 "설교는 사람들을 깨워서, 그들이 정신적으로는 동의를 표현했지만 마음으로는 아직 붙잡지 않은 실재를 향해 사람들을 이끌어 가는 장이다"라고 말합니다.[9] 조나단 에드워즈는 『신앙감정론』Religious Affections에서 "믿음의 자리는 마음"이라고 했습니다.[10] 그러므로 설교자는 자신의 정서와 감정뿐 아니라 회중의 정서와 감정에 대해서도 이해하고 있어야 하며, 한 걸음 더 나아가 공감하고 있어야 합니다. 또한 복음을 통해 유발되는 감정의 변화에 대해서도 알고 있어야 합니다. 감정의 변화와 성령의 역사가 어떻게 관계되는지에 대해서도 분명한 식견을 가지고 있어야 합니다.

정서적 공감

먼저, 회중과 '정서적 공감대'를 형성하는 문제에 대해 생각해 보겠습니다. 미국의 가장 영향력 있는 설교학자 중 한 사람인 토마스 G. 롱Thomas G. Long은 『증언하는 설교』The Witness of Preaching에서 "설교자는 회중으로부터 강단으로 나와 설교하는 사람"이라고 했습니다. "공동체의 삶과 동떨어진 곳이나 변방이 아니라 삶의 한가운데로부터 나와 설교하기 위해 그들 앞에 선다"는 것입니다.[11] 이것은 설교자가 회중의 한 사람으로서 설교하는 동시에 회중과 공감대를 형성해야 한다는 것을 뜻합니다. 그래서 설교자는 자신의 정서를 가꾸기 위해 힘쓰는 동시에 회중의 정서와 같은 자리에 있도록 노력해야 합니다. 그럴 때 설교자는 회중의 정서로 말씀을 읽고 회중의 정서로 말씀을 묵상하고 회중의 정서 가운데 말씀을 선포할 수 있게 되는 것입니다.

제가 11년 동안 섬겼던 교회를 떠난 후에 그동안의 사역을 돌아보니 "처음 2년 정도는 허공을 쳤구나!" 싶었습니다. 교인들의 삶의 형편을 몰랐기 때문입니다. 물론 그 시기에도 저는 최선을 다하여 말씀을 준비했지만 교인들의 삶에 깊이 다가가지는 못했던 것 같습니다. 속회(구역) 단위로 심방을 다 마치는 데 일 년이 넘게 걸렸습니다. 그리고 이런저런 계기로 교인들을 심방하면서 서서히 교인들의 삶 속으로 들어갈 수 있었습니다. 때로 교우들의 아픔에 눈물을 흘리기도 했고, 큰 고통 앞에서 같이 두려워 떨기도 했으며, 문제를 두고 같이 몸부림쳐 기도하기도 했습니다. 그런 다음에야 비로소 회중의 한 사람으로서 설교할 수 있었던 것 같습니다.

회중의 삶 속으로 들어가는 것은 사람마다 걸리는 시간이 다릅니다. 어떻게 노력하느냐에 따라서도 달라질 것입니다. 저는 학교에서 학생들을 가르치다가 백인 교회에서 목회를 한 다음에 이민 교회로 갔습니다. 그래서 한인 이민자들이 어떻게 사는지 피상적으로만 알고 있었고, 교인들의 삶 속으로 들어가는 데 시간이 걸렸습니다. 다시 돌아보며 생각하니 그 당시 인내심을 가지고 기다려 준 교인들에게 감사한 마음이 듭니다.

회중과의 공감대를 든든히 하기 위해서는 '공감적 듣기'가 필요합니다. 요즘 여기저기서 '공감'에 관한 이야기를 자주 듣습니다. 과거에는 '동감'이라는 말을 썼습니다. 동감에 해당하는 영어 단어는 'sympathy'입니다. 접두사 'sym'은 '곁에' 혹은 '같이'with라는 뜻입니다. 한마디로 동감은 '옆에서 같이 느끼는 것'입니다. 그런데 얼마 전부터 'empathy'라는 단어로 대치되었습니다. 접두사 'em'은 '안에'라는 뜻입니다. 즉 '그 사람 안에 들어가서 느끼는 것'이 공감입니다. 다른 사람의 아픔에 참여하는 것은 모든 종교에서 강조하는 덕목입니다. 이것은 그리스도인의 미덕일 뿐 아니라 설교자에게 가장 중요한 미덕 중 하나입니다. 앞에서 말한 하나님의 은혜 체험에 더하여 회중의 삶에 들어가서 회중과 함께 호흡하면서 느낄 수 있다면, 그 사람은 설교자로서 매우 큰 자산을 얻은 셈입니다.

회중과의 공감대를 넓히는 것과 관련해서 몇 가지 드릴 말씀이 있습니다. 첫째, 회중과의 접촉점을 잃지 않도록 힘쓰십시오. 부지런히 회중을 만나라는 것입니다. 2016년 아카데미 시상식에서 사회를 본 크리스 락Chris Rock은 현재 미국의 대세 코미디언입니다. TV 출연 한 번으로 엄청난 출연료를 받습니다. 그런데 그가 아직도 무명 시절에 했던 소극장의 스탠딩 코미디를 하고 있다고 합니다. 어느 인터뷰에서 인터뷰어가 그에게 물었습니다. "지금 이처럼 유명세에 부까지 누리고 있는

데, 왜 여태껏 소극장 무대에 서고 있는 겁니까?" 이 질문에 대한 락의 대답이 제게 깊은 울림을 주었습니다. "제가 보통 사람들과 함께 호흡하는 것을 잃어버리면 제 코미디는 죽습니다. 대중과의 접촉점을 잃지 않기 위해서 그러는 것입니다." 그 사람에게 여러 가지 결함이 있고 또한 문제도 있지만 그만한 내공이 있음을 이 대답에서 볼 수 있습니다. 마찬가지로 목회자들도 이런 마음을 가져야 합니다. 특히 교회가 커지고 바빠질수록 이 점을 중요하게 여겨야 합니다. 주중에 교인 한 사람도 제대로 만나지 못할 정도로 외부 활동에 휘둘리는 목회자들은 설교자로서 스스로 무덤을 파고 있는 것입니다.

둘째, 교인을 목회적 대상으로만 만나지 않도록 힘쓰십시오. 물론 목회적 대상으로 만나야 할 때가 있습니다. 수술을 한다든지, 임종할 때라든지 혹은 상담할 때가 그 예입니다. 하지만 더 많은 시간을 한 인간 대 인간으로 만나도록 힘써야 합니다. 신실하게 교회를 섬기고 있는 제 막냇동생이 얼마 전 대화를 나누던 중에 "며칠 전에 담임목사님과 식사할 기회가 있었어"라고 말합니다. 그래서 제가 "무슨 일로 만났는데? 무슨 문제가 있었어?" 하고 물었더니 동생이 이렇게 대답합니다. "그냥 만나서 식사한 거지, 뭐." 그 말을 듣고 저는 "참 잘했다. 고맙다"라고 말해 주었습니다. 목사와 교인이 그냥 이유 없이 만나 대화하면서 자신의 이야기를 나눌 수 있어야 합니다. 그

때에 인간의 모습이 드러나고 그런 대화를 통해 보통 사람들의 애환을 느낄 수 있습니다. 목회적 대상으로 만나면 교인들은 가면을 쓰고 무장을 하는 경향이 있습니다.

셋째, 마주하고 있는 그 사람에게 전심을 다하도록 노력하십시오. 피상적으로 만나지 말라는 것입니다. 분주하게 움직이지 말고 만나고 있는 그 사람에게 온전히 집중하는 습관을 길러야 합니다. "한 번에 한 사람씩!"을 철칙으로 두고 실천해야 합니다. 예배를 마치고 교인들과 인사를 나눌 때도 한 사람 한 사람에게 전심을 다해야 합니다. 단 2-3초라도 앞에 있는 한 사람에게 눈길을 고정시켜야 합니다. 허둥대면서 모든 사람을 대하려 하면 한 사람도 제대로 대할 수 없습니다. 일대일로 만나서 대화할 때도 마찬가지입니다. 주의를 흩뜨려 놓을 수 있는 것들(특히 스마트폰)을 모두 내려놓고 그 사람에게 집중해야 합니다. 요즘 저는 기억력이 떨어져서 제 스마트폰에 기록을 하면서 대화를 합니다. 그러면서 상대방에게 그 사실을 말해 줍니다. 그렇지 않으면 스마트폰으로 딴짓을 하는 것으로 오해하기 때문입니다. 그럴 때 상대방은 그렇게 진지하게 듣는 것을 고맙게 생각합니다.

넷째, 말은 적게 하고 최대한 들으십시오. 목회 경력이 쌓이면서 자신도 모르게 걸리는 질병이 있습니다. '일방통행병' 곧 일방적으로 말하는 병입니다. 다른 사람의 말에 귀를 기울일 만한 인내심이 없습니다. 그러다 보니 일대일로 만나서 대화할 때도 목회자가 혼자 말하는 경우가 많습니다. 그러면 교인들은 그것을 자신에 대한 무관심으로 받아들입니다. 실제로 그렇습니다. 교인의 삶에 대해 관심이 있으면 자신의 말을 줄이고 듣게 됩니다. 저는 교우들과 일대일로 만나거나 심방을 할 때면 항상 "주일에는 제가 일방적으로 말하니까 오늘은 교우님이 일방적으로 말씀하십시오. 제가 듣겠습니다"라고 말합니다.

이와 관련하여 기존의 심방 패턴에 대해 한마디 하고 싶습니다. 전통적인 심방은 목회자와 여러 교우들이 우르르 몰려가서 신속하게 예배를 드리고 대화 몇 마디 나누고 떠나는 형식입니다. 오래전에 목회학 박사 과정을 지도한 적이 있는데, 그때 한 분이 심방에 관한 논문을 쓰기 위해 교인들을 대상으로 설문 조사를 했습니다. 질문 중 하나가 '심방에 가장 적절한 시간이 얼마입니까?'라는 것이었는데, 가장 많은 사람이 대답한 것이 45분이었습니다. 그 45분은 여러 교우들과 목사가 함께 예배드리고 차 한잔 나누는 시간입니다. 목회자가 교인을 그런 식으로만 만나면 일방적으로 말할 수밖에 없습니다. 그 교우가 어떻게 살고 있고 무슨 고민을 갖고 있는지 들을 시간이 없습니다. 물론 기도 제목은 들을 것입니다. 그렇지만 정작 하고 싶은 말은 못합니다.

저는 심방을 두 가지로 나눕니다. 하나는 교우들과 함께 가는 심방이고, 또 하나는 아내와 함께 가는 심방입니다. 앞의 심방은 주로 입원이나 임종과 같이 어려움이나 위급한 상황에 처한 교우를 방문하는 심방입니다. 뒤의 심방은 좀 더 일상적인 심방입니다. 그 심방은 두세 시간 혹은 그 이상 걸릴 수 있습니다. 교인들이 하고 싶은 이야기를 다 할 때까지 들어 주기 때문입니다.

그동안의 경험을 통해서 확실하게 말씀드릴 수 있습니다. 목회자가 가장 조심할 것이 일방적으로 말하는 것입니다. 목회자들은 들을 줄 모르는 사람들이라는 고정관념이 교인들에게 있습니다. 여러분 중에 '나는 아닌데'라고 생각하는 분이 있을 것입니다. 그렇게 생각하시는 분들도 이 사실을 기억해야 합니다. 그렇지 않으면 머지않아 일방적으로 말하는 습관에 빠지고 말 것입니다. 그래서 거듭 강조합니다. 입을 다물고 들으시기 바랍니다. 본회퍼가 『성도의 공동생활』*Gemeinsames Leben*에서 '경청'은 우리가 이웃을 위해 할 수 있는 최선의 봉사라고 했습니다.[12] 저는 이것을 목회자에게 적용하여 말하고 싶습니다. 공감적 듣기는 목회자의 최우선 과제요 책임이요 특권이라고 말입니다.

다섯째, 공감적으로 들을 때는 어떤 판단을 해주고 조언하려는 유혹을 피하십시오. 목회를 오래 하다 보면 걸리는 또 하나의 병은 '정답병'입니다. 항상 정답을 말해 주어야 한다는 강박관념 같은 것을 가집니다. 물론 그것을 기대하는 교인들도 있습니다. 하지만 그러지 않아도 됩니다. 그러지 않는 게 오히려 더 좋습니다. 그저 있는 대로 들어 주는 것으로 충분합니다. 그러면서 함께 기도하는 것입니다. "하나님, 다 들으셨지요? 지금 저희가 나누는 이야기 다 들으셨지요? 우리는 지금 어떻게 해야 할지 알 수 없습니다. 하나님, 저희를 인도해 주십시오"라고 내 문제로 끌어안고 기도하는 것입니다. 정답을 주려고 하지 말고, 판단하려고 하지 말아야 합니다.

여섯째, 마음을 열고 이야기를 나누어 준 것에 대해 감사를 표하고 그 내용을 존중해 주십시오. 자신의 마음속 이야기를 나에게 열어 보여주었다는 것은 나를 믿고 자신의 내면세계로 초청한 것입니다. 이런 경우에 쓰는 영어 표현이 있습니다. "I am so honored." "당신은 나를 존중해 주셨습니다"라는 뜻입니다. 그렇게 고마움을 표해야 합니다. 그리고 그 사람의 이야기를 잘 다루어야 합니다. 그 내용 중에 비밀로 지켜 주어야 할 것이 있는지 분별해야 합니다. 혹시 그 사람이 나눈 이야기를 설교에서 사용하려면 반드시 본인에게 허락을 받아야 합니다. 만일 설교자가 이 점에서 신뢰를 깨뜨리면 다시 회복하기가 어렵습니다.

마음의 방향

　설교자가 회중과의 공감대를 형성하는 것과 관련해서 '마음의 방향'은 아주 중요합니다. 마음의 방향에 관해 이야기할 때 저는 고린도전서 12장의 '몸의 비유'를 예로 사용합니다. 여기서 바울 사도는 몸의 비밀 두 가지를 말합니다.

　첫째, 몸은 가장 약하고 추한 지체를 가장 귀하게 여긴다는 것입니다.

　　그뿐 아니라 더 약하게 보이는 몸의 지체가 도리어 요긴하고 우리가 몸의 덜 귀히 여기는 그것들을 더욱 귀한 것들로 입혀 주며 우리의 아름답지 못한 지체는 더욱 아름다운 것을 얻느니라고전 12:22-23.

　우리의 지체 중에서 가장 약한 것은 눈동자일 것입니다. 하지만 눈은 온몸의 등불과 같은 존재입니다. 가장 약하지만 가장 중요합니다. 또한 몸 중에서 가장 더럽다고 여겨지는 발에는 가장 단단한 보호 장구를 제공합니다. 그것이 몸의 원리입니다. 교회 안에서도 이 원리가 적용되어야 합니다. 세상에서 높은 사람이 교회 안에서도 높임받고, 세상에서 난사람이 교회 안에서도 대접받으면 안 됩니다. 교회 안에서는 이 질서가 뒤집어져야 합니다. 약한 지체는 더 요긴하게 여김을 받고, 세상에서 덜 귀하게 여김을 받는 사람이 교회 안에서 더 귀하게 여김을 받으며, 세상에서 주목받지 못하는 사람이 교회 안에서 주목을 받아야 합니다.

그런 점에서 저는 교회를 '역차별의 공동체'라고 말합니다. 세상에서 사람을 차별하는 기준이 교회 안에서는 뒤집어져야 한다는 뜻입니다. 불행하게도 오늘날의 교회는 세상과 동일한 기준으로 사람을 차별하는 잘못에 빠져 있습니다. 교회 안에서도 돈 많은 사람이 목소리를 높이고 권력 있는 사람이 대접받고 잘난 사람이 높임받습니다. 그것은 교회가 자격을 잃었다는 증거입니다. 세상에서 높은 사람은 스스로 자신을 낮추고 세상에서 낮은 사람은 높임을 받는 곳이 교회여야 합니다. 그렇게 하여 높고 낮음이 없는 평등한 형제자매의 공동체가 되어야 옳습니다.

그러한 공동체를 이루는 데 목회자의 마음의 방향이 매우 중요합니다. 목회자의 마음은 낮은 곳으로, 어두운 곳으로, 냄새나는 곳으로 향해야 합니다. 같은 시간에 두 곳에서 부름을 받았을 때 목회자는 더 어두운 곳으로, 더 고통받는 자리로, 더 가난한 사람에게 가야 합니다. 그렇게 함으로 목회자는 역차별의 문화를 교회 안에 정착시킬 수 있습니다.

둘째, 몸의 모든 지체는 한 지체의 고통을 공유합니다.

만일 한 지체가 고통을 받으면 모든 지체가 함께 고통을 받고 한

지체가 영광을 얻으면 모든 지체가 함께 즐거워하느니라고전 12:26.

칼이 내 몸의 일부를 뚫고 들어오면 몸은 힘을 잃고 그 자리에 주저앉습니다. 칼에 찔린 지체의 고통에 대처하기 위해 몸에 있는 모든 에너지가 그곳으로 몰리기 때문입니다. 그래서 머리가 하얘지고 팔과 다리에 힘이 빠집니다. 몸이 내재된 기능을 따라서 자동적으로 그렇게 반응하도록 하나님께서 창조하신 것입니다. 그러므로 교회가 그리스도의 몸이라면 지체들 사이에 그러한 교감과 소통이 있어야 합니다. 교회의 본질은 성도들 사이에 지속되는 '사귐' 곧 '코이노니아'에 있습니다. 그래서 고 대천덕 신부님은 '교회'敎會를 '사귈 교'를 써서 '교회' 交會라고 바꿔야 한다고 말했습니다. 그러한 인격적 사귐이 있어야만 다른 지체의 고통에 참여할 수 있게 됩니다.

몸의 이러한 원리를 기억한다면, 목회자는 가장 낮은 지체와 함께 아파함으로 모든 지체와 함께할 수 있다는 사실을 기억해야 합니다. 목회자가 교인 모두를 가까이 돌볼 수 있다면 가장 좋습니다. 하지만 교인 수가 적어도 그렇게 하는 것이 쉽지 않고, 교인 수가 많아지면 더욱 그렇습니다. 그러므로 목회자의 마음은 늘 교인들 중에서 가장 어려운 사람을 향해 있어야 합니다. 목회자가 가장 어려운 교인과 함께하면 그 사람

을 통해 모든 교인과 함께 있음을 느낍니다. 반면, 목회자가 소위 '잘난' 교인들과 어울리면 교인의 일부만을 돌보는 일이 되어 버립니다. 그것이 몸의 신비요 영적 비밀입니다. 물론 안정되고 평안한 교인들에 대해서도 목회자로서의 책임을 다해야 합니다. 하지만 어려운 교인들에게 마음을 더 많이 써야 합니다.

마음의 본능적인 끌림을 분별하고 때로 거부하는 것이 목회 여정에서 매우 중요한 일입니다. 우리 마음은 죄로 오염되어 있기 때문에 그대로 두면 죄를 향해 움직이게 되어 있습니다. 인생이 망가지게 하는 데에는 별다른 결심과 노력이 필요 없습니다. 마음이 이끄는 대로 행하면 인생은 파멸로 가게 되어 있습니다. 사람에 대해서도 그렇습니다. 우리 마음은 잘난 사람, 편한 사람, 좋은 말 해주는 사람, 내 편 들어 주는 사람, 대접해 주는 사람들을 향해 가게 되어 있습니다. 그 마음을 무심코 따라가다 보면 목회자의 마음은 부패하고 타락합니다. 그렇게 되면 일부만의 목회자가 되고 다수를 소외시키는 결과가 발생합니다. 불편하더라도 마음의 방향을 거슬러 어려운 사람, 불편한 사람, 비판하는 사람, 냉담한 사람들을 향해 나아가야 합니다. 그래야만 모두의 목회자가 됩니다. 그래야만 교인 전체와 소통하는 마음을 가질 수 있습니다.

그런 마음이 있을 때 회중은 설교자의 말에 공감합니다.

공감은 말재주로 혹은 논리로 얻을 수 없습니다. 지속적인 관계를 통해 공감대가 형성됩니다. 공감대가 얼마나, 어떻게 형성되어 있느냐에 따라 설교자와 회중의 소통의 깊이는 비례하게 되어 있습니다. 이민 사회에서 흔히 볼 수 있는 재미있는 풍경이 있습니다. 영어를 조금밖에 하지 못하는 어머니와 한국말을 조금밖에 하지 못하는 딸이 밤새도록 수다를 떠는 모습입니다. 그들은 언어로 소통하는 것이 아니라 그들만의 공감대로 소통하는 것입니다. 반면 공감대가 형성되어 있지 않으면, 아무리 완벽한 언어 능력을 갖추었다 한들 아무 소용이 없습니다.

은혜와 감정

교회에서 가장 많이 사용되는 말이 '은혜'입니다. "은혜 받았다" 혹은 "은혜 넘친다"라는 말을 흔하게 사용하지만, 그것이 무슨 뜻인지 정확히 설명할 수 있는 사람은 많지 않습니다. 그래서 절대다수의 사람들이 '감정'과 '은혜'를 같은 것으로 간주합니다. 감정에 어떤 변화가 일어나면 은혜를 받았다고 생각합니다. 배꼽을 잡고 웃고 나서도 은혜 받았다고 말하고, 눈물 콧물 쏟고 나서도 은혜 받았다고 말합니다. 하나님의 은혜는 우리를 기쁘게 할 수도 있고 눈물짓게 할 수도 있습니다. 하지만 그 역이 언제나 참은 아닙니다. 더 많은 경우에 하나님의 은혜는 아무런 감정의 변화를 수반하지 않습니다. 또한 강력한 감정의 터치가 은혜와 아무 상관이 없는 경우가 많습니다.

아마도 이 문제를 가장 진지하고 심각하게 붙들고 씨름한 사람으로서 조나단 에드워즈를 능가할 사람은 없을 것입니다. 그는 1730년경 미국 뉴잉글랜드 지방을 휩쓸고 지나간 대각성 운동의 중심에 서 있었습니다. 그는 부흥사가 아니었습니다. 오히려 신학자, 사상가 혹은 철학자라는 호칭이 그에게 맞습니다. 그의 설교는 모노톤에 몸짓도 별로 없었다고 합니다. 하지만 사람들로 하여금 자신의 죄성을 깨닫게 했고 그로 인해 몸부림치게 했습니다. 울고불고 비명을 지르고 데굴데굴 굴렀습니다. 이러한 현상은 조나단 에드워즈뿐 아니라 대각성 운동을 이끌었던 설교자들에게 다반사로 일어났습니다. 그러자 그러한 현상을 비판하는 사람들이 생겨났습니다. 에드워즈 자신도 의도하지 않은 감정 폭발 현상으로 인해 당황하면서 나름대로 분석하기 시작했습니다. 하나님의 은혜와 감정의 상관관계에 대해 연구하고 고민했습니다.

그는 한편으로 감정을 절대시하는 사람들에게 자제와 분별과 반성을 요구했고, 그것을 비판하는 사람들에게는 믿음은 감정과 뗄 수 없는 관계에 있다는 사실을 입증하려고 노력했습니다. 그러한 가운데 대각성 운동을 변호하기 위해 후대에 고전으로 인정받을 만한 저서들을 남겼습니다. 그중 대표작인 『신앙감정론』에서 조나단 에드워즈는 "참된 신앙은 대체로 거룩한 감정 안에 있다"고 단언하면서 그 사실을 여러 가지 각도에서 증명합니다. 인간 현상을 보더라도 그렇고 성경의 기록을 보아도 진정한 하나님 체험은 감정의 변화를 가져오는 법입니다. 조나단 에드워즈는 지루할 정도로 많은 예들을 나열합니다. 대각성 운동 중에 일어나는 감정 폭발의 문제에 대해 받은 비난이 그만큼 많았다는 뜻입니다. 그는 이 문제에 대해 한 터럭의 반박의 여지조차 남기지 않으려고 힘씁니다. 이 책은 모두 3부로 구성되어 있는데, 2부의 제목은 '신앙감정이 진정으로 은혜로운 것인지 아닌지에 대한 판단 근거가 될 수 없는 표지들'이고, 3부는 '진정으로 은혜로운 거룩한 감정을 뚜렷이 구별해 주는 표지들'이라고 제목이 붙여져 있습니다. 감정 혹은 체험을 중시하는 한국 교회에 꼭 필요한 통찰이 여기에 담겨 있습니다.

오늘날 포스트모던 시대의 영성은 체험을 중시하는 경향으로 기울어져 있습니다. 하지만 체험 혹은 감정에 맹목적으로 끌리다 보면 속이는 자 곧 사탄에게 미혹될 수 있습니다. 진리에 충실하기를 원한다면 설교자는 성령의 역사와 감정 변화의 관계를 면밀하게 관찰해야 하고 또한 정밀하게 분별할 줄 알아야 합니다. 그렇지 않으면 감정 조작의 죄에 빠지거나 감정에 속는 어리석음에 빠질 수 있습니다. 이 두 가지는 설교자가 이를 악물고 피해야 하는 것입니다. 오직 하나님의 성령께서 만들어 내는 감정의 변화에만 마음을 두고 사역을 해나가야 합니다.

회중의 복음적 파토스

그렇다면 '복음'이 온전히 선포될 때 회중의 마음에 어떤 감정이 일어나게 되는지를 생각해 보겠습니다. 복음이 선포될 때 듣는 이들에게 일어나는 감정은 다양합니다. 그 감정을 모두 다룰 수는 없는 일입니다. 저 나름대로 복음이 불러일으키는 중요한 감정들이 무엇인지 생각해 보았습니다. 아래에서 설명하는 다섯 가지의 감정은 복음이 제대로 선포될 때 반드시 일어나게 되어 있고 또한 일어나야만 하는 중요한 감정들입니다. 설교자는 설교를 준비하고 선포하면서 성령께서 어떤 감정을 불러일으키실지를 기대하고 또한 주목하는 것이 필요합니다.

1) 두려움

복음이 제대로 선포될 때 가장 먼저 '두려움'의 감정이 형성됩니다. 경외심이라고 할 수 있습니다. 복음이 제대로 선포되면 그 말씀 안에서 하나님을 만납니다. 죄인인 인간이 처음으로 하나님과 마주 서면 "이젠 죽었구나!"라는 두려움이 마음을 압도합니다. 야곱은 하란으로 가는 길에서 꿈을 통해 하나님을 만나고 나서 깨어난 후에 "두렵도다 이곳이여"창 28:17라고 외쳤습니다. 예언자 이사야는 성전에서 기도하던 중에 환상 중에 하나님을 봅니다. 그때 그는 "화로다 나여 망하게 되었도다. 나는 입술이 부정한 사람이요 나는 입술이 부정한 백성 중에 거주하면서 만군의 여호와이신 왕을 뵈었음이로다"라고 절규합니다사 6:5. 시몬 베드로는 "깊은 데로 가서 그물을 내려 고기를 잡으라"는 말씀에 순종하여 엄청난 고기를 잡게 되자, 예수님의 무릎 아래 엎드려 "주여, 나를 떠나소서. 나는 죄인이로소이다"라고 고백합니다눅 5:4, 8.

이러한 예는 그 이후의 기독교 역사에서도 얼마든지 발견할 수 있습니다. 하나님께 대한 진실한 믿음은 두려움에서 출발합니다. 마르틴 루터는 어느 날 길을 가다가 바로 옆에 있던 친구가 벼락에 맞아 즉사하는 것을 목격하고는 하나님 앞에 고꾸라집니다. 앞에서 소개한 조나단 에드워즈는 그의 가장 유명한 설교인 '진노하시는 하나님의 손에 잡힌 죄인들'에서 인간의 죄가 얼마나 심각하며 그 죄에 대한 하나님의 진노가 얼마나 무서운지를 설명합니다. 그 설교를 들은 사람들은 오순절에 성전에서 베드로의 설교를 듣고 찔림을 받아 "형제들아,

우리가 어찌할꼬"^{행 2:37}라고 물었던 유대인들처럼 두려움에 사로잡혀 구원의 길을 찾습니다.

두려움과 공포는 같아 보이지만 다릅니다. 요즘 큰 이슈가 되고 있는 '테러'는 사람들로 하여금 공포감에 사로잡히게 만들려는 의도로 계획되고 자행됩니다. 공포는 정상적인 사고 작용과 정서 작용을 마비시킵니다. 최근에 흔한 질병이 되어 버린 공황장애의 경우, 갑자기 근거 없는 공포감이 그 사람의 마음을 사로잡아 무력화시킵니다. 이러한 공포감을 회중에게 전염시키는 설교자들을 때로 봅니다. 시한부 종말론을 선전하는 사람들은 대개 공포감에 호소합니다. 또한 심판과 지옥에 대해 자주 설교하는 사람들도 공포감을 조성시키는 경우가 많습니다. 그것은 영적 사기꾼들이 자주 사용하는 수법입니다.

반면, 두려움은 건강한 삶을 위해 꼭 필요한 감정입니다. 처음 자동차를 운전하는 사람에게 가장 필요한 것은 사고에 대한 두려움입니다. 한 번의 사고로 인해 목숨을 잃을 수도 있고 삶의 질서가 한순간에 뒤죽박죽될 수 있다는 것을 알고 두려워할 줄 알아야 합니다. 권력을 가진 사람은 권력을 부여해 준 하나님과 사람을 두려워해야 합니다. 건강한 사람은 질병을 두려워해야 합니다. 그 두려움이 건강을 지키도록 만들어 줍니다. 마찬가지로, 건강한 믿음에는 하나님께 대한 경외심 그리고 자신의 죄와 심판에 대한 두려움이 있어야 합니다. 그것이 온전한 믿음의 출발점입니다. 그래서 세례 요한이 "회개하라" 고 했고, 예수께서도 "회개하라"고 말씀하셨습니다.

오늘날 그리스도인들의 믿음에 문제가 생긴 원인은 여러 가지일 것입니다. 저는 '두려움의 망각'이야말로 가장 중요한 이유 중 하나라고 생각합니다. 두려움을 망각하게 된 원인도 한두 가지가 아니겠지만, 우리 모두의 의식을 지배하고 있는 계몽주의적 사고방식이 한 원인일 것입니다. 그 철학에 바탕을 두고 발전한 긍정심리학이 대중적으로 널리 퍼지면서 현대인은 자신에 대해 근거 없는 긍정적인 시각을 가지게 되었습니다. 우리가 얼마나 가망 없는 죄인인지를 인정하지 않습니다. 죄라는 단어를 듣고 싶어 하지도 않습니다. 그뿐 아니라 오늘날 교회는 하나님을 너무 작게 만들어 놓았습니다. 이것 역시 최근의 신학적 경향 탓입니다. 하나님은 최대한 작게 만들어 놓고 자신에 대해서는 근거 없이 긍정적으로 보니, 두려움이 설 자리를 잃은 것입니다.

제대로 선포된 복음은 하나님을 하나님으로 회복시키고 인간의 죄성을 있는 그대로 드러냅니다. 그렇기 때문에 복음이 제대로 선포되는 자리에서는 자신의 영원한 운명에 대한 두려움이 생겨납니다. 자신의 죄에 대해 통회하고 자복하고 회개하는 일이 일어납니다. 미국, 영국 그리고 한국에서 일어났던 각성과 부흥 운동의 출발점은 모두 하나님이 하나님답게 선포되고 죄가 죄로 선포되는 것이었습니다. 그럴 때 성령께서 역사하십니다. 예수께서 성령에 대해 하신 말씀을 기억하십니까?

> 그[보혜사 성령]가 와서 죄에 대하여, 의에 대하여, 심판에 대하여 세상을 책망하시리라 요 16:8.

성령께서 우리에게 임하실 때 첫 번째 일어나는 감정이 두려움이라는 것입니다. 우리의 죄에 대해 깨닫게 되기 때문입니다. 그래서 성령께서 주시는 여러 가지 은사 중에 가장 우선적인 은사를 영어로 'convicting grace'라고 부릅니다. 'convict'가 재판정에서 피고를 고발하는 검사의 행동을 가리키므로 '죄를 고발하는 은혜'라고 번역할 수 있습니다. 성령께서 우리에게 임하시면 우리의 죄를 우리 자신에게 고발한다는 뜻입니다. 그래서 두려움을 느끼고 그 두려움이 회개하게 만드는 것입니다. 복음을 들은 최초의 순간에만 그러는 것이 아니라 성화의 과정을 걸으면서도 항상 그 두려움을 잊지 않는 것입니다.

2) 아픔

복음이 제대로 선포될 때 회중은 또한 '아픔'의 감정을 느끼게 되어 있습니다. 두려움과 아픔은 동일한 이유에서 생겨나는 서로 다른 반응이라 할 수 있습니다. 하나님을 대면하고 자신의 죄성을 깨달을 때 우리는 두려움을 느낍니다. 설교의 가장 중요한 기능은 회중을 하나님의 임재 앞에 세우는 일입니다. 그렇게 하나님의 임재 앞에 머물 때 우리에게는 또 다른 감정이 마음을 압도합니다. 하나님께서 주신 고귀한 생명을 허비한 것에 대한 아픔입니다. 하나님 앞에서 성령의 조명을 받고 보니 그동안 행복이라 알고 추구했던 것이 실은 불행이었음을 깨닫습니다. 가치 있다고 생각하고 붙잡으려고 힘썼던 것이 알고 보니 무가치한 것이었습니다. 제대로 살아 보려고 몸부림쳤는데 알고 보니 죽음의 길에 서서 질주하고 있었습니다. 하나님께서 주신 한 번의 고귀한 생을 너무도 무의미하게 허비했음을 깨닫고 아픔을 느끼는 것입니다.

하나님의 임재 안에 머물러 있다 보면 그 아픔의 뿌리가 더 깊은 곳에 있음을 발견합니다. 자신이 하나님을 등지고 살아온 모든 나날이 단순한 허비가 아니라 하나님의 마음을 아프게 한 일임을 깨닫기 때문입니다. 우리는 죄로 인해 하나님의 진노를 쌓아 올린다고만 생각합니다. 그렇기 때문에 자신의 죄성을 자각할 때 두려움에 압도되는 것입니다. 하지만 하나님과의 사귐 안에 머물러 있다 보면 우리의 죄가 하나님의 아픔을 심화시키고 있음을 깨닫습니다. 자식의 죄가 부모에게 아픔이듯, 우리의 죄는 하나님께 아픔입니다. 그것을 깨닫게 되면 우리의 애통함은 더 깊어집니다.

믿음 안에서 의롭다 함을 입고 성화의 길에서 견고히 걸어가는 사람에게도 복음은 자주 아픔을 느끼게 합니다. 죄에는 두 가지 종류가 있습니다. 하나는 '행함의 죄'sins of commission이고 다른 하나는 '행하지 않은 죄'sins of ommission입니다. 전자는 해서는 안 되는 일을 하는 것이고, 후자는 해야 할 일을 하지 않는 것입니다. 우리는 성령의 능력으로 행함의 죄에서 해방됩니다. 성화의 과정이란 우리에게 남아 있는 죄의 습성들이 제거되는 과정이라 할 수 있습니다. 하지만 행함의 죄에서 해방되는 것이 전부가 아닙니다. 전에는 알지 못했던 하나님의 뜻을 행하는 변화가 뒤따라야 합니다. 야고보 사도가 "그러므로 사람이 선을 행할 줄 알고도 행하지 아니하면 죄니라"약 4:17고 말한 것과 같습니다. 그러므로 성화의 과정에서 신실하게 걸어가는 사람들도 하나님 앞에 서면 아픔을 느끼게 되어 있습니다. 더 사랑하지 못한 것으로 인해, 더 드리지 못한 것으로 인해, 더 거룩하게 살지 못한 것으로 인해, 더 기도하지 못한 것으로 인해, 더 전도하지 못한 것으로 인해 아픔을 느낍니다.

설교자가 이 지점에서 조심할 것이 있습니다. 의도적으로 죄책감을 심어 주려 하지 않도록 조심해야 합니다. 죄책감은 영혼을 질식시키는 부정적인 힘입니다. 그것으로 회중을 길들이기는 쉽습니다. 하지만 진실한 믿음으로 인도하지 못합니다. 설교자가 불어넣어 준 죄책감이 아니라 스스로 말씀 앞에서 느낀 아픔이 회중을 변화시키고 진실한 믿음으로 인도합니다. 설교자가 할 일은 다만 우리가 하나님을 떠난 삶으로 스스로 불행을 자초하고 있다는 사실, 우리의 죄로 인해 하나님이 아파하신다는 사실, 우리가 어느 수준에 이르렀든지 만족하고 안주해서는 안 된다는 사실을 설득하고 느끼게 해주는 것입니다. 그것이 한 영혼을 진실한 회개로 인도합니다.

3) 감사

복음이 제대로 선포되면 회중에게 '감사'의 마음이 들어차게 되어 있습니다. 성 아우구스티누스의 『고백록』에서 가장 유명한 구절은 제1권 제1장에 나오는 "하나님, 하나님께서는 우리를 하나님을 위해 창조하셨습니다. 그렇기에 우리는 하나님께 돌아가기 전까지는 쉴 수 없습니다"라는 구절입니다.[13] 이 구절이 자주 인용되는 이유는 인간의 본질에 대해 가장 함축적인 말로 정확하게 요약해 놓았기 때문입니다. 하나님을 위해 창조되었고 그분께로 돌아가기 전까지는 쉴 수 없는 존재인데, 사탄의 유혹과 속임수를 핑계로 하나님께 등지고 살아가는 것이 인간의 실존 상태입니다. 그렇기에 온 존재가 죄로 물든 채로 하나님의 임재 앞에 설 때 인간은 두려움과 아픔을 느끼지만 동시에 깊은 안도감과 평화를 느낍니다. 마침내 올 것이 왔다는 느낌이 한편으로는 두려움을, 다른 한편으로는 안도감을 주는 것입니다. 객지를 떠돌던 나그네가 고향집에 돌아와 깊은 안도감을 느끼며 감사하는 것과 같습니다.

그뿐 아니라 예수 그리스도 안에서 죄의 문제를 해결받은 것을 경험하고 확인할 때마다 감사의 마음이 우리를 압도합니다. 자신의 죄를 위해 하나님의 아들이 십자가에서 대속제물로 바쳐졌다는 사실을 온 마음으로 인정하면 감사와 감격이 솟아납니다. 처음 은혜를 깨닫고 몇 시간 혹은 며칠 동안 눈물을 흘리며 우는 일도 흔히 일어납니다. 그 눈물에는 아픔과 감사가 함께 담겨 있습니다. 후회의 눈물인 동시에 감사의 눈물입니다. 이것은 인간의 논리로 설득할 수 없습니다. 설교자는 어쩔 수 없이 말로써 그 사건을 설명해야 합니다. 하지만 말로는 닿지 않는 것이 예수 보혈의 신비입니다. 그러므로 이 주제를 다룰 때는 더욱 기도해야 합니다. 성령께서 그 사실을 깨닫게 해주셔야만 가능한 일입니다. 인간의 논리로는 설명할 수 없는 구원의 비밀을 설교할 때 설교문은 하나의 도구일 따름입니다.

믿는 자의 삶 속에 역사하시는 성령의 활동 또한 감사의 원인입니다. 자신의 힘으로는 도무지 벗어날 수 없었던 죄의 굴레가 성령의 능력으로 느슨해져 있음을 느낄 때 얼마나 감사한지요! 과거에 나를 괴롭히던 죄가 더 이상 나를 흔들지 못한다는 사실이 얼마나 기쁜지요! 성령께서 나의 속사람을 변화시키셔서 하나님의 뜻을 사모하게 하시고 그 뜻을 행하게 하시는 것 또한 감사한 일입니다. 그리스도의 남은 고난에 나 같은 사람을 불러 참여하게 하시는 은혜도 감사의 원인입니다. 그리스도의 몸의 지체로서 나를 불러 주신 것도 감사의 조건입니다. 천지 창조로부터 재림에 이르는 하나님의 거대한 구원 역사를 보고 나를 그 안에 불러 주신 것을 생각해도 감사가 넘칩니다.

사실, 복음에 기초한 모든 설교는 결국 감사로 끝나야 합니다. 죄에 대한 설교도 결국은 감사로 마무리가 됩니다. 진정한 회개만큼 순수한 감사의 정을 솟아나게 만드는 것은 달리 없습니다. 심판에 대해 설교하는 경우에도 결론은 감사여야 합니다. 예수 그리스도 안에서 우리는 그 심판에서 이미 구원받았기 때문입니다. 만일 죄나 심판에 대한 설교가 감사로 마무리되지 않는다면 뭔가 잘못되어 있다고 보면 됩니다. 인간의 의도와 술수가 개입되었을 가능성이 큽니다. 어떤 주제도 예수 그리스도의 복음의 빛 안에서 벗어나면 진실한 감사를 경험할 수 없습니다.

4) 열정

복음이 제대로 선포되면 '열정'이 일어납니다. 말씀을 통하여 우리 안에 성령께서 활동하시기 때문입니다. 바울 사도는 "너희 안에서 행하시는 이는 하나님이시니 자기의 기쁘신 뜻을 위하여 너희에게 소원을 두고 행하게 하시나니"[빌 2:13]라고 말한 적이 있습니다. 여기서 하나님은 성령 하나님을 말합니다. 우리 안에서 성령께서 활동하시면 하나님의 기쁘신 뜻을 위한 열망이 일어난다는 뜻입니다. 성령이 '불'로 비유되는 이유가 여기에 있습니다. 무기력했던 사람에게 성령이 임하시면 불을 품은 사람처럼 뜨거워집니다. 아무런 생의 의지가 없던 사람에게 성령이 임하시면 뜨거운 생의 열정이 회복됩니다. 그러므로 설교가 복음을 제대로 담아낸다면 회중의 마음에 열정이 일어납니다.

복음의 열정은 무엇보다 하나님께 대한 열정입니다. 성부, 성자, 성령 삼위 하나님을 영화롭게 하고 그 뜻을 이루려는 소원이 삶의 가장 중요한 목적이 됩니다. 그런 사람에게 예배는 우선순위의 맨 앞에 옵니다. 다른 무엇보다 삼위 하나님을 높이는 예배를 중요하게 여깁니다. 예배는 더 이상 '은혜 받기 위한' 것이 아닙니다. 하나님께 영광을 돌리고 기쁘시게 해드리는 것이 예배의 초점이 됩니다. 따라서 설교가 복음을 제대로 선포하면 예배가 살아납니다. 공동 예배도 살아나고 개인의 사적 예배(경건 시간)도 살아납니다. 예배가 살아나면 매일 하나님과 동행하는 '삶의 예배'도 회복됩니다.

설교가 복음을 제대로 담아내면 또한 거룩한 삶에 대한

열정이 불타오릅니다. 거룩한 삶을 사는 것은 더 이상 심판을 피하기 위한 노력도 아니고 상을 얻자는 노력도 아닙니다. 성령께서 나의 본성과 기질과 취향과 성품을 바꾸어 주셨기에 그렇게 할 뿐입니다. 예수 그리스도의 장성한 분량에 이르기까지 자라 가는 것 자체가 기쁨이요, 내 안에서 맺어지는 성령의 열매를 보는 것이 기쁨입니다. 보디빌딩을 하는 사람이 몸매를 만들어 가는 기쁨으로 열정을 다하듯이, 믿는 사람은 거룩한 성품이 빚어지는 것을 보는 기쁨으로 거룩한 삶을 살아갑니다.

한 걸음 더 나아가, 설교가 복음을 제대로 담아내면 복음을 위한 희생에 열정이 생겨납니다. 고난의 비밀과 영광을 제대로 담아내야만 복음적 설교라고 할 수 있습니다. 축복과 번영만을 강조하고 개인적 행복에 몰두하게 하는 설교는 복음을 배반한 것입니다. 바울 사도는 그 사실을 이렇게 고백합니다.

내가 그리스도와 그 부활의 권능과 그 고난에 참여함을 알고자 하여 그의 죽으심을 본받아 어떻게 해서든지 죽은 자 가운데서 부활에 이르려 하노니빌 3:10-11.

예수 그리스도의 복음을 제대로 아는 사람은 자신이 구원받고 이 땅에서 영육 간의 복을 누리는 것으로 만족할 수 없습니다. 그 사람은 자신이 아는 복음을 다른 사람에게도 전해 주고 싶은 열정에 사로잡힙니다. 이 세상에 하나님의 나라가 임하는 것을 위해 불타는 심정을 가지게 됩니다. 이웃에 대한 사랑에 붙들립니다. 하나님의 마음이 있는 곳에 마음을 두고 하나님의 눈물이 있는 곳에 눈물을 뿌립니다. 주님께서 재림하셔서 새 하늘과 새 땅을 이루시기 전까지 한 영혼이라도 더 구원하시려는 하나님의 뜻을 위해 무엇이든 드리기를 갈망합니다. 때로는 그 열정이 목숨을 내어놓게 만듭니다. 영원의 비밀을 이미 알고 있기 때문입니다.

5) 희망

복음이 온전하게 선포되면 회중의 마음에 현재와 미래에 대한 '희망'이 들어찹니다. 복음은 지금 우리가 보고 아는 것이 전부가 아니라는 소식입니다. 우리의 삶은 우리가 다 알지 못하는 하나님의 거대한 구원 사건의 한 부분이며, 우리의 세상은 우리가 다 알 수 없는 하나님 나라의 일부입니다. 지금 우리 눈에 보이는 것이 전부가 아닙니다. 하나님께서 만들어 가시는 거대한 그림이 있습니다. 우리는 그 그림의 한 조각만 보기 때문에 실상을 제대로 알 수 없습니다. 그러므로 복음이 제대로 선포된다면 우리는 지금 우리를 붙들고 있는 근심과 걱정과 두려움을 내려놓고 하나님께 의지할 수 있습니다. 하나님의 다스림을 인정할 때 희망이 생깁니다. 하나님과 상관없이 물질적 조건에서만 생겨난 희망은 거짓 희망입니다. 반대로 물질적 조건 때문에 절망하고 있다면 그것 역시 속은 것입니다. 하나님 안에 머물러 있기만 하면 우리는 언제나 희망할 수 있습니다. 그것을 바울 사도는 이렇게 표현했습니다.

> 우리가 알거니와 하나님을 사랑하는 자 곧 그의 뜻대로 부르심을 입은 자들에게는 모든 것이 합력하여 선을 이루느니라 롬 8:28.

여기서 "모든 것"은 우리에게 일어날 수 있는 모든 일을 말합니다. 28절 앞에 나오는 말씀에서 바울은 특별히 고난을 언급하고 있습니다. 우리 눈에 재앙이라고 보이는 것들을 말합니다. 하나님을 사랑하여 그 다스림 안에 머물러 살아가는 사람들에게는 재앙처럼 보이는 일도 결국 "선" 곧 유익으로 변모한다는 말입니다. 이것은 바울 자신이 경험적으로 확인한 진실입니다. 이 진실을 믿는 사람은 결코 낙심하지 않습니다. 늘 감사하며 기뻐합니다. 어떤 상황에 처해도 희망을 놓지 않습니다. 결국 모든 것을 다스리는 분은 하나님이시며 그분 안에 있는 한 아무것도 우리를 넘어뜨리지 못하기 때문입니다.

그뿐 아니라 복음은 하나님이 다스리는 미래를 보게 합니다. 기독교 신앙은 본질적으로 종말론적입니다. '종말론적'

이라는 말은 시한부 종말론자들의 전유물이 아닙니다. 우주와 역사에 대한 하나님의 다스림을 믿는다는 뜻입니다. 그 뜻이 예수 그리스도에게서 결정적으로 드러났으며 그분의 재림으로 완성될 것을 믿는 것입니다. 그 믿음으로 오늘을 사는 것입니다.

오늘날의 강단에서 종말론은 침묵당하고 있거나 왜곡되고 있습니다. 이것은 중대한 문제입니다. 종말론적 믿음이 바탕에 깔리지 않은 책은 신약성경 안에 존재하지 않습니다. 다만 어떤 책은 종말론적 믿음으로 현재를 사는 것에 더 치중하고, 어떤 책은 종말에 대한 소망을 강조한다는 차이가 있을 뿐입니다. 기독교 역사 가운데 시한부 종말론자들과 극단적 종말론자들은 항상 존재했습니다. 그들이 만들어 내는 혼란과 문제에 대한 대안은 침묵이 아니라 '바른 종말론'을 설교하는 것입니다.

이 문제에 관하여 저는 톰 라이트의 『마침내 드러난 하나님 나라』Surprised by Hope를 추천합니다.[14] 요즘 칭의론 문제와 관련하여 톰 라이트의 신학에 대한 논쟁이 지속되고 있습니다. 저는 이 문제에 관한 한 새 관점 학파의 입장보다는 전통적 입장을 지지합니다. 저의 스승 중 한 분인 스티븐 웨스터홀름 Stephen Westerholm은 샌더스E. P. Sanders와 함께 가르칠 때부터 30년 넘게 전통적 입장을 변호해 오고 있습니다.[15] 샌더스가 새 관점

학파의 시조라고 할 수 있습니다. 톰 라이트는 여러 면에서 샌더스의 이론에 대해 비판적인데, 칭의론에 대해서는 샌더스의 입장을 수용하고 발전시키고 있습니다. 그런 점에서 비판을 받고 있습니다만, 신약성경의 종말론에 대한 이 책은 앞으로 고전으로 인정받게 될 것입니다. 종말론의 중요성을 생각할 때, 기독교 복음을 설교하는 모든 설교자에게 이 책을 붙들고 씨름하기를 권합니다.

톰 라이트는 '믿는 자들은 죽고 나서 천국 간다'는 대중적 종말론을 수정합니다. 믿는 자의 미래 종착역은 죽어서 가는 천국이 아니라 마지막에 일어날 '몸의 부활'이라고 강조합니다. 믿는 자가 죽은 후에 낙원에서 안식을 누리겠지만, 그것은 예수께서 재림하실 때 드러날 새 하늘과 새 땅에서 예수 그리스도의 부활에 참여하고 영원히 '왕 노릇'하게 될 것에 비하면 마치 '잠자는 것'과 같다고 말합니다. 그리스도인의 희망은 죽고 나서 가는 천국뿐 아니라 마지막에 이루어질 새 하늘과 새 땅이며 육신의 부활과 영원한 통치입니다. 그것을 참되게 믿는 사람은 이 땅에서 보고 듣고 생각하고 행동하는 것이 달라질 수밖에 없습니다. 그렇게 사는 사람에게는 그 무엇도 해칠 수 없는 희망이 불타게 되어 있습니다. 그래서 톰 라이트는 이 책의 제목을 'Suprised by Hope'^{희망으로 놀라다}이라 지었습니다.

종말론적 믿음이 만들어 내는 희망은 바울 사도의 고백

에 잘 표현되어 있습니다. 그는 전도자로 살면서 육신적으로 지독한 고난을 겪었습니다. 인간적으로는 절망과 낙심과 염려와 두려움으로 살 수밖에 없는 상황에 항상 머물러 살았습니다. 그럼에도 그는 다음과 같이 고백합니다.

> 우리가 사방으로 욱여쌈을 당하여도 싸이지 아니하며 답답한 일을 당하여도 낙심하지 아니하며 박해를 받아도 버린 바 되지 아니하며 거꾸러뜨림을 당하여도 망하지 아니하고 우리가 항상 예수의 죽음을 몸에 짊어짐은 예수의 생명이 또한 우리 몸에 나타나게 하려 함이라고후 4:8-10.

따분한 설교?

앞에서 말했듯이 이 다섯 가지가 복음이 불러일으키는 감정의 전부는 아닙니다. 그와 연관된 다른 감정도 많이 있습니다. 다만 중요한 것만을 설명한 것입니다.

설교자는 앞에서 소개한 다섯 가지 감정 중 하나 혹은 그 이상이 설교를 통해 일어나도록 힘써야 합니다. 감정을 조작하라는 뜻이 아닙니다. 선포되는 말씀의 칼날이 예리하고 표적이 정확하면 그런 일이 일어납니다. 성령께서 그 설교를 사용하여 필요한 감정을 일어나게 만듭니다. 그럴 때 회중은 움직입니다. 귀를 기울입니다. 눈빛이 달라집니다. 표정에 변화가 생깁니다. 몸이 꿈틀거립니다. 설교가 이런 변화를 만들어 내야만 합니다. 이런 설교는 결코 따분할 수도 지루할 수도 없습니다.『설교와 설교자』에서 마틴 로이드 존스가 한 말은 이 점에서 단호합니다.

> 설교자가 따분하고 지루하다는 것은 무언가 근본적으로 잘못되어 있다는 뜻입니다. 이런 주제들을 다루면서 어떻게 따분할 수가 있습니까? 저는 '따분한 설교자'라는 것 자체가 모순된 표현이라고 말하고 싶습니다. 따분한 사람은 설교자가 아닙니다. 강단에 서서 말하는 사람일 수는 있지만, 설교자는 확실히 아닙니다. 성경의 장엄한 주제와 메시지를 따분하게 전하기란 불가능합니다. 성경의 주제는 세상에서 가장 재미있고 흥분되며 흥미진진한 주제입니다. 이런 주제에 대해 따분하게 말하는 사람들이 있다면, 저는 그들 스스로 믿는다고 주장하며 옹호하는 교리를 진정으로 이해하고 있는지 심각하게 의심할 것입니다. 사람은 태도나 말투를 통해 은연중에 본색을 드러낼 때가 많이 있기 때문입니다.[16]

이것은 무엇을 의미합니까? 앞에서 말한 다섯 가지 감정이 먼저 설교자의 마음에서 일어나야 한다는 것입니다. 두려움, 아픔, 감사, 열정 그리고 희망의 감정이 설교자의 마음에 늘 일렁이고 있어야 합니다. 설교자에게 없는 감정을 말로써 혹은 논리로써 회중에게 일어나게 할 수 없습니다. 성령께서는 거룩한 감정으로 불타는 설교자를 들어 쓰셔서 회중의 마음에 불을 옮기시는 것입니다. 설교자의 마음에 이런 감정이 불타고 있다면 그의 설교가 맥없고 방향 없고 지루하고 따분하게 들릴 수 없습니다.

감정 파괴

또 한 가지 명심할 것은 설교자가 회중의 감정을 파괴할 수도 있다는 점입니다. 가장 전형적인 방식은 소위 '표적 설교' 입니다. 모든 설교는 사실 표적 설교입니다. 듣는 사람 각자가 '아, 이것은 나에게 주시는 말씀이구나!'라고 느껴야 합니다. 제 할머니께서 살아 계실 때 자주 그러셨습니다. 교회에 다녀 오시면 "아이구, 목사님이 어찌 그리 내 사정을 아셨다니! 오늘 말씀이 딱 나에게 하시는 말씀이더라!"고 말씀하시곤 했습니다. 겸손하게 말씀을 경청하는 사람들은 모두 그렇게 느껴야 합니다. 모든 설교는 바로 나를 위해 주는 말씀이어야 합니다. 그러니 그 목사님도 설교를 제대로 하신 것이고, 제 할머니께 서도 설교를 제대로 들으신 것입니다. 그런 설교는 감정을 순화시키고 변화시킵니다. 하지만 그것과는 다른 '나쁜' 표적 설교가 있습니다. 설교자가 의식적으로 회중의 일부를 표적 삼아 공격하는 설교가 그것입니다.

표적 설교는 회중의 감정을 파괴시킵니다. 교인들은 그것이 표적 설교라는 것을 압니다. 목사만 아니라고 우깁니다. 목사가 누군가를 표적 삼아 공격하고 있다고 느끼면 모두가 긴장을 합니다. 표적의 대상이 된 사람들은 그 설교를 듣고 회개하지 않습니다. 절대로 그런 일이 일어나지 않습니다. 회개는 성령께서 만들어 내시는 것입니다. 설교자가 회개하게 만들려 하면 오히려 반발합니다. 자신이 표적이 되었다고 생각하는 사람은 회개가 아니라 반격을 음모합니다. 다른 교인들도 그 설교를 듣고 좋아라 하지 않습니다. 목사에 대한 불신만 강해집니다. 백해무익한 것이 표적 설교입니다. 그런데도 그런 설교가 한국 교회 강단에서 얼마나 자주 선포되는지 모릅니다. 저는 표적 설교를 설교자의 폭력이라고 규정합니다. 반박의 기회가 주어지지 않는 일방적인 정죄는 폭력입니다. 그것은 성령의 인도하심을 따르는 것이 아니라 자신의 양심을 따르는 행동입니다.

설교가 '선전' 혹은 '선동'이 되는 것도 회중의 정서를 고갈시키는 원인입니다. 이 문제에 대해서는 첫 장에서 이미 언급했습니다. 설교는 순수히 하나님의 말씀이어야 합니다. 그런데 목회자들은 교회의 어떤 필요를 위해 설교를 선전의 도구로 삼으려 합니다. 설교자가 교회의 필요에 과도하게 붙들릴 때 이런 문제가 생깁니다. 교회 성장의 욕구에 과도하게 사로잡힌 목회자도 그런 잘못에 빠집니다. 어떤 행사를 앞두고 있을 때 임원들로부터 그 문제를 설교에서 다루어 달라는 청탁을 받을 때가 있습니다. 전도 행사를 앞두고 있을 때 혹은 수양회를 준비할 때 그것에 대해 설교해 달라고 부탁합니다. 저는 그런 부탁에 전혀 응하지 않습니다. 그런 문제는 광고 시간에 따로 다룹니다. 그렇게 함으로써 설교의 순수성을 유지하려고 노력합니다. 제가 어떤 필요를 따라 설교하는 것이 아니라 성령의 인도를 따라 설교한다는 사실을 교인들이 믿게 해야 합니다.

회중의 정서를 위한 배려

설교자는 예배 중에 회중이 마음을 다해 예배에 집중할 수 있도록 '예배 순서'와 '환경'에 세심한 배려를 기울여야 합니다. 설교자가 아무리 정성을 다해 준비했어도 회중이 집중할 수 없으면 그 모든 일이 허사가 될 수 있기 때문입니다. 저와 함께 사역했던 찬양 인도자가 찬양 사역자들에게 늘 하던 말이 기억납니다. "하나님께서는 오늘 회중을 위해 모든 것을 준비해 두셨습니다. 우리가 할 일은 하나님이 하시는 일의 방해자가 되지 않는 것입니다. 우리가 정성을 다하면 우리는 하나님이 하시려는 일의 통로가 될 것입니다." 저는 그 말에 전적으로 공감합니다. 예배로 모일 때 하나님께서는 성령을 통해 이미 모든 것을 준비해 두셨습니다. 예배를 인도하는 사람들은 하나님께서 준비한 모든 것이 회중에게 고스란히 전해지고 하나님을 향한 회중의 마음이 온전히 드려지도록 돕는 것입니다.

예배 순서는 예배신학적 근거를 따라 각 회중 혹은 상황에 맞게 조정할 수 있습니다. 예배 순서를 디자인하는 데 가장 중요한 것은 예배의 본질을 담아내는 것입니다. 예배의 본질은 성삼위 하나님을 높이는 것입니다. 정해진 시간 동안 하나님께 집중할 수 있도록 모든 순서를 짜야 합니다. 또한 예배 순서를 맡은 이들이 최선을 다해 준비하도록 요청해야 합니다.

보통 한국 교회 예배 순서 중에서 회중의 집중도를 가장 심하게 방해하는 것이 회중기도 혹은 대표기도입니다. 몇몇 중직들이 돌아가면서 담당하는데, 두려움과 떨림으로 준비해 오는 경우는 보기 드뭅니다. 제가 섬기는 교회에서는 회중기도와 성경봉독을 모든 교인이 순번을 따라 돌아가며 맡도록 했습니다. 순서를 맡은 사람에게는 주초에 회중기도 안내문이 전해지고 토요일까지 기도문을 작성하여 목사에게 보내도록 합니다. 검열을 하려는 것이 아니라 제대로 준비하게 하려는 것입니다. 그렇게 했더니 교인들이 예외 없이 정성을 다해 기도문을 써

옵니다. 가끔 수정을 요청하는 경우가 있는데, 한국 교회 분위기상 담임목사에 대한 기도가 지나칠 경우 혹은 용어를 잘못쓴 경우가 그 예입니다. 정치적인 문제를 너무 편협하게 표현할 때도 수정을 요청합니다. 하지만 열에 아홉은 수정이 필요없습니다. 그 결과, 회중기도는 교인들이 가장 기대하는 순서중 하나가 되었습니다.

한국 교회는 '즉흥 기도'가 제일 좋은 기도라고 생각하는 경향이 있습니다. 사적 기도 시간에는 그럴 수 있습니다. 하지만 사적 기도 중에도 좋은 기도문을 읽는 것은 큰 도움이 됩니다. 저는 아침 기도 시간에는 제가 편집한 『사귐의 기도를 위한 기도선집』에 수록된 기도문을 읽으며 기도드립니다.[17] 기도문 한 편을 읽고 잠시 묵상하면서 저의 말로 다시 기도합니다. 저의 침대맡에는 크리스토프 블룸하르트Christoph Friedrich Blumhardt의 『저녁 기도』Evening Prayers가 있습니다.[18] 잠자리에 들기 전에 한 편을 읽고 묵상한 후에 잠자리에 듭니다. 또한 일기에 기도문을 적기도 합니다. 사적 기도 시간에도 즉흥 기도가 제일 좋은 것은 아니라는 뜻입니다. 하지만 공적 기도에서는 즉흥 기도를 피하는 것이 좋습니다. 저의 경험으로 볼 때 강단에서 올려지는 즉흥 기도가 제 마음에 닿은 기억이 별로 없습니다. 아주 예외적으로 그럴 때가 있었는데, 그것은 기도하는 사람이 충분히 마음의 준비를 한 후에 기도의 자리에 섰기 때문입니다. 그러므로 그 기도는 즉흥 기도가 아닙니다. 글로 쓰지만 않았을 뿐 그것은 준비된 기도였고, 듣는 사람들의 마음을 터치한 것입니다.

저도 항상 목회 기도를 작성하고 마음을 담아 읽어 올립니다. 목회 기도 분량은 한 페이지의 3분의 2를 넘지 않게 합니다. 짧지만 목회 기도에 담아야 할 내용을 모두 담으려 하다 보니 기도문 작성에 시간이 많이 걸립니다. 보통 30분에서 한 시간 정도 걸립니다. 여러분 가운데는 '굳이 그렇게까지 할 필요가 있는가?'라는 생각을 하실 분이 있을 것입니다. 저는 그럴 만한 충분한 가치가 있다고 믿습니다. 그렇게 기도에 정성을 다하는 것이 교인들에게는 하나의 모범이 됩니다. 또한 상투적인 언어로 지루하게 이어지는 목회 기도는 회중의 마음을 붙잡지 못합니다. 마음을 담아 미리 작성된 기도문은 회중의 마음을 끌어당깁니다. 회중이 귀를 기울이고 마음에 담습니다. 목회 기도를 기다리게 만듭니다.

듀크 대학교에서 은퇴한 스탠리 하우어워스는 사십 대 중반부터 강의에 들어가기에 앞서 매번 기도문을 작성하여 기도했다고 합니다. 기도를 마치고 나면 학생들이 기도문의 사본을 요청하곤 했고 그것이 나중에 책으로도 발간되었습니다.[19] 여기에 실린 기도문 중 일부를 저의 『사귐의 기도를 위한 기도 선집』에 번역하여 수록하기도 했습니다. 이 기도집은 하우어워스의 그 어떤 책보다 그의 신학과 사상과 영성을 보여줍니다. 그는 기도문 작성에 대해 이렇게 말합니다.

> 나는 기도를 즉흥성에 맡기지 않는다. 대부분의 '즉흥 기도'spontaneous prayer는 분석해 보면 결코 자연스럽지 않다. 많은 경우 "주님, 그저 주께 구하오니" 같은 흔한 문구들을 포함해, 틀에 박힌 말만 되풀이하게 된다. 그런 문구들은 거짓 겸손의 몸짓이다. 우리가 원하는 것은 그리 대단하지 않으니 하나님이 우리가 원하는 것을 주셔야 한다고 말하는 것이다. 하나님이 우리를 그런 "그저"에서 구해 주시기를 기도한다.
>
> 그래서 나는 수업시간 전에 시간을 내어 기도문을 작성하기 시작했다. 종종 기도문을 쓰는 것이 강의 내용 작성보다 시간이 더 걸렸다. 그 과정에서 나는 내가 말하는 방식으로, 분명하고 솔직하게 기도한다는 것을 발견했다. 기도문 작성은 내게 기도 그 자체였는데, 기본적인 규칙은 어쭙잖게 하나님이나 우리를 보호한답시고 진실을 외면하지 않는 것이다.[20]

저는 예배 중에 사회자가 마이크를 사용할 때 외에는 회중과 같은 방향을 보게 합니다. 그것은 일종의 상징입니다. 모두가 하나님을 향해 한 방향으로 향하고 있음을 눈으로 보게 해주는 것입니다. 또한 사회자 역시 회중의 한 사람으로 예배를 드리게 됩니다. 예배에 참여한 모두가 예배자가 되게 하려는 의도입니다.

예배 중에 부르는 찬송은 교회력과 그날의 주제를 따라 고릅니다. 저는 설교 후에 부르는 결단 찬송을 고르는 데 특별한 정성을 기울입니다. 찬송가의 가사가 설교의 주제와 맞아떨어질 때 정서적 감동이 매우 강력해지기 때문입니다. 우리 찬송가에서 찾을 수 없을 때는 현대 찬양 가운데서도 고릅니다. 제가 섬기는 교회는 전통예배를 드리고 있으나 필요할 때는 현대 찬양을 부릅니다. 그렇게 함으로써 설교에 대한 응답과 결단을 강화시키려고 노력합니다. 목회자들이 찬송 선곡에 별 신경을 쓰지 않는 경향이 있음을 간혹 경험합니다. 외부 강사를 초청할 때 성경 본문과 설교 제목 그리고 찬송을 한두 곡 골라 달라고 청하면, 열이면 아홉은 "찬송은 알아서 고르십시오"라고 말합니다. 설교와 파토스를 고려할 때 그것은 큰 것을 잃는 것입니다.

예배실의 분위기도 회중의 파토스에 무시 못할 영향을 미칩니다. 예배실에 앉았을 때 마음이 차분히 가라앉고 기도에 몰입할 수 있도록 준비하는 것이 좋습니다. 그것은 꼭 큰 예배실이나 비싼 가구로 되는 것이 아닙니다. 화려하게 치장된 예배실은 오히려 몰입을 방해합니다. 작은 상가 건물 안의 예배실이라도 꾸미기에 따라서 큰 예배실보다 더 좋은 예배 공간이 될 수 있습니다. 저는 개인적으로 예배실 정면과 벽에 두는 표어나 구호 혹은 성경구절이 적힌 현수막이 회중의 정서에 부정적 영향을 미친다고 생각합니다. 예배실을 선전장처럼 만들어 놓기 때문입니다. 게다가 천편일률적으로 찍어내는 현수막은 너무 값싸 보입니다. 개신교가 가톨릭에 비해 품격이 떨어지는 이유 중 하나는 예배실 분위기 때문입니다. 물론 사람마다 선호하는 것이 다를 수 있겠지만, 예배실이 구호와 선전으로 채워지는 것은 바람직하지 않습니다.

예배에 임하는 설교자의 표정과 몸짓 그리고 의상도 정서적으로 영향을 미칩니다. 설교자가 예배 전에 산만해지지 않도록 조심해야 합니다. 아무리 급한 일이 있어도 예배 전에 회의를 하는 일이 없도록 해야 합니다. 그런 일로 설교자의 주의가 흐트러지면 안 됩니다. 마음과 정성을 다해 예배에 집중하도록 설교자는 최선을 다해야 합니다. 존 웨슬리는 아무리 바빠도 주일 아침에는 몸과 마음과 영혼이 최상의 상태에 있도록 자신을 관리했다고 합니다. 그것이 설교자들의 과제입니다. 설교는 음성으로만 전하는 것이 아닙니다. 표정, 음성, 눈빛, 자세, 기분 등의 모든 요소들이 회중의 정서에 영향을 줍니다. 설교자가 최선을 다하고 있다는 사실을 느낄 때 회중도 그 예배에 최선을 다하게 되는 것입니다. 그럴 때 하나님의 은혜가 부어집니다.

이제, 우리 시대에 가장 존경받는 신학자요 설교자였던 존 스토트의 저작에 수록된 글 한 대목을 인용함으로 파토스에 대한 이야기를 마치려 합니다.

제임스 블랙James Black도 비슷한 말을 했습니다. "최고의 설교는 언제나 무르익은 정신이 자연스럽게 흘러넘치는 것이고, 성장의 경험이 표현되는 것이다. 좋은 설교는 만드는 것이 아니라 우러나오는 것이다." 저는 '흘러나옴'과 '흘러넘침'이라는 두 단어가 좋습니다. 참된 설교는 피상적인 활동이 아닙니다. 참된 설교는 깊은 곳에서 솟아납니다. 우리 안에 성령의 생명이라는 샘이 없다면 생수의 강은 우리에게서 결코 흘러나오지 못합니다. 우리의 입은 마음에 가득하여 흘러넘치는 것을 말할 뿐입니다.[21]

부디, 우리의 내면에 성령의 생명이 늘 흘러넘치기를 기도합니다. 설교를 통해 그 생명력이 회중에게 전달된다면 우리는 인간에게 주어진 가장 고귀한 소명을 수행하고 있는 것입니다. 진정한 설교를 통해 이루어지는 일들은 다른 어떤 것으로도 대신할 수 없기 때문입니다. 그러기에 우리는 설교 본문을 준비하기 전에 우리의 인격과 영성과 정서가 말씀을 담아내기에 부족하지 않도록 노력을 다하는 것입니다.

4
로고스

설교와 본문 사이

본문 연구와 묵상 그리고 설교 구상과 구성

이제 마지막으로 '로고스'에 대해 말씀드리겠습니다. 헬라어 '로고스'λόγος는 '말'을 의미합니다. 말하는 데 사용되는 '언어' 혹은 '문자'를 가리키는 헬라어 단어는 따로 있습니다. 로고스는 언어 혹은 문자를 사용하여 어떤 생각을 '표현한 것'을 가리킵니다. 그래서 주로 복수말들, 로고이[λόγοι]로 사용됩니다. 이 단어는 나중에 유럽 언어들의 발전 과정 가운데 유입되면서 '논리' 혹은 '이론'이라는 의미로 확장됩니다. '논리'라는 의미의 영어 단어 'logic'이 여기서 나왔고, '이론' 혹은 '학문'을 가리키는 대부분의 전문 용어에 사용되는 '-logy'라는 어근 역시 여기서 나왔습니다. 예컨대, 신학theology은 '신'theos에 관한 이론 혹은 논리logos라는 뜻입니다.

아리스토텔레스는 『수사학』에서 에토스와 파토스에 이어 로고스를 다룹니다. 말하는 사람이 청중에게 미치는 영향에서 말의 내용, 어휘, 표현 방식 그리고 논리 등의 역할에 대해 논한 것입니다. 그는 로고스에 대해 아주 간략하게 정의합니다.

한편 각 대상에 대해 설득력 있는 것들로부터 참된 것이나 참되어 보이는 것을 증명할 경우에 사람들은 말 자체를 통해 믿게 된다.[1]

누군가에게 말을 할 때 우리는 무심코 말의 내용 혹은 말하는 방법에 대해 생각을 합니다. 또한 '수사학'이라는 말을 들으면 거의 본능적으로 '생각을 표현하는 방법'을 생각하게 됩니다. 이렇듯 보통은 말하는 방법론이 제일 중요하다고 생각하지만, 아리스토텔레스는 수사학에 대해 이야기하면서 에토스와 파토스를 논한 다음에 로고스를 논합니다. 말하는 사람의 인격과 그 사람의 정서 그리고 청중의 정서가 말의 내용보다 더 중요하다는 뜻입니다.

그렇다고 해서 로고스를 무시하라는 뜻은 아닙니다. 에토스 곧 존재만으로도 우리는 다른 사람에게 영향을 미칠 수 있습니다. 하지만 그 존재의 내용이 적절한 말로 표현되면 더 큰 힘을 미칠 수 있습니다. 잠언에는 적절한 말에 대한 지혜가 자주 나옵니다. 그중에도 잠언 25:11이 가장 잘 알려져 있습니다.

경우에 합당한 말은 아로새긴 은 쟁반에 금 사과니라.

참 기가 막힌 표현입니다. 적절한 때에 적절한 말로 표현된 생각은 값비싼 은 쟁반에 놓인 금 사과처럼 귀하다는 뜻입니다. 또한 건강한 파토스에 단단한 로고스가 겸해지면 등걸에 붙은 불처럼 강력한 영향력을 발휘합니다. 로고스가 부실한 파토스는 아무리 강해도 "솥 밑에서 가시나무가 타는 소리"와 같습니다^{전 7:6}. 로고스는 공들여 쌓은 에토스가 전달되는 통로이며 건강한 파토스가 사용할 도구입니다.

이 원리는 설교에도 그대로 적용됩니다. 하지만 설교의 로고스에 대해 생각할 때는 아리스토텔레스가 말한 로고스(말의 형식과 내용)뿐 아니라 성경이 말하는 로고스(하나님의 말씀)를 고려해야 합니다. 앞에서 언급했듯이 로고스는 일반적으로 복수로 사용됩니다. 하지만 요한복음 1:1-3에서는 이 단어의 단수가 사용되었고 그 앞에 정관사를 붙여 놓았습니다.

태초에 [그] 말씀이 계시니라. 이 말씀이 하나님과 함께 계셨으니 이 말씀은 곧 하나님이시니라. 그가 태초에 하나님과 함께 계셨고 만물이 그로 말미암아 지은 바 되었으니 지은 것이 하나도 그가 없이는 된 것이 없느니라.

"태초의 [그] 말씀"은 우리가 말하고 듣는 '말들'로고이과는 전혀 다른 것입니다. 그 모든 것의 근원이 되는 말씀 곧 진리의 본체를 가리킵니다. 진리의 본체인 '그 말씀'은 사물이 아니라 인격입니다. 하나님과 함께 계셨고 그 자체로 하나님이시며 천지 창조에 참여하신 인격적 존재입니다. '그 말씀'이 살을 입고 우리 가운데 임하셨으니 그분이 바로 예수 그리스도이십니다. 우리 인간은 '그 말씀'에 의해 창조된 존재들입니다. 그렇기 때문에 말로써 표현하는 것은 인간 존재의 근본적 속성 중 하나입니다.

　　토마스 아퀴나스가 지적한 것처럼, 인간의 정신은 우리가 알지 못하는 깊은 차원에서 진리 곧 '그 말씀'과 연결되어 있습니다. 죄로 인해 그 연결 고리가 약해지고 때로는 끊어지기도 하지만 모든 인간에게는 진리에 대한 근원적 갈망과 감각이 있습니다. 그런 갈망과 감각이 언어를 만들어 냅니다. 인간의 언어가 동물의 언어 혹은 단순한 소음과 같은 차원으로 전락하기도 합니다. 하지만 모든 인간의 내면은 '그 말씀'을 향해 있고, 인간의 모든 말들은 '그 말씀'에서 나오고 '그 말씀'을 흉내 낸 것이라 할 수 있습니다. 설교의 존재 이유 중 하나는 '그 말씀'을 향한 인간의 근원적 갈망입니다. '그 말씀'에서 흘러나오고 '그 말씀'을 지향한다는 점에서 설교는 인간의 모든 표현 형식 중에서 독특한 지위와 권위를 가집니다.

이 점에서 우리는 현재 강단에서 선포되고 있는 설교들을 돌아보아야 합니다. 과연 오늘날의 설교들은 '그 말씀'에 잇대어 있습니까? '그 말씀'을 향해 있습니까? 설교의 권위와 무게와 품격은 바로 '그 말씀'에서 나옵니다. 아무리 화려한 미사여구를 사용하고 좋은 인용구들로 치장을 하고 강력한 논리로 무장한다 해도 '그 말씀'에 잇대어 있지 않다면, 그리고 '그 말씀'을 향해 있지 않다면 설교의 자격을 잃습니다. 그런 점에서 본다면 '근본'을 알 수 없는 설교 혹은 갈 곳을 찾지 못하고 표류하는 설교들이 얼마나 많은지 모릅니다. 목사에게서 나오고 목사에게로 향하는 설교는 얼마나 많으며, 교회의 필요에서 나오고 교회의 필요를 향하는 설교는 또한 얼마나 많습니까? 그런 문제로 인해 설교에서 초월성이 사라지고 천박해지는 것입니다.

☐ 설교의 출발점, 성경 본문

성경을 믿는가?

성경은 '그 말씀'을 위한 책이요 '그 말씀'의 책입니다. 마르틴 루터가 성경을 예수님이 누워 계시는 말구유에 비유했는데, 성경 안에서 만나야 할 대상이 바로 예수 그리스도라는 뜻입니다. 따라서 설교가 '그 말씀'에서 나오고 또한 '그 말씀'을 향해 있으려면, '성경 본문'에서 시작해야 하고 그 본문을 제대로 다뤄야 합니다. 인간의 말이 하나님의 말씀을 담을 때 참된 설교가 가능해집니다.

이런 점에서 본다면, 성경을 대하는 설교자의 태도가 매우 중요하다는 사실을 알 수 있습니다. 여러분 중에는 근본주의적 배경에서 자라 온 분도 있을 것이고, 진보주의적 배경에서 교육받은 분도 있을 것이며, 신학적 혹은 교리적으로 중간 지점에서 자라 온 분들도 있을 것입니다. 성경의 영감 그리고 성경의 권위에 대해 여러분이 가지고 있는 입장이 어떻든지 상관없이 설교자는 반드시 성경 말씀의 권위와 능력에 대해 확고한 신념을 가지고 있어야 합니다. 여기에 대해서는 두 말씀을 인용하는 것으로 충분할 것입니다. 첫 번째는 디모데후서 3:15-17입니다.

또 어려서부터 성경을 알았나니 성경은 능히 너로 하여금 그리스도 예수 안에 있는 믿음으로 말미암아 구원에 이르는 지혜가 있게 하느니라. 모든 성경은 하나님의 감동으로 된 것으로 교훈과 책망과 바르게 함과 의로 교육하기에 유익하니 이는 하나님의 사람으로 온전하게 하며 모든 선한 일을 행할 능력을 갖추게 하려

함이라.

여기서 바울 사도가 말하는 "성경"은 구약성경을 가리
킵니다. 이 편지가 쓰여질 때 신약성경은 아직 존재하지 않았
습니다. 하지만 이것은 우리에게 주어진 신약성경에도 적용되
는 말씀입니다. "그리스도 예수 안에 있는 믿음으로 말미암아
구원에 이르는 지혜가 있게" 한다는 점에서, 구약성경은 간접
적으로 말씀하고 있는 반면 신약성경은 직접적으로 말씀하고
있기 때문입니다. 그래서 교회는 구약성경보다 더 무거운 의미
와 권위를 신약성경에 부여했습니다. 사실, 이것은 교회의 결
정이었지만 또한 성령의 결정이었습니다.

설교자는 신약과 구약의 말씀이 "하나님의 감동으로 된
것"임을 믿어야 합니다. "하나님의 감동으로 된"에 해당하는
헬라어 '데오프뉴스토스'θεόπνευστος는 직역하면 '하나님이 숨을
불어넣은'이라는 뜻입니다. 성경에서 '숨'은 성령을 상징합니
다. 성경의 문자 안에 하나님께서 성령을 불어넣으셨다는 뜻입
니다. 그러므로 성경을 읽는 사람 혹은 해석하는 사람은 성경
의 문자를 통해서 하나님의 살아 있는 숨을 찾아야 합니다. 성
령 곧 진리의 영은 '그 말씀'을 만나게 하고 깨닫게 하는 분입
니다. 그렇게 할 때 말씀은 살아 움직입니다. 말씀의 살아 있는
능력에 대해서는 히브리서 저자가 잘 드러냈습니다.

하나님의 말씀은 살아 있고 활력이 있어 좌우에 날선 어떤 검보다도 예리하여 혼과 영과 및 관절과 골수를 찔러 쪼개기까지 하며 또 마음의 생각과 뜻을 판단하나니 지으신 것이 하나도 그 앞에 나타나지 않음이 없고 우리의 결산을 받으실 이의 눈앞에 만물이 벌거벗은 것같이 드러나느니라히 4:12-13.

설교 사역을 하다 보면 이 말씀이 진실이라는 사실을 거듭 경험합니다. 성경 말씀을 읽고 묵상하는 중에도 말씀의 살아 있는 능력을 경험하지만, 설교를 통해 말씀에 불어넣어진 하나님의 숨이 움직일 때 그 어떤 형식의 말로도 불가능한 일이 이루어집니다. 자신의 죄를 깨닫는 가운데 통회하고 자복하기도 하고, 오래된 마음의 상처를 치유받기도 하며, 구원의 기쁨에 사로잡히기도 하고, 세상에서 얻을 수 없는 평강을 얻기도 합니다. 벗어날 수 없었던 죄에서 해방되기도 하고, 상상도 하지 않았던 소명을 받기도 합니다. 문득 하나님의 장구한 구원 역사 안에 있는 자신을 발견하기도 합니다.

몇 년 전 일입니다. 어느 교우께서 예배 중에 자신에게 일어났던 경험을 전해 주셨습니다. 그분의 부친은 한국 기독교 역사에서 아주 중요한 일을 하신 분인데, 불행하게도 오십 대의 나이에 세상을 떠났습니다. 그분의 따님이 은퇴하신 후에 제가 섬기는 교회로 옮겨 오셨습니다. 이사 오신 후 얼마 지나지 않아서 운명의 장난처럼 그분이 절대 마주치고 싶지 않은 사람이 교회에 등록했습니다. 바로 그분의 아버지를 과로와 스트레스로 죽음에 이르게 한 장본인의 자녀였습니다. 그 사람을 만날 때마다 '내 아버지를 죽게 한 원수의 아들놈'이라는 생각에 피가 거꾸로 솟아올랐습니다. 사실, 아버지를 보낸 후에 그 한이 명치끝에 뭉쳐서 응어리를 품고 살아온 세월이 50년도 넘었습니다. 그러니 고민이 깊을 수밖에 없었습니다. 그 일로 교회를 떠날 수는 없는 일이고, 마주칠 때마다 피가 거꾸로 솟으니 말입니다. 그분은 하나님께 "제발 이것 좀 가져가 주십시오. 제발 이 문제 좀 해결해 주십시오" 하고 간구했습니다.

그렇게 몇 주일 지난 어느 날, 설교를 경청하고 있는데 50년 동안 그분의 가슴 중앙에 뭉쳐 있던 응어리가 마치 데워진 프라이팬에 놓인 버터가 녹아내리듯이 스르르 풀어지는 것을 느꼈습니다. 모태신앙인으로 평생 교회를 다녔지만 그런 경험은 처음이었습니다. 그분은 옆에 앉은 친구에게 기대어 "내 손 좀 잡아 줘! 내가 이상해"라고 도움을 청했습니다. 잠시 후에 그 응어리는 완전히 사라졌고 그분은 그것이 하나님께서 주신 은혜임을 깨달았습니다. 그리고 그날로부터 그 사람을 향한 앙심이 온데간데없이 사라졌습니다. 얼마 후에는 그 부부를 초청하여 식사를 나누며 화해를 했습니다. 그분은 "내가 평생 하나님을 믿어 왔는데, 하나님의 말씀이 살아 계신 줄은 이번에 절실히 깨달았습니다"라고 고백하셨습니다.

이것이 말씀의 능력입니다. 그 응어리는 아무리 탁월한 상담가라 해도 해결하지 못했을 것입니다. 그 어떤 약으로도 되지 않는 문제였습니다. 말씀을 통해 성령께서 역사하시니 그런 기적이 일어난 것입니다. 설교자는 성경 말씀이 제대로 선포될 때 그와 같은 사건이 일어난다는 사실을 믿어야 합니다. 그것을 기대해야 합니다. 물론 그것은 우리가 일어나게 만들 수 있는 것이 아닙니다. 성령께서 당신의 주권하에 결정하실 일입니다. 우리는 다만 성령의 역사를 기대하며 말씀을 제대로 섬기도록 최선을 다하는 것입니다. 분명한 사실은 성령께서 우리가 원하는 것보다 더 간절히 설교를 통해 역사하시기를 원하신다는 것입니다. 많은 경우 문제는 설교자가 성령의 역사를 방해하는 데 있습니다.

침묵당하는 성경

제가 신학 공부할 때 읽었던 책 가운데 제임스 스마트 James D. Smart의 『왜 성서가 교회 안에서 침묵을 지키는가』*A Strange Silence of the Bible in the Church*라는 책이 있습니다.[2] 오래된 책입니다만 여전히 읽어 볼 만한 가치가 있습니다. 원제를 그대로 옮기면 '교회 안에서 성경이 침묵하는 이상한 현상'이 됩니다. 여기서 저자는 미국 교회 안에서 성경이 침묵당하고 있는 이상한 상황에 대해 논합니다. 알고 보면 이상한 일이 아닙니까? 성경의 목소리가 가장 제한 없이 들려져야 하는 곳이 교회여야 하는데 정반대의 현상이 일어나고 있는 것입니다.

동일한 문제를 저명한 구약학자인 월터 브루그만이 매우 새롭고 예리하게 분석합니다. 그는 『텍스트가 설교하게 하라』*The Word Militant*에서 이렇게 말합니다. "우리는 '성경의 권위'라는 말을 입에 달고 살지만 실은 텍스트의 목소리를 묵살시키라고 배워 왔습니다." 그의 분석에 의하면 이 현상은 자유주의권과 보수주의권에서 동일하게 일어나고 있습니다. 다만 이유와 성격이 조금씩 다릅니다. 그 대목을 인용해 봅니다.

> 한편으로 잘 교육받은 자유주의자들은 역사비평을 이용해 텍스트의 목소리를 이런저런 식으로 회피한 나머지, 텍스트에서 손을 놓을 때면 우리 목소리만 남고 그 권위 있는 목소리는 사라지고 없습니다. (중략) 이와 반대로, 보수주의자들 역시 텍스트가 너무 위험하다고 보거나 문젯거리라고 생각합니다. 그래서 텍스트가 주는 위험을 피하기 위해 역사비평이 아니라, 텍스트를 신학 체계 속에 잠기게 하여 그 위험한 목소리를 잃게 하고 그 위험성과 동떨어진 어떤 지적인 설명의 시녀로 만들어 버립니다.[3]

앞에서 말했듯이, 여러분 중에는 진보주의적 배경에서 자란 분들도 있을 것이고 보수적 환경에서 자란 분들도 있을 것입니다. 월터 브루그만은 그중 어떤 사람도 안심할 수 없게 만듭니다. 진보든 보수든 그동안의 신학 교육이 서로 다른 방식으로 텍스트의 목소리를 억압하거나 왜곡하도록 오도했기 때문입니다. 우리 모두는 그러한 환경에서 만들어진 결과물입니다. 브루그만은 우리가 우리의 텍스트를 침묵시킬 때 다른 텍스트가 그 자리를 점령하게 된다고 경고합니다. 소설, 영화, 드라마 혹은 시시한 이야기로 대치된다는 것입니다. 실로 그렇습니다. 텍스트의 권위 있고 '위험한' 목소리가 있으나 마나 한 '길들여진' 목소리로 대치되는 것입니다.

텍스트가 침묵하게 된 가장 큰 이유는 설교자들이 성경 본문에 대한 존중심을 잃었기 때문입니다. 설교자는 말씀을 섬기는 사람입니다. 하지만 많은 설교자들이 말씀을 자신의 도구로 삼습니다. 회중은 목사의 말을 듣고 싶은 것이 아니라 말씀을 통해 들리는 성령의 음성을 듣고 싶어 합니다. 사람을 참되게 변화시키는 능력은 인간의 말에 있는 것이 아니라 말씀을 통해 역사하시는 성령의 능력에 있습니다. 그런데 설교자는 그 엄청난 능력의 샘을 막아 놓고는 하찮은 인간의 이야기로 강단을 채웁니다.

제가 2년 동안 뉴저지 지역에 있는 작은 백인 교회에

서 목회한 적이 있습니다. 부임한 지 서너 달쯤 지난 어느 날, 그 교회에서 평생을 지냈다는 팔십 대 노인이 제게 "나는 당신의 설교가 좋습니다"라고 말했습니다. 저는 호기심에 그분에게 물었습니다. "제 설교의 무엇이 좋습니까?" 그랬더니 그분이 "당신은 성경을 가지고 설교하니까요"라고 답하십니다. 저는 흥미로움을 느끼며 다시 물었습니다. "그럼 목사가 성경을 가지고 설교하지 무엇을 가지고 설교한단 말입니까?" 그러자 그분이 대답하십니다. "아닙니다. 그동안 제가 만난 목사님들은 하나같이 그저 '괜찮은 이야기'just nice stories를 들려주었습니다. 설교 시간에 성경을 펼쳐 보고 싶게 만든 사람은 제 어릴 적 만났던 목사님 이후로 당신이 처음입니다." 이것은 미국 주류 교회의 상황을 단적으로 말해 주는 일화입니다. 브루그만의 지적이 진실이라는 사실을 여기서 확인하게 됩니다.

많은 설교자들이 오해하고 있는 사실이 몇 가지 있습니다. 첫째는, 교인들이 성경을 잘 알고 있으리라는 생각입니다. 이 점에서는 한국 교인들이 미국 교인들보다 훨씬 낫습니다만 한국의 상황도 점점 악화되고 있습니다. 성경을 알고 있다고 생각하는 사람들도 대부분 피상적으로 알고 있을 뿐입니다. 둘째는, 교인들이 성경의 이야기에는 관심이 없고 뭔가 새로운 이야기를 듣고 싶어 한다고 오해합니다. 저의 경험으로는 정반대입니다. 교인들은 성경의 이야기에 관심이 많습니다. 또한 성경 말씀에 권위를 부여합니다. 성경 말씀을 제대로 담아낸 설교에는 교인들이 마음을 담아 응답합니다. 문제는 설교자가 성경의 세계 안으로 회중을 안내해 들이지 못하는 데 있습니다. 성경 본문에 대한 설교자의 이해가 회중의 그것보다 더 깊지 않은 경우도 있습니다. 그렇기 때문에 귀 기울이지 않는 것입니다. 설교자가 본문에 대한 연구와 깊은 묵상으로 말씀 안으로 회중을 인도해 들일 때, 그들은 다른 어떤 이야기보다 더 관심을 가지고 경청하며 또한 응답할 것입니다.

성경 본문을 무시하는 경우

설교 중에 성경 본문이 언급되고 있다는 사실 하나만으로 성경이 존중받고 있다고 단정할 수는 없습니다. 성경 본문을 비중 있게 다루는 것 같지만 실은 성경을 무시하는 경우는 얼마든지 있습니다. 중요한 모임에 꼭 와야 할 사람을 초청하지 않는 것도 그 사람을 무시하는 일이지만, 초청해 놓고 그 사람에게 걸맞은 예우를 해주지 않는 것도 무시하는 것입니다. 그럴 경우 초청받지 않은 것보다 더 심한 모욕감을 느끼게 될 것입니다. 이렇듯 성경 본문을 다루기는 하지만 실제로 무시하는 것과 다름없는 몇 가지 경우가 있습니다.

첫째, 본문을 '증거 본문'proof-text으로만 사용하는 경우입니다. 설교자가 제시하려는 주장에 대한 증거로써 성경 말씀을 인용하는 것을 말합니다. 사실, 이것은 강력한 논증 방식 중 하나입니다. 신약성경에도 구약성경을 증거 본문으로 사용한 경우가 많습니다. 사복음서 저자도 그랬고 바울도 그랬으며 히브리서 저자도 그랬습니다. 그러므로 필요할 때 이러한 논증 방식을 사용하는 것은 바람직한 일입니다. 문제는 설교자가 강조하려는 주장과 증거 본문의 의미가 너무나 자주 일치하지 않는다는 데 있습니다. 또한 인용한 성경 본문에 대한 해석 없이 피상적으로만 사용합니다.

한국 교회 강단에서 가장 자주 증거 본문으로 사용되는 말씀이 "내게 능력 주시는 자 안에서 내가 모든 것을 할 수 있느니라"빌 4:13는 말씀입니다. 설교자들은 이 말씀을 '전가의 보도'처럼 휘두릅니다. 하지만 이 말씀의 앞뒤 문맥을 보면 바울 사도가 여기서 말한 "모든 것"은 궁핍한 상황에서도 짓눌리지 않고 풍족한 상황에서도 타락하지 않도록 자신을 지키는 것을 가리킵니다. "능력 주시는 자" 곧 주님께서 주시는 '자족의 능력'으로 그럴 수 있습니다. 참으로 아이러니 하게도 '만사형통' 혹은 '물질 축복'에 대한 믿음을 강조할 때 설교자들은 이 본문을 증거로 끌어다 씁니다. 바울 사도의 의도를 뒤집어 놓는 것입니다.

또 하나의 예는 "무엇이든지 원하는 대로 구하라. 그리하면 이루리라"요 15:7는 말씀입니다. 자주 증거 본문으로 인용되는 말씀으로, 회중으로부터 "아멘!"이라는 응답을 이끌어 내는 데 강력한 무기입니다. "무엇이든지 원하는 대로"라는 말은 회중의 귀에 솔깃합니다. 하지만 이 말씀 앞에 붙어 있는 "너희가 내 안에 거하고 내 말이 너희 안에 거하면"이라는 전제를 무시합니다. 포도나무 가지가 줄기에 붙어 있듯이 우리가 주님 안에 거하고 주님의 말씀이 우리 안에서 역사하면 우리의 거친 욕망은 순화되고 정화됩니다. 그런 상태에서 "무엇이든지" 구하라는 것입니다. 그러면 구하는 대로 이루어진다는 것입니다. 이 전제를 언급하지 않고 뒷부분만 증거 본문으로 사용하는 것은 주님의 말씀을 왜곡하는 죄입니다.

설교자는 자신의 주장을 출발점으로 삼지 말아야 합니다. 주제 설교를 할 경우에는 주제를 먼저 선택하고 그에 맞는 본문을 찾아야 합니다. 그럴 경우에도 성경 본문의 권위를 우선시해야 합니다. 주어진 주제에 대해 성경 본문이 말씀하는 바를 찾아야 합니다. 본문 연구와 묵상을 통해 드러나는 진리가 자신의 주장과 일치하지 않을 때 자신의 주장을 내려놓을 수 있어야 합니다. 또한 설교에서 인용하는 모든 성경 본문에 대해 충분히 연구해야 합니다. 앞뒤 문맥을 살피고 그 본문의 원뜻이 무엇인지를 확인해야 합니다. 그런 사전 연구를 통해 선택된 주제와 본문의 의도가 일치한다는 확신이 들 때에만 증거 본문으로 사용할 수 있습니다.

둘째, 본문을 피상적으로 다루는 것도 본문을 무시하는 한 방법입니다. 많은 설교자들이 너무나 안이하게 설교 본문을 선택합니다. 그렇게 되면 설교자가 잘 알고 있는 본문만을 다루게 되고, 본문을 붙들고 씨름하지 않게 됩니다. 그 본문에 대해 이미 다 알고 있다고 생각하기 때문입니다. 성경 말씀의 신비 중 하나는 기도와 묵상과 연구를 통해 파면 팔수록 더 깊은 차원이 드러난다는 점에 있습니다. 그것이 설교를 준비하는 과정에서 맛보는 기쁨이요, 설교를 경청하는 사람들을 전율하게 만드는 요소입니다. 너무도 잘 아는 본문을 너무도 뻔한 말로 설교하면 설교자는 권태감에 빠지게 되고 회중은 기대감을 내려놓습니다. 이것은 모두를 영적 죽음으로 몰고 가는 큰 잘못입니다. 설교자로서 경력이 길어질수록 이렇게 할 위험과 유혹이 더욱 강해지므로 각별히 조심해야 합니다.

이러한 점에서 볼 때, 설교자가 어떤 정해진 원칙과 기준을 따라 본문을 선택하는 것이 좋습니다. 교회력에 따른 성서일과를 따르는 것도 좋고, 자기 나름의 순서와 진도를 만들어 차례를 따라가며 설교하는 것도 좋습니다. 그렇게 할 때 설교자는 생소한 본문과 씨름하여 전에 맛보지 못했던 생수를 길어 올리는 기쁨을 맛봅니다. 그런 습관이 들면 익숙한 본문을 대할 경우에도 같은 방식으로 씨름하게 됩니다.

셋째, 본문을 통해 자기가 하고 싶은 말을 하는 것 역시 본문을 침묵시키는 방법입니다. 이것은 앞에서 말한 증거 본문식의 오용과는 조금 다른 방식입니다. 설교자가 자신의 주장을 위해 본문을 왜곡하는 것입니다. 영어로 성경 본문에 대한 '주석'을 'exegesis'라고 하고 '해석'을 'exposition'이라고 합니다. 둘 다 '안에서 밖으로'를 뜻하는 접두사 'ex'를 사용하고 있습니다. 주석은 성경 안에 숨어 있는 의미를 밖으로 끌어내는 것이고, 해석은 그 의미를 회중의 자리에 위치시키는 작업입니다. 그런데 많은 경우에 설교자가 자신의 의도에 성경 본문을 끼워 맞추려고 합니다. 학자들은 그것을 'eisegesis'자기 해석라고 부릅니다. '안에서 밖으로'라는 뜻의 접두사 'ex'를 '밖에서 안으로'라는 뜻의 접두사 'eis'로 바꾼 것입니다. 본문에 없는 뜻을 설교자가 본문에 끌어들이는 것입니다. 그렇게 함으로써 성경에 담긴 하나님의 숨을 질식시킵니다.

'은혜만 전해지면 됐지' 혹은 '목적만 옳으면 그만이지'라는 식의 사고방식이 설교자들 중에 널리 퍼져 있습니다. 그런 사고방식 때문에 성경 본문을 침묵시키거나 왜곡시킵니다. 그것은 매우 근시안적인 생각입니다. 이러한 설교가 자주 반복되면 설교에 대한 교인들의 신뢰가 무너져 버립니다. 목사가 자기가 하고 싶은 말을 위해 성경 말씀까지 마음대로 왜곡한다는 인상을 주기 때문입니다. 교인들은 목사를 신뢰하는 것이 아니라 목사가 딛고 서 있는 성경 말씀을 신뢰하는 것입니다. 그러므로 설교자는 철두철미하게 본문을 존중하고 본문에서 만나는 하나님의 숨에 순종해야 합니다.

본문과 설교의 관계

본문과 설교와의 관계를 크게 세 가지 유형으로 나누어 볼 수 있습니다. 아마도 여러분이 매 주일 선포하는 설교는 이 셋 중 하나에 속할 것입니다.

첫째, 주제를 먼저 정하고 본문을 선택하는 유형입니다. 이 글을 쓰는 동안 저는 '왜 믿음인가?'라는 제목의 연속 설교를 하고 있습니다. 모태신앙인이나 오래 신앙생활을 해온 분들은 처음의 신앙고백을 회복하도록 돕고, 처음 믿는 분들은 분명한 신앙고백에 이르게 하려는 단기 프로젝트입니다. 복음의 핵심 주제를 따라 지난주에는 '하나님의 존재'에 대해 설교했고 다가오는 주에는 '하나님 나라'에 대해 설교할 계획입니다. 그리고 이어서 '죄'와 '예수 그리스도'에 대해 순차적으로 설교할 계획입니다. 이렇게 설교할 경우에는 주제를 먼저 정하고 성경 본문은 나중에 정합니다.

이런 설교 유형의 경우에는 성경 전체에 대한 폭넓은 이해가 필요합니다. '통독'과 '다독'을 통해 성경의 본문을 많이 알고 있어야 합니다. 우리의 두뇌는 기가 막힌 컴퓨터입니다. 어떤 주제를 입력하면 우리 속에 저장되어 있는 성경 말씀이 검색됩니다. 경우에 따라 구글 검색보다 더 빠르고 정확하게 주제에 맞는 본문들을 찾아내기도 합니다. 컴퓨터의 도움을 받아 관련 본문들을 조사하는 것도 좋은 방법입니다. 그 본문들을 주의 깊게 읽으면서 어떤 본문이 제일 적절한지를 선택합니다. 주제를 중심으로 설교할 때는 꼭 하나의 본문만을 사용할 필요는 없습니다. 주제를 설명하고 이해시키는 데 필요한 여러 본문을 적절하게 사용할 수 있습니다. 다만 앞에서 말한 대로, 선택한 본문을 증거 본문으로 다루지 않도록 충분히 연구해야 합니다.

둘째, 자신이 은혜 받은 본문을 가지고 설교하는 유형입니다. 아마도 이것이 가장 보편적인 유형일 것입니다. 이 방법의 장점은 설교자 자신이 먼저 은혜를 받았기 때문에 파토스가 확보된다는 점입니다. 설교자가 확신을 가지고 선포할 수 있고 뜨거움을 불어넣을 수 있습니다. 본문에 대한 묵상 시간이 줄어든다는 이점도 있습니다. 설교 준비 과정에서 가장 많은 시간과 노력을 요하는 것이 본문을 연구하고 기도하고 묵상하여 먼저 은혜를 경험하는 것입니다. 그것이 이미 확보된 상태에서 설교 준비를 시작하는 것은 비교적 수월한 일입니다.

하지만 문제도 많습니다. 세 가지 문제를 지적할 수 있습니다. 우선, 편식의 문제입니다. 목사의 영적 기호에 따라서 성경의 일부만이 다루어집니다. 그렇게 되면 10년 동안 같은 회중을 대상으로 설교한다 해도 신구약 66권 가운데 한 번도 다루지 않은 책이 있을 수 있습니다. 목사의 관심사와 기호가 어쩔 수 없이 한편으로 기울기 때문입니다. 그것은 교인들의 영적 건강에 유익하지 않습니다. 따라서 이 방법을 사용할 때는 설교자가 성경을 골고루 그리고 균형 있게 읽고 묵상하도록 노력해야 합니다. 또한 의식적으로 성경 본문과 주제를 다양하게 만들도록 노력해야 합니다. 그렇지 않으면 회중이 영양실조에 빠지거나 영적 비만의 질병을 얻을 수 있습니다.

또 하나는 안일함의 문제입니다. 어떤 본문으로부터 은혜를 받았다 싶은 순간 더 이상의 분투를 하지 않는 경향 때문입니다. '큐티식'의 피상적인 은혜로는 깊은 영적 만남으로 이끌지 못합니다. 거기서 만족하지 말고 더 깊이 들어가야 합니다. 저는 그 과정에서 새로운 샘물이 터지는 것을 자주 경험합니다. 그럴 경우에는 먼저 가졌던 생각을 내려놓습니다. 그것은 암반수에서 터져 나온 물이 아니라 지표면에 흐르던 흙탕물일 가능성이 크기 때문입니다.

이 방식의 가장 심각한 문제는 설교자의 의도가 의심받을 수 있다는 점에 있습니다. 특히 설교를 통해 예민한 이슈를 다루거나 회중의 일부가 표적이 되어 공격당한다고 느낄 때면

'일부러 이 본문을 찾아냈구나!'라는 의심을 받습니다. 실제로 그런 경우가 많습니다. 설교자도 인간인지라 자신이 처한 상황에서 성경을 읽게 됩니다. 그렇게 성경을 읽다 보면 자신의 입장을 하나님께서 두둔해 주시는 듯한 느낌을 받을 때가 있습니다. 그럴 경우 설교자들은 '성령께서 이 말씀을 주시는구나!'라고 생각하면서 담대하게 말씀을 전합니다. 하지만 회중은 전혀 다르게 상황을 받아들입니다. 때로는 설교자가 순수하게 읽고 은혜 받은 말씀을 나누었는데도 그렇게 오해받습니다.

셋째, 정해진 본문을 따르는 유형입니다. 가장 대표적인 예가 '렉셔너리'lectionary 곧 교회력에 따른 성서일과(성서정과)를 따르는 것입니다.[4] 렉셔너리는 3년 동안 교회력을 따라서 성경 전체를 골고루 읽을 수 있도록 준비된 것입니다. 요즘 들어 렉셔너리의 중요성이 강조되고 있고, 또 많은 분들이 따르고 있는 것 같습니다. 하지만 대부분의 경우 약식으로 사용합니다. 제대로 하자면 그 주일에 정해진 본문들 곧 구약, 서신 그리고 복음서를 다 읽어야 합니다. 설교 중에는 그중 하나의 본문에 집중하지만 가급적 다른 두 본문도 언급하려고 노력합니다. 그것이 렉셔너리 설교의 정석입니다.

정석이라고 해서 꼭 그대로 따라야 하는 것은 아닙니다. 개신교 예배 분위기상 세 개의 성경 본문을 예배 중에 봉독하는 것은 회중을 지루하게 만들 수 있습니다. 설교자가 매 주일 세 개의 본문을 붙들고 씨름하여 하나의 설교를 구성해 내는 것도 보통 일이 아닙니다. 본부에서 기본적 설교 자료가 하달되는 가톨릭교회에서나 가능한 일입니다. 혹은 일주일 동안 설교 준비에 몰두하는 설교자라면 가능할 것입니다. 그러나 대부분의 개신교 목회자들은 설교 외에도 감당해야 할 중요한 목회 활동이 많습니다. 그래서 차선책으로 세 개의 본문 중에서 하나만을 택하여 설교하는 방안을 택합니다. 그렇기 때문에 렉셔너리를 따른다 해도 편식은 피할 수 없습니다.

정해진 본문을 따르는 또 다른 방식은 '연속 설교' 혹은 '순서 설교'입니다. '렉시오 콘티누아'*Lectio continua* 곧 성경의 한 책을 선택하여 차례대로 설교하는 방식입니다. 저는 요한복음을 두 해에 걸쳐 연속으로 설교한 적도 있고, 한 해 동안 전교인 성경일독을 함께하면서 매 주일 지난주에 읽은 성경 본문 중 하나를 택하여 설교하는 방식을 택해 보기도 했습니다. 사순절 특별 새벽기도회 중에는 항상 그렇게 합니다. 이 방식에는 여러 가지 장점이 있습니다.

우선, 설교자와 회중이 일관된 흐름을 따라갈 수 있어서 좋습니다. 연속 설교를 마치고 나면 마치 과목 하나를 이수한 것과 같이 '하나라도 제대로 아는' 결과를 만들어 낼 수 있습니다. 또한 회중이 설교에 몰입하기 시작하면 설교에 대한 기대감과 집중도가 한결 높아집니다. 물론 잘못하면 오히려 기대감을 떨어뜨리는 결과를 초래할 수도 있습니다.

　　설교 중에 다양한 주제를 다룰 수 있다는 장점도 있습니다. 하나의 책을 정하고 그 순서를 따라가다 보면 설교자가 생소한 주제를 다루게 될 경우도 있고 피하고 싶은 주제를 다루게 될 때도 있습니다. 어떤 사람은 사회 정의 문제를 거북해하고, 어떤 사람은 지옥이나 심판의 문제를 다루기를 꺼립니다. 어떤 사람은 성화에 집중하고, 어떤 사람은 칭의에 집중합니다. 어떤 사람은 현재적 종말론에 기울어져 있고, 어떤 사람은 미래적 종말론에 기울어져 있습니다. 따라서 설교자가 자신의 기호를 따르다 보면 회중이 그러한 경향에 지배받게 됩니다. 다시 강조하지만, 설교자는 자신의 신학을 설교하는 사람이 아니라 공교회의 신앙을 전하는 사람입니다. 그러므로 자신의 신학적 경향에 제한받아서는 안 됩니다. 정해진 본문을 따라 설교하는 것은 이러한 문제를 예방해 줍니다.

　　설교자가 담대하게 선포할 수 있고 회중이 설교자의 진의를 의심할 만한 여지를 허락하지 않는다는 것도 장점입니다. 뜬금없이 돈에 대해 설교를 하면 '오늘은 헌금을 강조하시려는구나. 교회 재정에 무슨 문제가 있는 건 아닐까?'라고 생각하는 사람들이 있습니다. 반면, 순서를 따르면 회중은 그런 의심을 하지 않습니다. 물론 설교자가 그것을 기회로 삼아 작심하고 과욕을 부리는 것은 큰 잘못입니다. 오직 진리를 전한다는 순수한 마음으로 말씀을 준비하고 담대하게 선포해야 합니다.

이 유형에는 약점도 있습니다. 우선, 교회력의 변화를 설교에 반영하기 어렵다는 점입니다. 때로는 정해진 순서대로 따라가는 가운데 교회력과 본문의 주제가 정확하게 맞아떨어집니다. 그럴 때면 거룩한 전율을 경험합니다. 하지만 그렇지 않을 때가 더 많습니다. 그럴 경우, 설교자는 교회력의 변화를 느끼게 해줄 만한 다른 노력을 해야 합니다.

또 하나의 문제는 회중이 예배에 임하는 자세의 변화에 있습니다. 오늘날의 회중은 과거처럼 주일 성수에 대한 의식이 강하지 않습니다. 젊은 가족이나 어느 정도 안정되게 사는 가정은 연휴마다 여행을 떠납니다. 그것이 중산층 삶의 로망이 되어 가고 있고, 제가 살고 있는 미국은 그러한 경향이 더 강합니다. 또한 현대인의 삶의 형편이 주일마다 충실하게 예배드릴 수 없도록 변해 가고 있습니다. 연속 설교 혹은 순서 설교는 앞뒤의 흐름 안에서 진행되는 것이기에 이러한 상황이 자주 어려움을 만들어 줍니다. 요즘에는 인터넷을 통해 지난 설교를 언제든 들을 수 있기에 그나마 조금 나은 편입니다. 하지만 설교를 준비하는 사람 입장에서는 그런 상황이 늘 불편합니다. 그래서 저는 사순절 새벽기도회처럼 지속적 참여가 보장된 자리에서 이 방식을 사용합니다.

마틴 로이드 존스처럼 하나의 책을 선택하여 수년 동안 세밀하게 강해하는 것은 대단한 인내심과 노력을 필요로 합니다. 이 방식은 '한 말씀에 제대로 붙들리면 모든 말씀에 통한다'는 신념 위에 서 있다 할 수 있습니다. 그 신념에 일리가 있습니다만, 한 사람의 목회자가 평생 성경의 일부 책에만 몰두하는 것이 최선인지는 생각해 볼 일입니다. 청교도 신학자인 조지프 캐릴Joseph Caryl은 욥기를 가지고 24년 동안 424편의 설교를 했다고 합니다. 이것은 극단적인 경우라 할 수 있습니다. 성경의 여러 책을 다루느라 하나도 제대로 다루지 못하는 것보다 하나라도 제대로 다루는 것이 낫다고 생각한다면 이렇게 할 수 있을 것입니다. 만일 이 방법을 택한다면 설교자와 회중의 편식을 보완해 줄 만한 방법을 찾아 실행해야 할 것입니다.

　　세 유형 중에서 어느 하나만이 옳다고 생각하지 않습니다. 간혹 무조건 렉셔너리를 따라야 한다고 주장하는 분들도 있지만, 저는 그렇게 생각하지 않습니다. 가장 중요한 문제는 각 유형의 장단점을 고려하여 신실하게 말씀을 섬기고 그것을 통해 회중을 섬기면 됩니다. 정직하게 기도하십시오. 그러한 가운데 여러분이 가장 잘할 수 있고 교인들에게 가장 적절한 방식이 무엇인지를 찾으십시오. 그리고 앞에서 말한 약점들을 잘 고려하여 보완하도록 노력하십시오. 한 가지 유형만 고집하지 말고 다른 유형의 설교도 때로 시도해 보십시오. 그것이 여러분의 지평을 넓히는 일이 될 것입니다.

☐ 본문 연구와 묵상

본문 탐색

이제 본문을 선택한 다음 어떻게 본문으로부터 설교로 진행해 나갈 것인지의 문제를 생각해 보겠습니다. 우선, 본문을 탐색해야 합니다. 선택한 본문을 여러 번 읽는 것으로 시작합니다. '여러 번'이라는 횟수도 중요하지만 깊이가 더 중요합니다. 이 단계에서 반드시 원문을 읽어야 한다고 주장하는 분들이 많습니다. 저는 신약성경의 경우 원문을 읽는 사람입니다만, 그것을 필수라고 주장하고 싶지는 않습니다. 번역본도 많이 나와 있고 또한 믿을 만한 주석도 넉넉하기 때문에 그런 자료들을 잘 활용하면 원문을 읽지 못해도 큰 문제는 없습니다.

원문을 읽지 못한다면 탐색 과정에서 서너 개의 번역본을 대조하면서 꼼꼼히 본문을 체크해야 합니다. 다행히 지금은 우리말로 읽을 수 있는 성경 번역본만 해도 여럿입니다. 공인 번역본만 해도 『개역개정판』, 『새번역』 그리고 『공동번역』이 있습니다. 여기에 사역 성경도 있고, 유진 피터슨^{Eugene H. Peterson}

의 『메시지』*The Message*도 번역되어 있습니다.[5] 영어나 다른 언어를 읽을 수 있다면 선택지는 더욱 많아집니다. 신약성경의 경우 저는 J.B. 필립스의 사역 성경을 자주 참고하고, 최근에는 톰 라이트의 사역 성경도 참고합니다.[6] 요즘은 인터넷 검색을 통해서도 쉽게 번역본을 비교해 볼 수 있습니다. 대한성서공회 홈페이지에 접속하면 기본 탐색을 위한 충분한 자료를 찾을 수 있습니다.

'해설 성경' 혹은 '스터디 성경'에 대해서는 주의를 요청합니다. 시중에 다양한 종류의 해설 성경 혹은 스터디 성경이 출시되어 있습니다만, 불행하게도 그것들 중에는 상업적 목적으로 허술하게 제작된 것들이 있습니다. 책임 감수자로 명망 있는 학자의 이름을 달아 놓았지만 실제 해설을 쓴 사람들이 누구인지 모르는 경우도 있습니다. 또한 편집위원회가 책임 있게 신학적으로 검토하지 않은 경우도 있습니다. 이 분야에 훈련받은 사람으로서 그 성경들의 일부를 조사해 보고는 크게 놀랐습니다. 기준도 없고 원칙도 없이 이곳저곳에서 정보를 모아 짜깁기한 정도의 책들이 끼어 있었기 때문입니다. 따라서 충분히 알아보고 선택하시기 바랍니다. 사실 이런 종류의 책은 평신도의 기본적 이해를 돕기 위한 것이지 설교자를 위한 자료는 아닙니다. 설교자에게 해설 성경은 좋은 시작은 될 수 있으나 거기서 만족하는 것은 바람직하지 않습니다.

그렇게 선택한 자료를 가지고 본문을 탐색할 때 네 가지 측면에서 점검해야 합니다. 우선, 본문의 '문학적 양식'을 점검해야 합니다. 시를 감상하는 방법과 소설을 읽는 방법이 같을 수 없습니다. 신문 기사를 읽는 방식과 고대 신화를 읽는 방식이 같다면 둘 중 하나를 오독하고 있는 것입니다. 성경 안에는 다양한 문학 양식이 포함되어 있습니다. 이야기도 있고 율법 조문도 있고, 시도 있고 잠언도 있고, 예언도 있고 묵시도 있고, 편지도 있고 설교도 있습니다. 따라서 선택한 본문의 문학 양식을 분별하고 그 양식에 맞는 방식으로 읽어야 합니다.

다음으로, '문학적 흐름'을 점검해야 합니다. 한 단어는 속해 있는 문장 안에서 제대로 파악되고, 한 문장은 속해 있는 단락 안에서 그 의미를 드러내며, 한 단락은 속해 있는 장 안에서 그 의미가 드러나는 법입니다. 따라서 선택한 본문에만 집중하지 말고, 본문의 앞뒤 내용을 읽고 전체 흐름을 보아야 합니다. 또한 책 전체의 흐름 가운데 살펴보기도 해야 합니다. 때로는 앞뒤 맥락이 본문 자체보다 더 중요한 열쇠를 품고 있습니다.

셋째로, '역사적 배경'을 점검해야 합니다. 역사적 배경이라는 말에는 지리적 혹은 문화적 배경까지 포함됩니다. 선택한 본문이 역사적 사건이라면 반드시 배경 역사를 점검해야 합니다. 신약학자인 케네스 E. 베일리Kenneth E. Bailey는 이 점에서 탁월한 공헌을 한 사람입니다. 그의 책 『중동의 눈으로 본 예수』*Jesus Through Middle Eastern Eyes*는 성경을 당시의 문화적 배경에서 읽는 것이 얼마나 중요한지를 알게 해줍니다.[7] 바울의 편지도 바울과 그 교회 사이의 관계를 생각할 때 그 의미가 더욱 선명해집니다. 심지어 시편조차도 역사적 배경에서 볼 때 새로운 의미가 드러나는 경우가 많습니다.

마지막으로, '신학적 이슈'를 점검해야 합니다. 신학적 혹은 교리적으로 중요한 논쟁의 초점이 되어 온 본문들이 있습니다. 가령 로마서 1:16-17은 루터의 종교개혁에서 중대한 의미를 가졌던 본문입니다. 또한 마태복음 16:17-19은 가톨릭교회와 개신교회의 오랜 논쟁의 초점이었습니다. 이러한 본문들은 그 신학적 이슈를 점검하는 것이 좋습니다. 필요하다면 그 본문과 관련된 신학 논쟁 혹은 교리 논쟁을 공부해야 합니다. 그럴 경우에 설교의 지향점을 좀 더 분명히 할 수 있습니다. 또한 중요한 교리적 문제에 대해 회중을 교육시킬 계기를 마련할 수도 있습니다.

본문 묵상과 공부

본문을 여러 번 읽고 내용을 충분히 숙지한 다음에는 '묵상'을 시작합니다. 아니, 본문을 읽고 탐색하는 동안 이미 묵상은 시작되어 있어야 합니다. 그 묵상의 초점은 두 가지입니다.

1. 본문은 원독자들에게 어떤 메시지를 전했는가?(What did the text mean for the original readers?)
2. 그 메시지는 나의 회중에게 어떤 의미를 가지는가?(What does the text mean for my congregation?)

설교자는 반드시 첫 번째 질문에 먼저 답해야 합니다. 그것은 설교를 위한 기초 작업입니다. 이러한 작업을 거치지 않고 곧바로 두 번째로 넘어가면 본문의 의도와 상관없는 메시지를 선포하기 쉽습니다. 그런 다음, 설교자는 과거의 그 메시지가 오늘 나의 회중에게 어떤 의미를 가지는지 물어야 합니다. 본문의 핵심 메시지와 회중 사이에 접촉점을 찾지 못하면 허공을 치는 설교가 되어 버립니다. 연관성을 찾아내야 합니다. 설교에 관한 존 스토트의 저작 가운데 『현대 교회와 설교』*Between Two Worlds*라는 책이 있는데, 원제를 그대로 옮기면 '두 세계 사이에서'입니다.[8] 설교에서 접촉점 혹은 연관성이 얼마나 중요한지를 암시하는 제목입니다.

묵상의 단계에서는 답이 바로 혹은 쉽게 나오지 않습니다. 앞에서도 말씀드렸지만, 이 단계에서 '아, 이거면 좋겠다!'

싶었는데 본문을 연구하면서 그것이 아니라는 사실을 발견하기도 합니다. 그렇더라도 묵상을 통해 이 질문에 답하려고 노력해야 합니다. 어떤 주제를 마음에 두고 본문 연구를 시작하는 것과 막연히 본문 연구를 시작하는 것은 다릅니다. 본문을 읽고 묵상하는 중에 '이 본문의 주제는 이런 것이 아닐까? 그런 주제라면 교인들에게 이렇게 접근할 수 있지 않을까?'라는 정도의 '감'을 가지고 연구를 시작하면 좋습니다. 물론 그것은 연구를 진행하면서 바뀔 수도 있고 보다 심화될 수도 있습니다.

설교 준비 과정에서 가장 오래 지속되어야 할 과정이 본문에 대한 묵상입니다. 묵상의 과정은 한 단계에서 끝나는 것이 아니라 설교를 선포할 때까지, 아니 그 이후까지도 계속되어야 합니다. 본문과 회중 사이의 접촉점을 확실하게 포착한 다음에는 또 다른 방식의 묵상이 지속되어야 합니다. 그러므로 이 단계에서의 묵상은 '예비적 묵상'이라고 이름 붙일 수 있을 것입니다.

그런 다음, 본문에 대한 연구를 시작합니다. 이 단계에서는 '공부 모드'로 들어가야 합니다. 책상으로 돌아가야 합니다. 탐색 단계에서는 통합적으로 본문을 보았다면 이 단계에서는 분석적으로 읽어야 합니다. 본문에 관련된 모든 것들을 파악할 수 있도록 세심하게 연구해야 합니다. 선택한 본문을 복사하여 단어 하나하나, 문장 구조 그리고 전체적 구조 등을 표시하면서 공부하는 것도 도움이 됩니다. 주석을 통해 확인해야 할 단어와 요점들을 메모하는 것도 필요합니다. 그런 다음 도움을 받기 위해 주석을 펼칩니다.

시중에는 수많은 성경 주석이 출시되어 있습니다. 이 경우에도 제대로 된 주석을 찾을 만한 분별력이 필요합니다. 무책임한 엉터리 주석이 너무도 많기 때문입니다. 믿을 만한 주석은 적어도 세 가지 조건을 충족시켜야 합니다.

첫째, 주석자가 원문을 다룰 수 있는 사람이어야 합니다. 모든 설교자가 원문을 직접 읽을 필요는 없지만, 원문을 제대로 다루고 있는 주석의 도움을 받는 것은 필수입니다. 원문을 읽을 줄 모르는 사람은 주석자로서 가장 기본적인 조건을 갖추지 못한 것입니다. 우리말로 읽을 수 있는 주석 중에 원문에 대한 분석이 제대로 되어 있지 않은 것들이 많습니다. 또한 소위 '강해'라는 이름으로 발행된 주석들은 대부분 원문을 다루지 않고 있습니다. 그런 주석들은 쉽게 읽고 쉽게 도움을 받을 수 있지만 오도할 가능성이 큽니다.

둘째, 역사비평 방법의 기초 위에 있어야 합니다. 제가 공부할 때만 해도 보수주의 혹은 복음주의권에서는 역사비평 방법에 대한 부정적 입장이 지배적이었습니다. 하지만 지금은 제한적으로 역사비평 방법의 연구 결과를 수용하는 추세입니다. 역사비평 방법의 해석학적 입장에 대해서는 동의하지 않더라도 그 연구 방법으로 밝혀진 사실들은 성경의 본문을 이해하는 데 도움이 되기 때문입니다. 물론 역사비평 방법이 성경 본문을 연구하는 유일한 혹은 최선의 방법은 아닙니다. 하지만 그것이 바른 주석의 기초라는 사실은 인정해야 할 것입니다. 역사비평 방법의 가장 큰 미덕은 '본문의 배경을 밝혀 준다'는 것입니다. 문화적 배경, 문학적 배경 그리고 역사적 배경을 진지하게 다룹니다. 한때 설교자들이 선호했던 '영해 주석'은 역사를 완전히 무시하고 초월적 메시지만을 찾았습니다. 역사로부터의 분리는 본문 왜곡의 첫걸음입니다. 반면, 『국제성서주석』처럼 역사비평 방법만을 고수했던 주석들은 그 유용성을 인정받지 못하여 실패하고 말았습니다.[9] 유익한 주석이 되려면 역사비평 방법의 연구 결과들을 선별적으로 수용한 바탕 위에서 신학적 해석으로 나아가야 합니다.

셋째, 신학적으로 균형 잡혀 있어야 합니다. 신학적 편향성이 지나친 주석은 경계하는 것이 좋습니다. 지나치게 근본주의적이거나 지나치게 자유주의적인 주석은 설교자를 오도할 가능성이 큽니다. 종말론에 대해 저자의 생각이 편향되어 있다면 당연히 주석에 반영될 것이고 본문에 대한 왜곡이 일어날 수 있습니다. 물론 신학적 편향성이 없는 주석이란 없습니다. 인간은 누구나 어떤 전제를 갖고 삽니다. 주석자들도 마찬가지입니다. 우리는 모두 자신이 선 자리에서 모든 것을 보게 되어 있습니다. 따라서 신학적으로 중도적이고 균형 잡힌 사람의 주석을 찾는 것이 중요합니다.

스스로 분별할 능력이 없으면 믿을 만한 다른 사람의 도움을 받으면 됩니다. 백석대학교에서 구약학을 가르치시는 류호준 교수님의 홈페이지 '무지개성서교실'에 게시된 리스트는 추천할 만합니다.[10] 그분은 성경의 66권 각각에 대해 우리말로 번역되었거나 저작된 주석 가운데 참고할 만한 것들을 추천해 놓았습니다. 국내외 신학자의 주석을 골고루 소개하고 있는데, 그 리스트에 포함된 것 중에서 한두 권을 고른다면 안전할 것입니다. 주석을 구입할 때는 한 저자 혹은 한 출판사에서 나온 전집을 한꺼번에 구입하는 것보다는 성경의 각 책에 따라 신뢰할 만한 학자의 주석을 구입하는 것이 보다 안전합니다.

영문 자료를 읽는 분들에게는 'The Text This Week'www.textweek.com를 추천합니다. 여기에는 렉셔너리에 제시된 모든 성경 본문들에 대한 고대 주석과 현대 주석이 모아져 있습니다. 저는 렉셔너리를 따르지 않을 경우에도 이 사이트에 들어가 관련된 주석을 찾아 읽습니다. 성경 본문 색인을 통해 관련 링크가 잘 정리되어 있기 때문입니다. 설교문과 영상 자료, 음악까지 제시하고 있으며, 성경 관련 영화와 예술 작품 관련 색인도 살펴볼 수 있습니다. 모든 자료가 꾸준히 업데이트되고 있고 별도의 회원비가 없으니, 이 사이트만 잘 이용해도 굳이 돈을 들여서 주석을 구입할 필요가 없습니다. 이와 유사한 사이트로 'Bible.org' www.bible.org에도 방대한 자료가 있습니다. 'The Text This Week'는 신학적으로 진보와 복음주의권에서 운영하고 있고, 'Bible.org'는 보수 진영에서 운영하고 있습니다.

우리 선배들이 설교에 가장 큰 도움을 받았던 주석은 『바클레이 성서 주석 시리즈』입니다.[11] 당시 윌리엄 바클레이 William Barclay는 신뢰할 만한 신약학자였습니다. 그는 매 단락의 주석 끝에 항상 세 개의 교훈 lessons을 제시했습니다. 삼대지 설교가 대세인 지난 시대에 그의 주석은 영어권에서도 각광을 받았습니다. 설교자들이 본문을 이해하고 설교로 나아가는 길을 쉽게 만들어 주었기 때문입니다. 그래서 이 주석은 '토요일 밤의 총알'이라는 별명을 얻었습니다. 설교 준비가 안 될 때 이 주석의 내용을 가져다 쓰면 그런대로 '선방'할 수 있었기 때문입니다. 이제는 이 주석을 찾는 손길이 점점 줄어들고 있습니다. 존 드레인 John W. Drane이 이 주석을 보완하고 수정하여 출판했는데, 과거의 인기를 회복하지 못하고 있습니다.[12] 하지만 여전히 유용한 주석입니다.

윌리엄 바클레이의 자리에 새로운 강자가 나타났습니다. 우리 시대에 가장 신뢰받는 신학자 중 하나인 톰 라이트입니다. 신약학자인 그는 『톰 라이트 에브리원 주석 시리즈』를 완간했고 우리말로도 전권이 번역되어 있습니다.[13] 신약학자로서 저도 은퇴 후에 이런 주석을 내고 싶었습니다. 아마도 신약학자라면 누구나 한 번은 꿈꿔 보는 일이지 않을까 싶습니다. 이 주석에서 톰 라이트는 각 성경 본문에 대한 단락별 해설을 제시합니다. 흥미로운 일상적 이야기로 시작해서 본문에 대한 해설로 이어 가는데, 그 해설을 읽는 동안 본문의 중요한 메시지나 신학적 이슈 같은 것들을 알게 됩니다. 원어를 직접 다루고 있지는 않습니다만, 원문에 대한 연구에 바탕을 둔 해설은 본문의 깊은 차원까지 들어가도록 돕습니다. 바클레이의 주석처럼 설교를 위한 자료까지 친절하게 제공해 주지는 않는데, 그것이 오히려 이 주석의 미덕이라 할 수 있습니다. 책임 있는 설교자라면 이 정도의 주석은 착실히 읽고 준비해야 한다고 생각합니다.

대한기독교서회에서 창립 100주년을 기념하여 22년간 국내 신학자 50명이 참여해 완간한 주석 시리즈의 일부가 표절 시비의 대상이 된 것은 참으로 애석한 일입니다. 외국 주석류를 번역하는 수준에 있던 우리 출판계에 아주 획기적인 사건이었는데, 몇몇 책들이 표절 시비에 휘말리는 바람에 신망을 잃었습니다. 첫 책이 나온 이래로 20년이 넘었기에 필자(『마태복음 Ⅱ』)의 한 사람으로서 개정판이 나오기를 기대합니다만, 출판사 여건상 그럴 수 없다고 합니다. 아쉬운 일이기는 하지만 이 전집에 포함된 주석들 가운데 도움이 되는 주석들이 꽤 있습니다.

요즘에는 구글과 같은 검색 엔진이 가장 쉽고 빠르고 편리한 도구입니다. 원하는 성경 본문이나 주제를 검색하면 그와 관련된 자료들을 한없이 찾을 수 있기 때문입니다. 저도 많은 자료를 구글을 통해 검색하여 사용하고 있습니다. 문제는 정체 불명의 자료들이 그 안에 포함되어 있다는 데 있습니다. 때로는 위험하거나 정확하지 않은 자료들도 포함되어 있습니다. 이런 것들을 선별하고 분별해야 하는데, 그러기 위해서는 자료를 쓴 사람이 누구이며 어떤 기관에서 만든 것인지를 확인해야 합니다.

이렇게 '제대로 된' 주석의 도움을 받아 본문을 연구해야 합니다. 저의 경우, 이 작업을 하는 데 한나절 정도 걸립니다. 적어도 서너 편의 주석을 읽고 본문에 관한 모든 정보와 이슈들을 점검합니다. 역사적 배경과 문학적 성격도 파악합니다. 그렇게 할 때 본문은 새로운 얼굴로 자신을 드러냅니다.

생각의 힘

묵상하는 과정에서 가장 중요한 것은 생각의 깊이입니다. '생각의 힘'이라고도 할 수 있습니다. 본문을 깊이 파고들고 선택된 주제를 설득력 있게 제시하기 위해서는 생각의 힘을 길러야 합니다. 그것과 관련하여 저는 바울에게서 두 가지의 단어를 주목합니다. 영적 생활의 과정에서 그리고 진리 추구의 과정에서 생각의 힘을 기르는 것은 매우 중요한 과제입니다.

1) 프로네오

헬라어 '프로네오'φρονέω는 '생각하다' 혹은 '따져 보다'라는 뜻입니다. 신약성경에서 동사형으로만 스물여섯 번, 주로 바울 서신에서 사용된 말입니다. 따져 보고 생각하고 질문하는 것입니다. 이게 무슨 뜻인지, 이 본문은 무슨 메시지를 제시하는지 그리고 그 메시지는 오늘 나와 나의 회중에게 어떤 의미가 있는지를 묻고 또 물으라는 것입니다.

제가 교직에 있을 때 학생들에게 자주 한 말이 있습니다. 목회 현장에 나가면 목사가 하도록 주어진 일에 대해 하나하나 질문해 보라는 것입니다. 그냥 하니까 하는 것이 아니라 왜 그것을 해야 하는지를 물으라는 것입니다. 그렇게 물어서 하지 않아도 되는 것이면 하지 말고 해야 하는 것이면 그 이유를 따져서 분명한 목적을 가지고 하라는 것입니다. 그 이유에 대해 자신을 설득하라는 말이고 또한 회중을 설득하라는 말입니다.

신학적 주제나 교리적 문제 혹은 성경 내용에 대해서도

마찬가지입니다. 설교자는 회중보다 더 치열하고 집요하게 질문하고 따져 봐야 합니다. 모두가 다 아는 것이라고 쉽게 단정하지 말아야 합니다. 다 안다고 생각하는 것일수록 뒤집어 보아야 합니다. 설교 가운데 "아무 의심하지 말고 무조건 믿으라"고 강요하는 경우가 자주 있습니다. 그것은 잠시 동안에는 도움이 될지 몰라도 성도들이 이단에게 속절없이 무너지는 이유가 됩니다. 그렇게 믿었기에 사소한 풍파에 믿음을 쉽게 포기합니다. 다른 사람에게 자신의 믿는 바를 설명해 주지 못합니다. 또한 신앙의 문제에 대해 자녀들이 묻는 질문에 대답을 하지 못합니다.

설교자는 회중을 대신하여 치열하게 질문하고 따져 물어야 합니다. 믿기 위해서 그리고 믿는 것을 확인하기 위해서 묻고 또 물어야 합니다. 그렇게 따져서 스스로를 설득하지 못하면 그것을 듣는 사람들도 고개를 끄덕이지 않습니다. 그렇게 하지 않으니 강단에서 말도 안 되는 논리가 넘쳐나는 것입니다. 생각하지 않고 내뱉는 말을 '상투적인 말'이라고 합니다. 왜 상투적이라고 할까요? 질문하거나 따지지 않는 것입니다. 따져 보고 질문하고 생각하다 보면 설득력과 신뢰성을 얻습니다.

복음의 진리는 그렇게 따져 묻고 생각해도 풀리지 않는 것이 많습니다. 풀렸다 해도 다 풀린 것이 아닙니다. 그래서 비밀 혹은 신비라고 부릅니다. 알면 알수록 더 알고 싶게 만드는 것이 하나님 나라의 비밀입니다. 또한 우리가 믿는 진리의 대부분은 인간의 언어와 논리로 깔끔하게 담아낼 수 없습니다. 그렇기 때문에 생각에 생각을 거듭해도 끝이 없습니다. 따라서 설교자는 그렇게 질문하고 따지고 생각하기를 멈추지 말아야 합니다. 우리가 믿는 진리는 우리의 사상이 아니라 전해 받은 진리입니다. 그렇기에 믿음으로 선포할 수 있도록 묻고 따져야 합니다.

회중이 설교자에게 기대하는 것은 완벽한 정답이 아닙니다. 그들은 복음의 진리를 향한 거룩한 존경심과 그 진리를 이해하려는 진지한 탐구심을 기대합니다. 자녀들이 신앙 문제로 부모에게 질문할 경우 그들이 기대하는 것은 정답이 아닙니다. 정답을 안겨 주는 순간 그들은 또 다른 질문을 던질 것입니다. 그들이 진실로 원하는 것은 그들의 마음을 알아주는 것입니다. 자신들의 의문과 생각을 공감해 달라는 것입니다. 자신이 믿는 바에 대해 자주 생각하고 질문하는 부모만이 자녀들의 질문에 공감하며 이끌어 줄 수 있습니다. 스스로 질문하고 생각해 보지 않은 사람은 자녀가 제기하는 사소한 질문에도 화들짝 놀라며 큰 문제가 생긴 것처럼 반응합니다. 그런 반응을 한 번 접하면 자녀들은 더 이상 신앙 문제로 질문을 내놓지 않습니다. 그렇게 해결되지 않은 의문을 속으로 쌓아 두면 나중에는 더 이상 신앙을 지킬 수 없을 정도로 의문이 커집니다. 질문하고 생각하지 않는 설교자는 회중에게도 동일한 영향을 미칩니다. 자신이 질문하고 생각하지 않으니 회중의 질문과 생각을 억압합니다. 그것이 생각 없는 신앙으로 가거나 신앙을 떠나게 만듭니다.

제가 섬기던 교회에 페인트공으로 일하시던 분이 있었습니다. 그분은 교인들 중에서 교육 수준이 제일 낮은 분이었는데, 주일예배를 마치고 가면서 "오늘도 큰 문제를 해결받고 갑니다"라고 자주 말씀하셨습니다. 처음에는 그냥 인사치레로 하는 말인 줄 알았는데, 나중에 그분에게서 그렇게 인사하는 이유를 들었습니다. 그분은 미국에 와서 처음 믿기 시작한 분이었는데, 페인트 작업을 하는 중에 주로 성경의 내용이나 교리에 대해 속으로 질문을 던지거나 생각했습니다. 그러다 보면 스스로 답을 찾는 경우도 있지만 그러지 못할 때가 더 많았습니다. 예배에 나올 때는 항상 해결되지 못한 의문들을 품고 오는데, 마치 제가 그것을 아는 것처럼 설교 중에 그 질문을 다룬다는 것입니다. 그분은 그럴 때마다 전율에 휩싸인다고 했습니다. 그분은 그분대로 또 저는 저대로 진실하게 질문하고 생각할 때 성령께서 그런 신비한 일을 만들어 내시는 것입니다.

2) 도키마조

또 하나는 '도키마조'^{δοκιμάζω}입니다. '검토하다', '분별하다', '시험해 보다'라는 뜻으로, 신약성경에서 스물두 번 사용되었고 '프로네오'와 마찬가지로 바울 사도가 주로 사용한 단어입니다. 믿는 바를 구체적으로 실험하여 그 진실을 확인해 보라는 뜻입니다.

복음의 진리는 설교자가 먼저 구체적으로 체험해 보지 않으면 제대로 증언할 수 없습니다. 하나님의 임재 앞에 서서 자신의 죄성을 발견하고 두려워 떨어 보지 않고는 죄의 문제를 제대로 선포할 수 없습니다. 십자가 그늘 아래에서 보혈의 은혜로 죄 씻음 받는 체험을 거쳐야만 용서의 은혜를 전할 수 있습니다. 성령의 능력으로 거듭나고 죄의 족쇄로부터 해방되는 경험 없이 그리스도인의 자유를 설명할 수 없습니다. 매일 주님과 함께 동행하며 '내주의 비밀'을 누려야만 그 신비를 전할 수 있습니다. 새 하늘과 새 땅에 대한 소망으로 역사를 조망하는 사람만이 희망을 설교할 수 있습니다. 그래서 맛보아 알아야 하는 것입니다.

영적 생활에 대해서도 마찬가지입니다. 설교자가 먼저 기도의 깊은 차원을 경험해야만 회중을 기도의 삶으로 초청해 들일 수 있습니다. 매일 말씀 묵상을 통해 광야의 식탁을 즐기지 못한다면 말씀 묵상에 대한 그의 설교는 공감을 얻을 수 없습니다. 금식의 경험을 해보지 않고 금식에 대해 설교할 수 없고, 희생을 통해 얻는 신비를 맛보지 않고 희생에 대해 설교할 수 없습니다. 마찬가지로, 성도의 교제가 어떤 것인지 스스로 경험해 보아야 합니다. 요즘 목회에서 소그룹의 중요성이 강조되고 있습니다. 문제는 목회자 자신이 소그룹 안에서 진정한 성도의 교제를 경험해 볼 기회가 없다는 사실입니다. 그렇기 때문에 소그룹에 대해 이론적으로 접근할 수밖에 없습니다.

이런 점에서 '설교는 체험적이 되어야 한다'고 말합니다. 우리의 교회 문화에서 '체험적'이라는 말은 성령의 능력을 체험하는 것에 국한하여 이해하는 경우가 많습니다. 하지만 여기서 말하는 체험은 '시험' 혹은 '실험'을 의미합니다. 그래서 영어로는 'experimental sermon'이라고 부릅니다. 직역하자면 '실험적 설교'라고 할 수 있습니다. 실험은 무엇인가가 참인지 아닌지를 확인하기 위해 곧이곧대로 실행해 보는 것을 의미합니다. 설교자가 자신이 믿고 가르치고 설교하는 바를 자신의 일상생활에서 구체적으로 실행해 보아야 한다는 뜻입니다. 그럴 때 회중도 역시 들은 바를 자신의 삶에 실천할 수 있고 그것이 참인지를 확인할 수 있습니다.

이 지점에서 "설교자는 자신이 믿는 것만 설교하고 자신이 실천하고 있는 것만을 설교해야 합니까?"라고 묻고 싶은 분이 있을 것입니다. 실제로 그렇게 주장하는 사람들도 있습니다. 자신이 믿지 못하는 것을 설교하면 거짓말하는 것이고 자신이 실천하지 못하는 것을 설교하면 위선이라고 생각합니다.

이것은 아주 심각한 오해입니다. 거듭 강조하지만 설교자는 자신의 신학이나 믿음을 전하는 사람이 아닙니다. 바울 사도가 복음에 대해 "내가 받은 것을 너희에게 전하였노니"고전 15:3라고 말한 것처럼, 설교자는 교회로부터 전해 받은 복음을 전하는 사람입니다. 지금 믿어지지 않더라도 설교자는 공교회의 신앙을 선포해야 합니다. 또한 설교자가 자신이 실천하는 것만 설교한다면 복음의 진리를 '자신만한 크기'로 축소하는 잘못을 범하게 됩니다.

얼마 전, 우리 시대 최고의 문장가 중 한 사람으로 꼽히는 고종석 씨의 대담을 읽었습니다. 그는 글쓰기에는 언제나 위선의 함정이 있게 마련이라고 했습니다. 글을 쓰는 사람의 지향점은 진실이기 때문입니다. 글을 쓰는 사람은 늘 참된 것, 진실한 것, 바른 것을 추구합니다. 하지만 그 사람이 언제나 그렇게 살지는 못합니다. 그렇다고 해서 진실을 자신의 한계 안에 가둘 수는 없는 일입니다. 일반적 글쓰기가 그러하다면 설교는 더욱 그러합니다. 복음의 진리는 다 헤아릴 수도 없고 다 실천할 수도 없습니다. 바울 사도가 빌립보서 3장에서 고백한 대로, 어느 경지에 이르렀든지 늘 출발선에 서 있다고 생각하고 앞으로 나아가야 합니다. 그렇게 하여 믿음은 갈수록 더 깊어져야 하고 실천은 더욱 돈독해져야 합니다. 그것을 가리켜 저는 '구도성'이라고 부릅니다.

기독교가 '은혜의 종교'라는 말은 구도적 노력이 필요 없다는 뜻이 아닙니다. 불교에서 구도의 노력은 득도(그들이 말하는 구원)를 위한 노력이지만, 기독교에서 구도의 노력은 이미 얻은 구원의 진리를 더 깊이 알고 더 진하게 맛보려는 노력입니다. 설교자는 모든 면에서 이 구도적 노력을 지속해야 합니다. 끊임없이 '프로네오' 하고 '도키마조' 해야 합니다. 그렇지 않으면 우리의 설교는 '바람 먹고 구름 똥 싸는' 형국이 되어 버릴 것입니다.

1738년 2월, 미국 인디언 선교에서 참담하게 실패하고 돌아온 존 웨슬리는 영혼이 시래기처럼 시들어 버렸습니다. 그런 심령으로 더 이상 복음을 전한다는 것이 위선처럼 느껴졌습니다. 그는 그 고민을 가지고 피터 뵐러Peter Böhler를 찾아갑니다. 자신보다도 아홉 살이나 어린 전도자에게 영적 고민을 털어놓고 요즘 말로 '영적 지도'를 받은 것입니다. 뵐러 목사와의 대화를 통해 웨슬리는 자신이 구원을 위해 전적으로 하나님의 은혜를 의지하지 못하고 있음을 깨닫습니다. 그리고 마침내 자신에게 진정한 믿음이 없다는 결론에 이릅니다.

3월에 뵐러를 다시 만난 웨슬리는, 자신이 가지고 있지도 않고 경험해 보지도 못했으니 믿음에 대한 설교를 중단해야 하는 것이 옳은지를 묻습니다. 그러자 뵐러는 "믿음을 얻을 때까지 설교하십시오. 그리고 믿음을 얻으면 그 믿음을 가지고 설교하십시오"라고 답합니다. 그 권고를 따라 웨슬리는 감옥에 가서 한 죄수에게 설교를 합니다. 그로서는 처음으로 오직 믿음으로만 구원받는 복음을 설교한 것인데, 놀랍게도 그 죄수가 앉은자리에서 회심을 합니다. 웨슬리의 영적 변화는 이렇게 무르익어 가다가 마침내 그해 5월 24일 런던의 올더스게이트에 있는 작은 기도처에서 마음이 따뜻해지고 복음이 믿어지며 구원을 확신하는 변화를 경험합니다. 그 이후로 그는 담대한 확신을 가지고 복음을 전하게 됩니다.[14]

만일 웨슬리가 믿어지지 않는다는 이유로 믿기를 포기했다면 어떻게 되었을까요? 혹은 믿어지지 않는다는 사실을 회중에게 있는 그대로 말했다면 어떤 결과가 일어났을까요? 뷜러는 설교자들이 무엇을 전해야 하는지를 알았습니다. 설교자는 자신의 신념을 전하는 사람이 아니라 공교회의 신앙을 전하도록 부름받은 사람입니다. 공교회의 신조 중에 잘 믿어지지 않는 것이 있을 수 있습니다. 그럼에도 설교자는 그 신앙을 설교해야 합니다. 동시에 그는 기도와 묵상과 연구를 통해 그 신조를 붙들고 씨름해야 합니다. 믿어지지 않는 것을 믿을 수 있기까지 고투를 벌여야 합니다.

저는 가끔 어떤 문제에 대해 '내가 과거에 왜 그것을 믿기 어려워했는지' 그리고 '왜 지금은 믿고 있는지'를 설교 중에 나눕니다. 그러면 교인들이 큰 해소감을 느낍니다. 제가 믿기 어려워한 이유에 공감하기 때문입니다. '아, 나도 그랬는데!' 혹은 '아, 내가 그런데!'라는 생각을 합니다. 그렇기 때문에 설교자가 믿게 된 이유에 귀를 기울이고 자신의 태도를 되돌아봅니다. 또한 이러한 진실한 나눔은 회중으로 하여금 설교자를 신뢰하게 만들어 줍니다.

교인들 중에는 목사를 자동차 영업직원처럼 여기는 사람들이 많습니다. 자동차 영업직원은 자신이 파는 차가 가장 좋은 차인 것처럼 선전합니다. 그분들 중에는 정작 자신은 더 좋은 차를 몰고 다니면서 자신이 파는 차를 최고의 차라고 선전하는 사람이 있을 것입니다. 물론 모두 그렇지는 않을 것입니다(자동차 영업직원들께 양해를 구합니다). 교인들은 목사에 대해서도 그런 사람인 것처럼 간주하는 경향이 있습니다. 그렇기에 목사가 자신의 믿음에 대해 끊임없이 질문하고 따져 묻고 분별한다는 사실을 알면 신뢰를 보내게 됩니다.

계속되는 묵상

앞에서 지적했듯이, 설교 준비 과정에서 제일 중요한 과정이 '묵상'입니다. 안이한 묵상은 위험합니다. 충분한 연구에 바탕을 둔 묵상이어야 합니다. 묵상이 충분히 되면 설교문을 준비하는 과정이나 말씀 선포 과정에서 모든 것들이 순조롭게 풀려 나갑니다. 문제는 묵상을 통해 뜨거운 마음으로 선포할 만한 주제를 발견하기까지 상당한 고투와 인내와 기다림이 필요하다는 점에 있습니다.

저는 세 가지 비유로 묵상의 과정을 설명합니다. 첫째 비유는 '샘 파기'입니다. 젊은 세대 혹은 도시 생활만 하신 분들은 이 비유가 실감나지 않을지 모릅니다. 저는 어릴 적에 시골에서 샘 파는 광경을 보고 자랐습니다. 수맥을 찾아 주는 사람이 한곳을 지정하면 삽과 곡괭이로 파기 시작합니다. 두 사람이 둥그런 구덩이를 파 들어가고 위에서는 파낸 흙을 담아 올립니다. 그러다가 저 밑에서 환호성을 지릅니다. 곡괭이가 수맥에 닿아 물이 터진 것입니다.

묵상은 이렇게 수맥에 닿을 때까지 파고드는 과정입니다. 파고들다가 거대한 암반을 만나 포기할 때도 있습니다. 샘 파는 사람의 과제는 끝내 샘이 터질 때까지 파고드는 것입니다. 마찬가지로 설교자의 과제는 마른땅과 같은 본문을 파고들어가 샘물을 터뜨리는 것입니다. 설교자의 샘 파기에는 기도와 묵상이라는 도구가 사용됩니다.

둘째 비유는 '발효 과정'입니다. 김치 발효 과정을 생각해도 좋고, 빵 반죽을 발효시키는 과정을 생각해도 좋습니다. 일단 좋은 재료를 구하여 발효에 필요한 모든 조건을 만들어줍니다. 그런 상태에서 발효되기를 기다립니다. 이때 발효 과정을 촉진시키려고 무리하면 모든 것을 망칠 수 있습니다. 인내심을 가지고 기다릴 줄 알아야 합니다. 물론 발효를 위한 조건을 갖추는 데 최선을 다해야 합니다. 적절하게 발효된 김치가 얼마나 맛이 좋습니까? 잘 숙성된 반죽으로 만든 빵이 얼마나 향기롭고 부드럽습니까? 묵상이 잘된 설교도 이와 같습니다.

셋째 비유는 '문을 두드리는 것'입니다. 안으로 잠긴 문을 열릴 때까지 두드리는 과정이 바로 묵상입니다. 안에서 문을 열어 주는 분은 성령이십니다. 주님께서는 기도에 대해 말씀하시면서 "문을 두드리라. 그러면 너희에게 열릴 것이니"라고 하셨습니다눅 11:9. 헬라어의 시제를 고려하면 "문을 계속 두드리라"고 번역해야 옳습니다. 묵상의 과정도 그와 같습니다. 본문의 문이 열릴 때까지 기도와 묵상으로 두드립니다. 그러면 어느 순간 성령께서 말씀의 문을 활짝 열어 주십니다. 그럴 때의 기쁨은 참으로 대단합니다. 설교 준비 과정에서 가장 큰 희열을 경험할 때가 바로 이때입니다.

개인적으로 이런 사건이 가장 자주 일어나는 때는 새벽에 기도하고 묵상할 때입니다. '기도'는 묵상에서 가장 중요하고도 유익한 도구입니다. 기도 중에 말씀의 내용과 회중의 삶을 마음에 품고 발효시키는 것입니다. 그러는 중에 깨달아지는 것이 있으면 그것을 기도로써 올려 드립니다. 또한 기도 중에 성령께 여쭙니다. '성령님, 이 본문을 통해 무슨 말씀을 하기 원하십니까?' 그러고는 대답을 기다립니다. 기도할 때마다 시간의 일부를 말씀에 대한 묵상에 할애하는 것입니다.

묵상에서 건져 올린 주제를 홀로 '중얼거리는 것'도 큰 도움이 됩니다. 저는 묵상이 정체되어 있다고 느끼면 홀로 걷습니다. 걸으면서 그동안 묵상한 내용을 가지고 누구에겐가 말하는 것처럼 중얼거립니다. 그러다 보면 엉켜 있는 생각의 실타래가 풀리곤 합니다. 홀로 운전할 때도 자주 그렇게 합니다. 그러면 졸음에 빠질 염려도 없고 묵상의 물꼬가 트이기도 합니다. 생각이라는 것이 참 신기합니다. 그것을 말이나 글로 풀어내다 보면 헝클어진 생각이 정리되고 마음에 없던 생각이 끌려 나오기도 합니다.

묵상을 돕는 또 다른 도구는 '공감적 듣기'입니다. 여기에 대해서는 이미 파토스에 대해 말하면서 충분히 말씀드렸습니다만, 묵상 과정에서도 이것은 매우 중요합니다. 묵상 중에 있는 주제를 마음에 품은 채로 공감하여 듣도록 노력하는 것입니다. 사람을 만나서 대화할 때 혹은 뉴스를 보거나 읽을 때 마음을 기울여 듣습니다. 그러다 보면 신기하게도 묵상하는 주제와 관계된 이야기가 들립니다. 특별히 상담이나 심방할 때 공감적으로 듣도록 노력하다 보면 묵상하고 있는 주제에 맞는 간증을 듣습니다. 그럴 때면 소름이 돋습니다. 그리고 든든한 믿음이 들어찹니다. '이번 주에도 성령께서 인도해 주시는구나!'라는 생각 때문입니다.

공감적 독서를 저는 '묵상적 읽기'라고 부릅니다. 독서를 하면서 가끔 멈추어 묵상을 하라는 뜻이 아닙니다. 눈으로 읽고 마음으로 곱씹으라는 말입니다. 많이 읽는 것도 중요하지만 깊게 생각하면서 읽으라는 뜻입니다. 설교 자료를 구하려는 목적이 아니라 영적 탐구로서 읽으라는 뜻입니다. 그렇게 읽다 보면 그 독서가 내적 울림을 만들어 냅니다. 본문을 더 깊이 파고들 수 있는 내적 통찰력이 길러집니다.

앞에서 말한 '관조적 생활'에 대해서도 강조하지 않을 수 없습니다. 관조적 생활이란 게으르고 나태한 생활을 의미하지 않습니다. 한 번에 하나씩 정성을 다하는 생활을 말합니다. 자신의 삶의 방향과 속도가 다른 어떤 것에 휘둘리지 않게 하는 것입니다. 내면이 하나님께 조율된 상태에서 오직 그분의 템포에 맞춰 살아가려고 노력하는 것입니다. 그럴 때 부지런하지만 결코 분주해지지 않습니다. 많은 일을 이루지만 허둥대지 않습니다. 경쾌하지만 결코 경박하지 않고, 무게감이 있지만 무겁지 않습니다. 흔들리지 않는 맑은 눈동자로 살아갑니다. 그런 내면을 만들어야 말씀을 제대로 담아낼 수 있습니다.

말씀 묵상과 관련하여 '인터넷'에 대한 이야기를 한 번 더 강조하고 싶습니다. 인터넷은 설교자에게 아주 유익하면서도 또한 위험한 도구입니다. 옛날 같으면 도서관에 가야만 찾을 만한 자료들을 앉은자리에서 찾을 수 있으니 얼마나 유익합니까? 하지만 무엇을 사용하고 무엇을 사용하지 않을 것인지 기준을 정해야 합니다. 제 경험으로는 원어에 대한 해설, 역사적 배경에 대한 정보 그리고 본문 주석 같은 것들을 얻는 데에는 인터넷이 아주 유익합니다. 하지만 예화나 다른 사람의 설교를 찾아다니지는 마시기 바랍니다.

사실, 설교자가 다른 사람의 설교문을 읽거나 설교 방송을 듣는 것은 좋은 일입니다. 설교하는 목사가 겸손하게 다른 사람의 설교를 듣는 것은 아주 유익한 일입니다. 그런 것 없이 설교자로서만 살다 보면 들을 줄 모르는 사람이 되어 버립니다. 그것도 고질적 '목사병' 중 하나입니다. 누구에게 들은 이야기입니다. 목회를 시작한 초년병 목사가 목회자들의 모임에서 설교를 해달라는 부탁을 받았습니다. 선배 목회자들 앞에서 설교를 한다고 생각하니 너무나 떨렸습니다. 그래서 아버지에게 전화를 했습니다. 그 아버지는 은퇴 목사였습니다. 아들 목사가 말합니다. "아버지, 목회자 회의에서 설교를 해야 하는데, 도대체 무슨 설교를 해야 할지 모르겠습니다. 떨리기만 합니다." 그러자 아버지 목사가 이렇게 대답합니다. "걱정 말고 아무 소리나 하거라. 목사들은 말이지, 다른 사람의 설교는 듣지 않는단다."

우스갯소리이기는 하지만 찔림이 있는 이야기입니다.

설교자로 일생을 살다 보면 입만 커지고 귀는 막힙니다. 그런 목사병에 걸리지 않으려면 겸손히 다른 사람의 설교를 들어야 합니다. 저도 유튜브를 통해 듣는 몇몇 설교자들이 있습니다. 다만, 설교 거리를 찾으려는 목적으로 듣지 말아야 합니다. 한 사람의 회중이 되어 순수하게 말씀을 듣고 은혜를 입으려고 해야 합니다. 설교 한 편을 듣고 나서 자신의 설교에서 '써 먹을' 이야기 하나를 건지고 만다면 그 사람의 존재는 그 자리에 머물고 말 것입니다.

설교 준비 과정에서 인터넷을 뒤지는 시간보다는 기도하고 묵상하는 시간이 훨씬 더 많아야 합니다. 마틴 로이드 존스의 아내 베단 로이드 존스가 생전에 남편의 능력에 찬사를 보내는 사람들을 향해 이렇게 말했다고 합니다. "내 남편은 무엇보다도 먼저 기도의 사람이고, 그다음으로 복음 전도자입니다."[15] 설교자는 가장 먼저 기도자여야 합니다. 기도로써 고되게 땀 흘려 본문이라는 땅을 파야 합니다. 땅을 파다 보면 때로 피를 보기도 합니다. 그런 과정을 거쳐서 땅속 깊은 곳에서 솟아나는 샘물을 파야 합니다. 저의 경험으로 보자면, 수맥을 찾을 때까지 시간이 오래 걸리면 걸릴수록 그 물맛은 그만큼 더 좋습니다. 본문을 읽고 연구하고 오래도록 묵상해도 도무지 물줄기에 닿지 않을 때가 있습니다. 주말은 다가오는데 물줄기가 터지지 않으면 점점 초조해집니다. 하지만 결국 물은 터집니다. 저는 물이 너무 늦게 터져서 곤란을 당해 본 일이 없습니다. 그리고 그렇게 늦게 터진 물이 더 좋습니다.

▭ 설교의 구성

설교의 유형

묵상을 통해 본문의 주제가 충분히 발효되면 설교를 구상하고 구성하는 단계로 넘어갑니다. 이 지점에서 설교자는 어떤 유형으로 설교할 것인지를 선택해야 합니다. 플롯 혹은 구성 면에서 설교에는 적어도 세 가지 유형이 사용되어 왔습니다.

1) 대지 설교

우선, 가장 보편적으로 사용되어 온 '대지 설교'가 있습니다. 하나의 중심 주제를 몇 가지 소주제로 나누어 전개하는 유형을 말합니다. 일반적 통념에 의하면, 대지는 세 가지가 가장 적당합니다. 그래서 '삼대지 설교'라고 부르기도 합니다. 이 것은 유럽과 미국 교회에서 발전된 전통으로, 앞에서 소개한 윌리엄 바클레이식의 전개 방식입니다. 서론에서 전체 주제를 소개하고, 그 주제를 세 개의 대지 혹은 개요로 나누어 설명한 다음, 결론에서 전체 주제를 다시 확인하는 방식입니다. 논리 전개 방식으로 말하자면 연역적입니다. 즉 먼저 결론을 제시하고 그것이 왜 참인지를 설명한 다음 결론을 짓는 방식입니다.

　이 유형으로 설교할 때 가장 심혈을 기울여야 영역은 본문으로부터 중심 주제를 찾는 일과 그 주제를 떠받쳐 주는 대지를 잡는 일입니다. 두 가지 점에서 이 작업은 노력을 요합니다. 첫째는, 주제와 대지가 선택한 본문에서 나와야 하고 또한 본문의 이해를 심화시켜야 합니다. 둘째는, 대지 사이에 분명한 연관성이 있어야 합니다. 팀 켈러는 "개요의 각 대지는 주제를 점진적으로 명료화하거나 정당화해야 하고, 이를 통해 설교가 진척됨에 따라 더욱 선명하고, 풍성하며, 설득력 있어야 한다"고 말합니다.[16] 문제는 대부분의 대지 설교에 이 점이 결여되어 있다는 것입니다.

　대학원에서 '성서와 설교'라는 주제로 세미나를 한 적이 있습니다. 시중에 나와 있는 몇 개의 설교집을 분석하여 그 설교가 본문과 얼마나 연관성이 있는지를 살펴보았습니다. 당시에 훌륭한 설교자로 알려진 분들의 설교를 분석 대상으로 삼았습니다. 놀랍게도, 우리가 분석한 설교문의 대다수가 본문과 상관없는 이야기를 하고 있었습니다. 게다가 설교마다 제시되어 있는 대지들 사이에 논리적 연관성이 없었습니다. 예를 들어 설명해 보겠습니다.

제목: '복 받는 비결'^{행 20:32-35}

첫째, 복음을 주는 사람이 복 받습니다.
둘째, 사랑을 주는 사람이 복 받습니다.
셋째, 기쁨을 주는 사람이 복 받습니다.

우선, 이 설교문의 제목은 본문이 아니라 설교자의 마음에서 나왔다고 보아야 합니다. 선택된 구절은 밀레도에서 전했던 바울 사도의 고별 설교입니다. 여기서 바울은 에베소 사람들의 구원을 위하여 누구에게도 신세지지 않고 자비량으로 섬겼다고 말합니다. 그러면서 에베소 장로들에게 이후의 사역을 맡깁니다. 그들의 헌신을 이끌어 내기 위해 바울은 "주는 것이 받는 것보다 복이 있다"^{행 20:35}라는 주님의 말씀을 인용합니다. 여기서 복 받는 비결을 이끌어 낸 것은 본문을 왜곡한 것입니다. 바울은 복음과 하나님 나라를 위한 헌신이 얼마나 복된 것인지를 강조하고 있습니다. 그뿐 아니라 세 대지도 설교자의 생각에서 나왔음이 분명합니다. 세 대지와 본문의 의미 사이에 관련성이 희박하고, 대지 사이에 논리적 연관성도 없습니다. 부폐식으로 세 대지를 나열한 것입니다. 또한 세 대지는 '교훈적'입니다. 삼대지를 안이하게 뽑아냈다는 뜻이고, 설교 준비를 쉽게 했다는 뜻입니다.

팀 켈러는 대지들 사이에 있어야 할 관계성을 네 가지로 요약합니다.

> 통일성unity: 각 대지가 중심 주제와 관련성이 있는가?
>
> 비율proportion: 각 대지에 분량(시간, 중요성, 속도)을 적절히 안배하
>   고 있는가?
>
> 순서order: 각 대지 사이에 논리적 흐름이 있는가?
>
> 움직임movement: 대지가 거듭될수록 결론(절정)을 향해 나아가고
>   있는가?[17]

본문 연구를 통해 하나의 주제(해석학적으로 옳고 회중의 삶에 적실한 주제)를 찾아내고, 그 주제를 떠받칠 수 있는 대지를 뽑아낸 다음, 그 대지들을 같은 비율로, 논리적 순서를 따라, 결론을 향해 진행해 가도록 구성하는 것은 많은 훈련과 노력과 시행착오를 필요로 합니다. 그런 노력을 하지 않기 때문에 대다수의 대지 설교는 이 기준에 형편없이 미달됩니다. 앞에서 본 대로 주제가 성경 본문과 아무 상관 없고, 대지가 설교자의 안이한 생각에서 나오며, 대지들 사이에 논리적 연관성이 없습니다. 그래서 설교가 정체되어 있는 느낌을 주고 따

분한 설교가 되는 것입니다. 팀 켈러가 지적한 네 가지 요소가 충족된다면 그 설교는 아주 다이내믹하고 흥미진진한 것이 될 것입니다.

대지 설교는 자칫 포스트모던 시대에 어울리지 않는 설교 형식으로 전락할 수 있습니다. 연역적 접근은 전형적 모더니티적 논리 전개 방식입니다. 결론부터 선언하고 그 결론을 확증해 가는 것은 과거 주입식 교육에서나 통했던 방식입니다. 포스트모던 문화 속에서 자란 현대인들은 그런 방식을 거북하게 느낍니다. 다른 사람이 내린 결론을 내가 받아들일 이유가 없다고 생각합니다. 포스트모던 시대에 맞는 논리 전개 방식은 귀납적 접근입니다. 문제를 제기하고 추론을 해가면서 마지막에 스스로 결론을 내도록 도전하는 것입니다. 말하는 사람이 듣는 사람들과 같이 결론을 찾아가는 방식입니다. 이렇게 스스로 결론을 찾아내면 그 결론을 자신의 것으로 받아들입니다.

이 유형의 또 다른 단점은 설교를 훈화로 왜곡시킬 수 있다는 점에 있습니다. 설교 비평으로 유명한 대구샘터교회 정용섭 목사님이 자주 사용하는 말이 있습니다. "성서의 놀라운 세계 안으로 회중을 이끌어들이라."[18] 앞에서 주석은 '본문 안에 숨어 있는 의미를 밖으로 끌어내는 것'이어서 'exegesis'라고 이름 지었다고 했습니다. 그렇게 하는 이유는 회중을 다시 성경의 세계 안으로 끌어들이기 위한 것입니다. 설교의 목적은 도덕적 훈화를 하자는 것이 아닙니다. 설교는 회중으로 하여금 성경의 놀라운 세계 안으로 들어와 하나님의 구원 이야기를 듣고 그 안에서 자신을 발견하며 새로운 결단을 하게 하는 과정입니다. 삼대지 설교를 하는 미국 설교자들은 '대지'를 'lesson'이라고 부릅니다. 설교를 훈화로 인식하고 있다는 증거입니다. 이것은 회중의 영성에 별로 유익하지 않습니다.

또한 대지 설교는 설교자로 하여금 설교 준비를 안이하게 생각하도록 만들고, 안이한 설교 준비는 본문과의 씨름을 불필요하게 느끼도록 만드는 경향이 있습니다. 실제로 많은 목회자들이 운전하고 다니는 중에 혹은 다른 활동 중에 착상을 하고 그것으로부터 대지를 뽑아냅니다. 본문에 머무는 시간이 너무나 짧습니다. 샘물을 터뜨리기 위한 고투와 치열함이 별로 없습니다. 이것은 설교자 자신의 영성을 고갈시키는 행위이며, 결국 회중의 영성까지 고갈시킵니다. 그렇다고 삼대지 설교가 무조건 잘못이라는 뜻은 아닙니다. 앞에서 언급한 것과 같은 문제의식을 가지고 분투노력하여 준비된 설교도 없지는 않습니다. 다만, 설교의 본질을 지키는 데 삼대지 설교가 여러 가지 약점을 가지고 있음을 지적하려는 것입니다.

저는 신학교 시절부터 다음 부분에 언급하게 될 '한 주제 설교'를 고집했습니다. 지금 돌아보아도 왜 그랬는지, 누구의 영향을 받았는지 모르겠습니다만 그렇게 되었습니다. 교육

전도사로 일할 때 가끔 주일 저녁예배나 수요예배에서 설교할 기회가 있으면 늘 한 주제 설교를 했습니다. 설교를 끝내고 나면 담임목사님이 저를 부르셔서 이렇게 말씀하시곤 했습니다. "김 전도사님, 설교에는 첫째, 둘째, 셋째가 있어야 돼요. 그렇게 해보세요." 이 정도로 우리의 선배 목사님들에게는 삼대지 설교가 정석으로 인식되어 있습니다. 하지만 우리가 흔히 접했던 식의 대지 설교는 탈피해야 합니다. 대지 설교를 계속하겠다면 따분한 훈화가 아니라 긴장감과 박진감을 느낄 수 있도록 대지 선정과 전개 과정에 보다 신경을 써야 합니다.

최근 몇 년 동안 한국에서 팀 켈러가 유행입니다. 그의 책들이 꾸준히 번역되어 종교 부문 베스트셀러에 오르고 있습니다. 그가 미국 문화의 한복판 곧 가장 불신앙적이고 반신앙적인 환경에서 개척하여 교인 수뿐 아니라 교회가 행하는 사역 면에서도 훌륭한 교회를 일구었고 회의주자들에게 가장 설득력 있는 기독교 설교자가 된 것을 감안하면 다행스러운 일입니다. 저도 팀 켈러의 설교와 강의를 자주 듣고 글도 자주 읽습니다. 그럴 때마다 자극을 받습니다. 저의 설교에 더 많은 연구와 더 치열한 논리가 필요하다는 것을 느낍니다.

그의 설교는 어김없이 삼대지로 전개됩니다. 예컨대, 요한복음 2장의 니고데모 이야기를 본문으로 하여 '거듭남'에 대해 설교하면서 삼대지를 이렇게 뽑습니다.

첫째, 왜 그것이 중요한가?

둘째, 그것은 무엇인가?

셋째, 어떻게 거듭나는가?

이 대지 하나만으로도 팀 켈러 설교의 경향을 눈치챌 수 있습니다. 그는 뛰어난 변증가이며 또한 목사 신학자입니다. 그렇기에 그의 설교는 항상 어떤 문제를 변호하거나 가르칩니다. 과거 삼대지 설교가 교훈 중심이었다면, 팀 켈러 설교의 대지는 가르침을 위한 질문이거나 주제입니다. 그렇기 때문에 회의적인 젊은 지성인들에게 그의 설교가 들렸던 것입니다. 삼대지를 이렇게 구성하면 설교의 흐름과 내용을 기억하기에 용이합니다. 팀 켈러가 원고를 거의 보지 않고 대지만으로 설교를 할 수 있는 이유가 여기에 있습니다.

2) 한 주제 설교

다음으로 '한 주제 설교'가 있습니다. 본문 주석과 묵상을 통해 하나의 주제를 정하고 그것을 기승전결의 과정을 통해 전달하는 유형입니다. 기승전결식의 구성을 '스토리라인식 구성'이라고도 말합니다. 좋은 이야기는 기승전결의 방식으로 전개되어 나갑니다. 몇 년 전부터 한국에서 음악경연 프로그램이 유행입니다. 그런 경연을 보다 보면 눈물이 찔끔 날 정도로 강력한 감동으로 다가오는 노래들이 있습니다. 그 노래가 기승전결 형식으로 만들어져 있고 그 가수가 그것을 잘 표현하기 때문입니다. 불과 3분 혹은 4분 정도의 시간 동안에 기승전결의 구도로 사람의 마음을 몰아치는 것입니다. 한 주제 설교는 이런 방식으로 전개해 나가는 방식입니다. 논리 형식으로 말하자면 귀납적 접근입니다. 설교자가 회중의 생각을 이끌어 의도한 결론에 이르게 하는 형식입니다.

한 주제 설교의 가장 큰 미덕은 회중에게 미치는 영향력에 있습니다. 기승전결을 따라 잘 부른 노래가 듣는 사람의 마음에 감동을 주듯, 하나의 주제를 스토리라인을 따라 전개하고 선포했을 때 회중에게 미치는 영향력은 강력합니다. 또한 귀납법적 접근은 포스트모던 시대를 사는 사람들에게 매우 설득력 있는 방식입니다. 그뿐 아니라 이 설교 방식은 하나의 주제를 깊이 있게 다루도록 해줍니다. 삼대지 설교가 뷔페 식탁이라면, 한 주제 설교는 코스 요리라고 할 수 있습니다. 설교의 본질이 회중을 길들이는 데 있는 것이 아니라 회중으로 하여금 공감하고 결단하게 하는 데 있다면, 한 주제 설교가 삼대지 설교보다 훨씬 좋은 대안이라 할 수 있습니다.

한 주제 설교의 단점이라면, 설교자에게 많은 시간과 고민과 기도와 묵상을 요구한다는 점을 들 수 있습니다. 또한 이 유형으로 설교하기 위해서는 생각의 힘이 강해야 합니다. 깊이 생각할 수 있어야 하고, 집요하게 문제를 붙들고 씨름할 수 있어야 합니다. 또한 하나의 주제를 스토리라인을 따라 전개시키는 능력도 길러야 합니다. 이 능력을 키우는 데 가장 좋은 것은 좋은 스토리를 많이 접하는 것입니다. 좋은 소설을 읽는 것이 가장 큰 도움이 되고, 좋은 영화나 드라마를 보는 것도 도움이 됩니다. 여기서 '좋은'이라는 말은 이야기의 플롯이 잘 짜였거나 문학적 완성도가 높은 것을 말합니다. 요즘 대세인 막장 드라마는 차라리 보지 않는 것이 좋습니다. 하지만 때로 아주 수준 높은 드라마도 있습니다. 그런 것을 접하다 보면 이야기 구성 능력이 향상됩니다.

한 주제 설교는 삼대지 설교에 익숙한 회중에게 어려운 설교로 들릴 수 있습니다. 보통 사람들은 한 가지 주제를 깊이 생각해 볼 기회가 별로 없습니다. 게다가 트위터나 카톡이 소통 수단의 대세가 된 시대이기에 사람들의 생각은 점점 더 단편적이고 피상적으로 변화하고 있습니다. 얼마 전, 한강의 소설 『흰』을 보았습니다. 소설 형식이나 분량 그리고 인쇄 판형에서 그러한 추세를 적극 수용한 모습이었습니다. 이런 형편을 생각한다면, 삼대지 설교를 통해 쉬운 메시지를 부담 없이 던져 주는 것이 회중에게는 더 편할 수 있습니다. 하지만 그것은 교인들의 신앙 체질을 약화시키는 일입니다. 장기적으로는 유익하지 않습니다. 하나를 믿어도 제대로 믿도록 회중을 인도하여 깊은 차원으로 들어가야 합니다. 그러기 위해서 설교자는 더욱 심혈을 기울여야 합니다.

팀 켈러가 언급한 대지의 네 가지 조건이 잘 충족된 대지 설교는 한 주제 설교와 별반 다르지 않습니다. 주제 전개가 연역적이기는 하지만 설교 전체가 결론을 향해 다이내믹하게 진행되기 때문입니다. 즉 잘 작성된 대지 설교에도 기승전결의 흐름을 담을 수 있습니다. 그렇다면 한 주제 설교와 본질적으로 다르지 않습니다. 단지 대지가 있느냐 없느냐의 차이일 뿐입니다. 그러므로 정말 중요한 문제는 형식이 아니라 내용입니다. 또한 본문 안에서 느껴지는 역동성입니다. 한 주제 설교를 고집하면서도 그런 내적 흐름을 만들어 내지 못한다면 엉성한 대지 설교와 다를 것이 없습니다.

3) 해설 설교

세 번째 유형은 '해설 설교'입니다. 선택한 본문을 해설하면서 몇 가지 결론을 제시하는 식의 설교를 말합니다. 저는 새벽기도회 혹은 부흥회를 인도할 때 이 방식을 사용합니다. 본문을 읽고 그 내용을 해설하면서 회중의 삶에 대한 접촉점이 발견될 때마다 적용의 포인트를 제시하는 것입니다. 보수 성향이 강한 교회일수록 이 방식의 설교를 선호합니다. 회중이 성경 본문에 대한 권위를 인정하기 때문에 해설과 적용이 제대로 이루어지면 강력한 영향력을 발휘할 수 있기 때문입니다.

이 유형을 보통 '강해 설교'라고 부릅니다만, 강해 설교는 형식의 문제가 아니라 설교의 성격의 문제입니다. 한 설교가 성경 본문으로부터 나왔고 또한 본문의 메시지를 드러내고 있다면, 형식이 어떻든지 그것은 강해 설교입니다. 마틴 로이드 존스는 강해 설교의 대가로 알려져 있습니다. 하지만 그의 설교는 정교하게 건축된 건물과 같습니다. 형식으로 말하자면 그의 설교는 대지 설교입니다. 그럼에도 그의 설교를 강해 설교라고 부르는 이유는 성경 본문에 대한 신실한 연구와 묵상에서 나왔기 때문입니다.

해설 설교의 가장 큰 장점은 권위에 있습니다. 교인들은 성경 본문에 대해 기본적인 존경심을 가지고 있으며 본문의 의미를 더 깊이 아는 것을 좋아합니다. 미국에서 가장 성장하는 교회 중 하나인 갈보리 채플Calvary Chapel은 해설 설교를 가장 중요한 핵심 가치로 내세우고 있습니다. 예배 중에 교인들은 모두 자신의 성경을 펼쳐 들고 메모해 가면서 설교를 듣습니다. 예배 중에 성경을 들춰 볼 생각도 하지 않고 팔짱을 끼고 설교를 듣는 주류 교회들과는 큰 차이가 있습니다.

이 설교 유형의 가장 큰 약점은 설교의 초점이 산만해질 수 있다는 데 있습니다. 선택한 본문에 포함된 주제들을 모두 다루려 하기 때문입니다. 그런 까닭에 이 유형을 택한 교회

일수록 설교 시간이 깁니다. 본문을 이해하는 데 필요한 모든 요소들을 언급해야 하고, 그 본문이 제시하는 중요한 주제들을 모두 다뤄야 하기 때문입니다. 그럴 경우, 회중의 마음에는 너무 많은 부하가 걸릴 수 있습니다. 실력 없는 의사가 처방한 약봉지에는 약의 내용물이 많은 법입니다. 증상을 정확히 파악하지 못하기 때문에 그중에 하나라도 맞기를 바라는 마음으로 여러 가지 약을 처방하는 것입니다. 잘못하면 해설 설교가 이런 것이 될 수 있습니다. 또한 한 가지 주제를 깊이 다루고 강력한 결단을 이끌어 내기 어렵다는 문제도 있습니다.

그런 문제가 일어나지 않게 하려면 선택한 본문에 담겨 있는 주제들 중에서 회중에게 중요한 것 몇 개를 선택하는 것이 좋습니다. 문제는 준비 과정에서 발견한 보물을 버리기 어려워하는 설교자의 본능에 있습니다. 그러다 보니 설교가 길어지고 회중은 부담스러워합니다. 존 스토트도 이 점에 대해 다음과 같이 권고합니다.

숙고하는 동안 복된 생각과 놀라운 착상이 많이 떠오를 수 있습니다. 이것들을 어떻게든 모두 설교에 넣고 싶을 텐데 이 유혹에 굴복하지 마십시오! 설교 주제와 무관한 내용은 설교의 효과를 약화시킵니다. 이런 생각은 다른 쓸모가 있을 것입니다. 그때까지 이 생각들을 남겨 둘 수 있는 분별력이 필요합니다. 반드시 설교

주제에 맞게 재료를 다듬어 중심 생각이 뚜렷하게 드러나도록 해야 합니다.[19]

지금까지 살펴본 설교 유형 중에서 무엇이 가장 좋을까요? 저는 "다 좋다"고 대답하고 싶습니다. 단, 본문에 뿌리를 확고하게 내리고 있고 회중의 삶에 분명한 접촉점을 가지고 있어야 합니다. 그것만 분명하다면 상황에 따라 혹은 필요에 따라 유연하게 세 유형 중 하나를 사용할 수 있다고 믿습니다.

설교 유형과 관련하여 두 가지를 고려할 필요가 있습니다. 우선, 선택한 본문과 묵상한 주제가 어떤 유형을 허락하는지의 문제입니다. 때로 저도 삼대지 설교를 할 때가 있습니다. 사대지 혹은 오대지 설교를 하기도 합니다. 본문이 그렇게 허락하고 또한 본문이 그것을 요구할 때는 그렇게 합니다. 둘째는, 설교자 자신의 경향성입니다. 자신이 배워 온 것이 삼대지 설교라면 굳이 바꾸려고 하지 마십시오. 그것에 익숙해져 있다면 그대로 하시는 편이 낫습니다. 자기에게 맞지 않는 방식으로 하려 하면 오히려 역효과가 납니다. 다만, 앞에서 언급한 장단점을 염두에 두어 장점은 최대한 강화시키고 약점은 최대한 약화시키도록 힘쓰기 바랍니다.

강해 설교를 고집하는 이유

다시 한 번 말하지만, 설교의 형식보다는 설교의 본질 혹은 성격의 문제가 더 중요합니다. 설교로 하여금 설교가 되게 하는 가장 중요한 요소는 성경 본문에 뿌리를 두는 것입니다. 이 말은 여러 가지를 의미합니다. 선택한 본문에 대한 견고한 주석에 뿌리를 두어야 한다는 뜻이기도 하고, 그 본문이 속해 있는 책의 전체 메시지와 일치해야 한다는 뜻이기도 하며, 성경 전체의 메시지와 일치해야 한다는 뜻이기도 합니다. 그러므로 설교자는 성경 전체에 대한 이해와 성경의 각 책에 대한 이해를 키우고 심화시키도록 꾸준히 본문을 읽고 연구해야 합니다.

팀 켈러는 강해 설교를 고집해야 하는 이유를 여섯 가지로 나누어 설명합니다.

1. 성경 전체를 하나님의 권위 있고, 살아 있고, 활력 있는 말씀으로 믿는 우리의 신념을 촉발시키고 표현하기 때문이다.

2. 듣는 이로 하여금, 권위가 말하는 이의 의견이나 추론이 아니라 성경 본문 자체를 통한 하나님의 계시 안에 있음을 보다 쉽게 인식시키기 때문이다.

3. 교회 공동체를 향해 하나님이 친히 어젠다(주제, 논제)를 놓으시

게 하기 때문이다.

4. 성경 본문이 설교자의 어젠다를 내려놓도록 하기 때문이다.

5. 청중에게 그들 스스로 성경을 어떻게 읽어야 할지, 한 단락을 어떻게 숙고하고 의미를 발굴할 수 있는지를 가르쳐 주기 때문이다.

6. 성경의 주된 주제 하나[예수의 복음]를 더욱 선명하게 보도록 인도하기 때문이다.[20]

간단히 말하자면, 강해 설교는 설교자가 성경 본문 앞에 겸손히 머리 숙이고 그 말씀을 듣고 회중에게 전하는 과정입니다. 방법의 문제라기보다 태도의 문제입니다. 설교자가 말하고 싶고 주장하고 싶고 전하고 싶은 모든 것을 내려놓고 겸손히 하나님의 말씀을 듣는 것입니다. 그 말씀은 때로 설교자 자신에게 부담이 될 수 있습니다. 때로 설교자가 가고 싶어 하는 방향과 정반대의 방향을 가리킬 수도 있습니다. 그럴 때 설교자는 우직하게 말씀을 경청하고 그 말씀에 먼저 자신을 쳐서 복종시켜야 합니다. 강해는 설교자가 칼을 들고 본문을 요리하는 것이 아닙니다. 성령께서 본문을 통해 칼을 들고 설교자를 요리하도록 자신을 맡기는 것입니다. 그럴 때 설교자와 회중 모두에게 말씀의 권위가 회복될 것이고, 말씀이 그 능력을 발휘할 것입니다.

반전 포인트

'반전 포인트는 무엇인가?' 이것은 설교 구성 단계에서 물어야 할 중요한 질문 중 하나입니다. 모든 좋은 이야기에는 반전이 있습니다. 사람들이 일반적으로 기대하는 방식대로 이 야기가 전개되다가 전혀 기대하지 않은 방식으로 반전되는 것 입니다. 그런 반전은 회중으로 하여금 그 이야기를 잊지 않게 만들 뿐 아니라 주제를 선명하게 전달해 줍니다. 또한 설교에 대한 기대감을 가지게 만들어 줍니다.

이것은 예수께서 즐겨 사용하셨던 수사적 기법입니다. 주님께서 만드신 비유들에는 거의 예외 없이 반전 포인트가 숨어 있습니다. '씨 뿌리는 자의 비유'막 4:1-9에서 주님은 씨의 대부분이 허비된 상황을 말씀하십니다. 다 틀렸다 싶을 때, 주 님은 좋은 땅에 떨어진 소수의 씨가 많은 열매를 맺었다고 말 씀하십니다. '돌아온 아들의 비유'눅 15:11-32에서 주님은 살아 있 는 아버지에게 유산을 미리 받아 가지고 가서 다 탕진하고 돌 아온 둘째 아들을 소개합니다. 청중은 '아이고, 저 아들은 이 제 아버지에게 죽었구나!' 하고 생각했을 것입니다. 그런데 주 님은 그 아버지가 맨발로 달려나가 맞이하고 자신의 가락지를 빼어 아들에게 끼워 주고 잔치를 베풀었다고 말씀하십니다. 반 전이 일어난 것입니다.

'선한 사마리아인의 비유'눅 10:25-37에서 주님은, 제사장과 레위인이 강도 만나 죽게 된 사람을 보고서 피하여 지나갔다고 말씀하십니다. 청중은 그 이야기를 듣고 안타까워했을 것입니다. '그 사람이 죽기 전에 누가 와야 할 텐데' 하고 생각했을 것입니다. 그때 주님은 또 한 사람이 다가온다고 말씀하십니다. 청중은 안도의 한숨을 쉬었을 것입니다. 그런데 그 사람이 사마리아인이라고 말씀하십니다. 청중은 '아, 이젠 죽었구나!'라고 생각했을 것입니다. 유대인에게 사마리아인은 미국 백인들이 과거에 흑인을 생각하는 것과 유사했기 때문입니다. 잠재적 범죄자로 취급했던 것입니다. 불행하게도 이런 태도는 지금도 많은 백인들의 의식 속에 잠재해 있습니다. 그런데 주님은 바로 그 사마리아인이 죽어 가는 사람을 도와 살려 주었다고 말씀하십니다. 반전에 반전을 거듭하는 이야기입니다.

예수님은 이렇듯 사람들의 마음을 잘 아셨습니다. 삼대지 설교나 해설 설교에서는 반전 포인트를 만들어 내기가 어렵습니다. 그런 점에서 기승전결의 과정이 담긴 한 주제 설교는 강점이 있습니다. 한 주제 설교에서 반전 포인트는 그 주제 혹은 선택한 본문에 대해 회중이 당연하다고 여기는 것을 뒤집어엎음으로써 만들어 낼 수 있습니다. 무조건 뒤집어엎는 것이 아닙니다. 주제에 대해 혹은 선택한 본문에 대해 깊이 묵상하다 보면 보통 사람들이 일반적으로 보고 느끼는 것에서 한

층 더 파고들 수 있습니다. 앞에서 말한 '프로네오'와 '도키마조'가 여기서 중요한 역할을 합니다.

저는 늘 이렇게 말합니다. "성경을 읽고 묵상할 때 보통 사람들보다 한두 겹만 더 파고들도록 힘쓰십시오." 거기서 반전 포인트가 만들어집니다. 다 알고 있다고 생각했는데 실은 전혀 모르고 있다는 것이 드러납니다. 다 알고 있던 개념이 실은 잘못된 개념이라는 사실이 드러납니다. 그러한 식으로 반전 포인트가 만들어질 때 회중은 "아!" 하면서 감탄하고 몰입합니다.

처음 시작하는 사람들은 설교 구성에 대한 생각이 구체화되는 대로 백지에 도표 혹은 흐름표flow-chart를 그려 보는 것이 도움이 될 것입니다. 그렇게 하다 보면 나중에는 굳이 펜으로 그리지 않아도 머릿속에 그림이 그려집니다. 하지만 그렇게 될 때까지는 펜과 종이 혹은 컴퓨터를 사용하는 것이 좋습니다. 삼대지 설교나 해설 설교를 준비할 때도 마찬가지입니다. 건물을 지을 때 처음에는 '개념도'를 그립니다. 이것은 새로 지어질 건물에 대한 아주 기본적인 큰 그림이라 할 수 있습니다. 개념도를 두고 계속 수정하는 가운데 완전한 설계도가 나옵니다. 이와 같이, 설교문을 작성하기 전에 설교에 대한 개념도를 그리라는 뜻입니다.

비유, 이미지, 이야기

이 단계에서 주제를 밝혀 줄 '비유'나 '이미지'나 '이야기'를 찾는 작업도 해야 합니다. 설교의 대상이 비밀이요 신비이기에 언어와 논리로 담아낼 수 없거나 어려운 경우가 많습니다. 어떻게든 이해하고 어떻게든 표현하려고 노력하지만 만족스럽지 않습니다. 삼위일체 교리도 그렇고, 예수님의 동정녀 탄생, 세례, 십자가에서의 죽음, 부활, 승천, 재림, 새 하늘 새 땅, 구원, 하나님 나라 같은 주제들은 비유와 이미지와 이야기의 도움 없이는 설명할 수 없습니다. 그중에서도 가장 어려운 것이 십자가일 것입니다. 복음을 설명하는 데 가장 중요한 것이 십자가인데, 그 십자가의 능력을 논리적 언어로는 만족스럽게 설명할 수 없습니다. 이천 년 전 유대 땅에서 흘렸던 십자가의 보혈이 '지금' '나'의 구원의 능력이 된다는 것을 언어와 논리로 완벽하게 설명할 수 있다면 복음을 안 믿을 사람이 없을 것입니다. 그래서 경험적이고 논리적인 언어에 더하여 비유와 이미지와 이야기를 사용하는 것입니다. 예수님이 비유를 자주 사용하신 이유가 바로 여기에 있습니다.

그러므로 설교를 구성하는 과정에서 주어진 주제에 대한 적절한 비유를 찾는 것은 매우 중요합니다. 이 글을 정리하고 있는 지금 제가 준비하고 있는 설교에서는 입양아가 생모를 찾는 이야기를 비유로 사용할까 합니다. 예수 그리스도를 통해 하나님의 자녀로 회복된 사람에게 일어나는 변화를 설명하기 위한 것입니다. 이러한 예를 들 때는 회중 가운데 그런 사람이 있을 수 있다는 사실을 염두에 두어야 합니다. 절대로 부정적인 언사를 쓰지 말아야 하며, 필요하다면 "여러분 가운데 이런 입장에 있는 분들에게 잠시 양해를 구합니다"라고 말하는 것도 좋습니다.

한국에서 입양되어 온 아이는 양부모가 진짜 부모인 줄 알고 자랍니다. 그에게는 자신이 태어난 나라가 아무런 의미가 없습니다. 그런데 나중에 자라서 자신이 한국에서 입양되어 온 것을 알면 한국이라는 나라가 새롭게 다가옵니다. 게다가 생모를 찾게 된다면 더 큰 변화를 맞습니다. 과거에는 전혀 몰랐던 세상이 생모를 통해 불현듯 다가오는 것입니다. 그 사람은 한순간에 활짝 열린 새 세상에 맞추어 자신을 해체한 다음 다시 만들어 가야 하는 도전에 직면합니다. 그것은 아주 혼란스럽고 또한 고통스러운 일입니다. 그것이 두려워서 생모를 찾지 않는 사람이 있는가 하면, 생모를 찾고도 거리를 두고 살아가는 사람도 있습니다. 예수 그리스도를 통해 하나님을 안다는 것이 바로 이런 것입니다. 그동안 알지 못했던 하나님 나라가 그 사람에게 활짝 열리는 것이고, 그 사람은 자신에게 열린 새 세상에 맞추어 자신을 해체했다가 다시 만들어 가야 합니다.

얼마 전에는 삼위일체를 설명하면서 '페리코레시스'περιχώρησις를 비유로 사용했습니다. 페리코레시스는 고대 교회 지도자들이 사용했던 비유 가운데 하나입니다. 헬라어 페리코레시스는 '회전'rotation을 의미합니다. '코레시스'는 현대 영어 '코리오그라피'choreography, 안무의 뿌리입니다. 여러 사람이 손에 손을 잡고 빙글빙글 돌면서 춤추는 것이 페리코레시스입니다. 우리 고유의 민속춤인 강강술래를 생각하면 됩니다. 이 그림은 삼위일체에 대한 아주 좋은 비유입니다. 삼위일체를 잘못 설명하면 삼신론('일체'의 측면을 제거한)이나 양태론('삼위'의 측면을 제거한)으로 흐릅니다. 한국 교회에서 삼위일체를 설명하기 위해 사용해 온 비유들은 대개 양태론의 오류를 가지고 있습니다. 예컨대, 태양은 하나인데 때로는 빛으로, 때로는 열로 나타나는 것처럼 하나님은 한 분인데 때로는 성령으로, 때로는 예수로 나타난다는 설명은 양태론입니다. 물이 비유로 사용되기도 합니다. 물이 때로는 액체로, 때로는 고체로 그리고 때로는 기체로 변하는 것처럼 한 분 하나님이 세 가지 다른 모습으로 일하신다는 것입니다. 이것 역시 양태론입니다. 이것은 삼위일체를 왜곡한 것입니다. 여기서 우리는 비유라고 무조건 좋은 것은 아니라는 사실을 발견합니다. 잘못된 비유는 사용하지 않는 것만 못합니다.

삼위일체를 이야기로 그린 작품 중에 최고는 윌리엄 폴

영William Paul Young의 『오두막』The Shack이라 할 수 있습니다.[21] 이 소설은 삼위일체를 논리적으로 설명한 어떤 책보다 삼위일체 하나님의 신비를 잘 느끼도록 도와줍니다. 그런 관심사를 가지고 이 소설을 읽으면 연신 고개를 끄덕이게 됩니다.

비유와 이미지와 이야기를 찾아내는 능력은 선천적으로 주어지기도 하지만 노력과 연습을 통해 개발되기도 합니다. 저는 어릴 때부터 말주변이 좋은 사람들을 부러워했습니다. 다른 사람들 앞에서 말하는 것을 매우 어려워하고, 두세 사람이 저를 주목하면 얼어 버릴 정도로 수줍음이 많았습니다. 친구들은 제 말에 귀를 기울여 주지 않았습니다. 재미가 없었기 때문입니다. 어릴 때부터 저는 듣는 편에 속했습니다. 그런 사람이 결국 말로 살아가게 될지 저도 몰랐습니다.

지금의 저를 보는 분들은 제 과거 이야기를 믿지 못합니다. 제가 하는 말과 쓰는 글은 지속적인 노력과 연습으로 만들어진 것입니다. 지금도 준비 안 된 상태에서 말할 자리에 서면 잠시 얼어붙을 때가 있습니다. 단 몇 초라도 머릿속으로 준비를 해야 합니다. 적절한 비유와 이미지를 찾아내는 능력 그리고 이야기를 만들어 내는 능력도 역시 부단한 노력과 연습으로 자라 갑니다. '내가 전해야 하는 진리를 어떻게 회중에게 제대로 전달할 수 있을까?'라는 질문을 붙들고 매일 씨름하다 보면 그런 능력이 자랍니다.

예화

이 단계에서 적절한 '예화'를 찾는 것도 중요한 일입니다. 때로 예화는 설교 전체를 요약해 주고 또한 결론지어 주는 역할을 합니다. 하지만 때로는 설교의 영향력을 갉아먹기도 합니다. 그런 점에서 몇 가지 드릴 말씀이 있습니다.

첫째, 예화집을 뒤지지 마십시오. 그것은 '죽은 예화'입니다. 뻔한 예화는 오히려 해롭습니다. 앞에서 말씀드린 대로, 공감하는 귀와 마음으로 지내다 보면 살아 있는 예화들이 발견됩니다. 예화집에서 찾아낸 식상한 예화보다는 지금 교인들의 삶에서 일어나는 혹은 세상에서 일어나는 예들이 훨씬 강력한 영향을 미칩니다. 예수님이 사용하신 예화들도 모두 보통 사람들의 일상적인 삶의 이야기에서 나온 것들입니다.

둘째, 위인의 이야기를 예화로 쓸 경우에는 그 사람에 대한 충분한 연구를 해야 합니다. 어릴 때 제가 들었던 설교자들은 주로 서양 위인의 일화를 예화로 사용했습니다. 지금도 그런 경향은 여전합니다. 대개의 경우 성공 사례에 대한 예화입니다. 그 예화들은 대개 상황을 지나치게 단순화시켜 성공의 비법을 전수하려는 경향이 있습니다. 또한 예화의 주인공을 위인으로 혹은 완전한 신앙인인 것처럼 미화하는 경향이 있습니다. 게다가 출처가 분명하지 않은 경우가 많습니다. 또한 설교자가 그 사람에 대한 기본적 이해 없이 예화로만 사용하는 경우도 많습니다. 그러므로 믿을 만한 전기나 평전을 읽는 중에 발견한 예화가 아닌, 예화집이나 다른 경로로 단편적인 일화를 찾았다면 반드시 그 사람에 대한 기본적인 연구를 해야 합니다. 그 일화의 주인공의 전체적 삶에 대한 평가가 부정적일 수 있기 때문입니다.

과거에는 설교자가 회중보다 교육 수준이 높은 편이었습니다. 하지만 지금은 사정이 다릅니다. 특히 도시권 교회에서 만나는 회중의 다수는 설교자보다 학력 수준도 높고 지식도 뛰어납니다. 이민자들의 경우는 더욱 그렇습니다. 미국 주류 사회에서 사는 이민자들은 여유 시간이 많기 때문에 수준 높은 책들을 붙들고 씨름하는 사람들이 많습니다. 한국도 마찬가지일 것입니다. 또한 설교자들이 마치 가정의학의처럼 잡다한 지식을 섭렵하지만 깊이는 부족한 경우가 많습니다. 반면, 회중은 자신의 분야에서 전문가입니다. 그러므로 어떤 예를 들때는 그 부분에 대한 정보를 정확하게 확인해야 합니다. 그렇지 않으면 예화로 인해 정작 메시지까지 가려지는 일이 발생할 수 있습니다.

셋째, 예화에 정직하십시오. 만들어진 이야기라면 만들어진 것이라 밝히고, 실제 이야기라면 과장하지 말아야 합니다. 설교자 자신의 이야기도 그렇고 교인의 이야기도 그렇습니다. 설교자들 중에는 '은혜 받게 하는 데 도움이 된다면 모든 것이 허용된다'는 잘못된 믿음이 퍼져 있는 것 같습니다. 하지만 그렇지 않습니다. 그것은 설교자의 정직성의 문제이며, 그런 일이 반복될 때 회중은 설교자에 대한 신뢰를 잃습니다.

제가 아는 목사님 한 분이 오래전에 이 문제로 교회를 떠나야 했습니다. 그는 자신에게 일어난 신기한 일들을 설교 중에 자주 나누었습니다. 교인들이 처음에는 그 이야기에 혹했습니다. 하나님의 역사가 그에게는 특별하게 작용하는 것 같았습니다. 그런데 시간이 흐르면서 그가 설교 중 나눈 간증들이 꾸며낸 것이거나 과장된 것이라는 사실이 하나씩 밝혀졌습니다. 설교자에 대한 신뢰가 무너지면 더 이상 목회는 가능하지 않습니다. 따라서 자신에게 일어난 일 혹은 교인에게 일어난 일을 예화로 사용할 때는 과장하기보다는 절제해야 합니다. 과장하게 되면 본인에게도 해롭고 듣는 사람에게도 해롭습니다. 교인의 이야기를 예화로 사용할 때는 본인에게 미리 허락받는 것을 잊지 마시기 바랍니다.

넷째, 자신의 이야기를 할 때는 여러 가지로 조심할 필요가 있습니다. 이야기를 꾸며내거나 과장하지 말아야 할 뿐 아니라, 자랑으로 들리지 않도록 조심해야 합니다. 아리스토텔레스는 에토스에 대해 말하면서 "말하는 사람이 말로써 자신의 에토스를 드러내는 것은 제일 위험한 일 중에 하나"라고 지적혔습니다. 에토스는 저절로, 자연스럽게 전달되게 하는 것이 제일 좋습니다. 자신이 의도하지 않아도 설교자의 내면은 설교를 통해 드러나게 되어 있습니다. 하지만 자신의 이야기를 꼭 할 필요가 있다고 느낄 때가 있습니다. 그럴 때는 자랑이 되지 않도록 조심해야 하고, 고백적으로 말하도록 주의를 기울여야 합니다. 무엇보다도 설교자는 다수의 교인들에게는 롤모델의 역할을 합니다. 그러므로 설교 중에 드러내는 자신의 모습이 교인들에게 어떤 영향을 미칠 것인지를 따져 보아야 합니다.

다섯째, 예화로 사용하지 말 것들이 있습니다. 지나치게 웃기는 이야기는 피하는 것이 좋습니다. 유머에 대해서는 다음에 따로 말씀드리겠습니다만, 그런 이야기들은 설교의 주제를 압도할 수 있습니다. 설교 주제에 대해서는 망각하고 웃음을 터뜨리게 했던 이야기만 기억합니다. 한 방 크게 터뜨리는 것은 예능 프로에 출연한 연예인들이 추구할 일이지 설교자가 추구할 일은 아닙니다. 유머는 주제를 전달하는 과정에서 부수적으로 필요한 것일 뿐입니다. 아울러, 드라마나 영화 혹은 예능 프로를 예화로 사용하는 것도 조심해야 합니다. 잘 선별하고 절제해서 사용해야 합니다. 안이하게 회중을 대하다 보면, 설교 때마다 TV 드라마나 예능 프로에서 본 것을 이야기하게 됩니다. 그것은 설교자의 천박한 영성을 드러내는 일이며 그의 사적 영역이 어떠한지를 보여주는 일입니다.

여섯째, 예화가 절대적 요소는 아님을 인정하시기 바랍니다. 아무리 좋은 예화를 알고 있다 해도 설교 주제에 꼭 맞는 것이 아니면 치워 놓으십시오. 나중에 쓸 일이 있을 것입니다. 한 주제 설교를 제대로 한다면 설교 전체가 하나의 이야기 역할을 합니다. 설교의 전체 흐름 안에 긴장도 있고 위기도 있으며 반전도 있다면 따로 예화가 필요 없습니다. 삼대지 설교에는 이야기 요소를 가미시키기 어렵기 때문에 예화의 필요성이 더욱 커집니다. 대지 하나마다 예화를 하나씩 찾아 사용할 수 있으면 설교 준비가 쉬워집니다. 회중도 그런 설교를 무난하게 받아들입니다. '들을 거리'가 있었다고 느끼기 때문입니다. 하지만 그런 설교를 반복하다 보면 설교자의 생각이 깊어지지 않으며, 피상적이고 단편적인 사고를 하게 됩니다. 이것은 설교자로서 큰 약점입니다.

유머

설교 구성 단계에서 '유머'에 대해 생각해 보는 것도 필요합니다. 적절한 정도의 유머는 소통에 큰 도움이 됩니다. 저는 보통 30분 정도 설교를 하는데, 회중이 30분 내내 집중하기란 쉬운 일이 아닙니다. 중간에 한두 번 정도는 긴장을 풀어 주어야 합니다. 좋은 유머는 회중을 무장 해제시킵니다. 그럴 때 오히려 말씀에 대한 수용력이 커집니다. 하지만 좋은 유머를 사용하는 것은 쉽지 않습니다. 유머감각은 보통 타고나는 것이기 때문입니다. 저같이 무미건조한 사람들에게는 아주 어려운 일입니다. 유머가 회중을 무장 해제시키려면 치밀한 계산으로 정확한 타이밍을 포착하여 적절하게 표현해야 합니다. 하지만 유머감각도 어느 정도는 개발될 수 있다는 것을 경험해 오고 있습니다. 타고난 사람처럼 능수능란하게 할 수는 없어도 설교 중에 한두 번 긴장을 풀어 주는 정도는 가능해집니다.

위에서 저는 '좋은 유머'라는 표현을 썼습니다. 그렇다면 '나쁜 유머'도 있다는 뜻입니다. 과거에 생각 없이 사용했던 나쁜 유머의 대표적인 예는 약자를 조롱하고 흉내 내는 것입니다. 과거에 얼마나 오랫동안 온 국민이 영구와 맹구 이야기를 즐겼습니까? 그것이 소수의 약자들을 얼마나 비참하게 만들지는 생각하지 않았습니다. 제가 어릴 적에 보았던 부흥사들도 무신경하게 장애인 흉내를 내면서 회중을 웃겼습니다. 거친 말 혹은 욕설 같은 것을 사용하여 웃기는 사람들도 있습니다. 그것도 좋은 예라고 할 수는 없습니다.

주제를 전개하는 중에 자연스럽게 웃음을 유발시키는 것이 좋은 유머입니다. 본문에 숨겨져 있는 의미를 드러내거나 생활 속에서 발견되는 반짝이는 지혜도 유머의 도구가 됩니다. 얼마 전, 설교 중에 창세기 2:18("여호와 하나님이 이르시되 사람이 혼자 사는 것이 좋지 아니하니 내가 그를 위하여 돕는 배필을 지으리라 하시니라") 말씀을 언급하게 되었습니다. 이 구절에 나오는 '사람'에 해당하는 히브리어는 '남자'라고 번역해야 합니다. 그 사실을 언급하면서 "제가 살아 보니 정말 남자는 홀로 있는 것이 좋지 않습니다. 여성들은 홀로 있어도 얼마든지 아름답고 깨끗하게 사는데, 남성들은 그렇지 못합니다. 아마 하나님께서 여자를 먼저 지으셨다면 남자가 창조되지 않았을지도 모릅니다"라고 말했더니 교인들이 공감하면서 웃으십니다. 그런 식의 짧은 유머가 깃들어지면 회중의 마음이 말씀을 받는 데 더 잘 준비될 수 있을 것입니다.

최고의 유머는 예수 그리스도의 복음 안에 숨겨져 있는 '진리의 반전'을 제대로 드러내는 것입니다. 복음 안에서 하나님 나라를 보고 그 나라의 시각으로 세상과 인생사를 보면, 뒤집어지고 뒤바뀐 것들이 보입니다. 그런 것을 잘 담아내면 품격 높은 유머가 됩니다. 그냥 웃고 마는 유머가 아니라 듣는 사람에게 허를 찔린 느낌을 가지게 하고 계속 생각하게 만들어 줍니다. 일상의 대화에서 혹은 강의와 저술에서 이런 유머를 가장 잘 활용하는 사람이 스탠리 하우어워스입니다. 그는 자신의 회고록에서 이렇게 말합니다.

내 강의에서는 사람들이 많이 웃는다. 나는 웃는 것을 좋아하고,

사람들과 함께 웃는 것을 좋아한다. 꼭 웃기려고 하는 것은 아니지만 '짤막한 농담'을 잘하는 나의 재능은 내가 생각하는 방식과 관련이 있지 않을까 싶다. 복음의 눈을 통해 세계와 우리 자신을 볼 줄 알게 되면 세상은 심오하게 희극적인 곳으로 변한다. 달리 표현하자면, 그리스도인에게는 잃을 것이 없으니 진실을 말하는 편이 더 낫다고 할까. 그런 진실은 종종 우리를 놀라게 하고 기쁘게도 한다. 바라기는, 그런 놀라움과 기쁨이 강의를 즐겁게 만드는 원천이었으면 한다.[22]

예화와 마찬가지로, 유머의 경우에도 없으면 안 쓰는 것이 좋습니다. 유머에 집착하다 보면, 설교의 주제와는 전혀 상관없는 우스갯소리를 사용하는 잘못에 빠지게 됩니다. 또한 설교자가 유머를 찾느라 과도한 시간과 노력을 허비할 수 있습니다. 없으면 없는 대로 하는 것이 좋습니다.

제가 아는 분 중에 유머감각이 탁월하여 설교 중에 한 번은 꼭 유머를 사용하시는 분이 계셨습니다. 그분은 훌륭한 설교자였습니다. 거기에 유머가 더해졌으니 더할 나위 없었습니다. 그런데 그분이 섬기는 교회에 다니는 분에게서 흥미로운 이야기를 전해 들었습니다. 그분의 유머가 매우 품격 있으면서도 재미있다 보니, 교인들이 주일마다 '오늘은 어떤 유머를 들고 나오실까?' 하고 궁금해하더라는 것입니다. 그분의 설교 메시지를 기다리는 것이 아니라 설교 중에 들을 유머를 더 기대했던 것입니다. 그 이야기를 듣고는 제게 유머감각이 부족하다는 것을 장점으로 받아들이게 되었습니다. 무엇이든 과한 것은 좋지 않습니다.

비디오 도구

지금은 영상 시대입니다. 듣는 것보다 보는 것이 더 빠른 세대입니다. 배우기보다는 느끼기를 더 좋아하는 세대입니다. 그렇기 때문에 설교 중에도 무엇인가를 보여주고 느끼게 해주는 것이 도움이 될 수 있습니다. 요즘 교회의 예배실에는 크고 작은 스크린이 전면에 비치되어 있습니다. 현대 찬양예배에 스크린이 필수적인 것이 되어 버렸지만, 설교 중에도 스크린은 유익하게 사용될 수 있습니다.

저의 경우, 설교 중에 다섯 개에서 열 개 정도의 슬라이드를 사용합니다. 설교 중 인용하는 성경 본문의 경우에는 거의 어김없이 스크린으로 띄웁니다. 이민 교회이기에 한글과 영문을 나란히 보여줍니다. 과거에는 그럴 경우 성경을 직접 찾아 읽게 했습니다만, 스크린이 준비되어 있는 지금은 그럴 필요가 없습니다. 회중을 수동적으로 만드는 위험성이 있기는 합니다만, 중요한 것은 메시지를 전달하는 것이라고 믿기에 그렇게 합니다. 또한 중요한 포인트를 간략하게 제시하기도 하고, 어떤 사건을 예로 들 때 이미지를 보여주기도 합니다.

경험으로 말하자면, 슬라이드가 너무 많은 것은 오히려 해가 됩니다. 여기에는 객관적 기준이 없습니다. 해보면서 적절한 정도를 판단해야 합니다. 그래서 저는 설교 원고를 마친 다음에 슬라이드로 만들 부분을 제가 직접 정해 줍니다. 다른 사람에게 맡기면 열심이 과하여 지나치게 많은 슬라이드를 만들기 때문이며, 때로는 설교자로서 강조하고 싶은 부분을 놓칠 수 있기 때문입니다.

요즘에는 비디오 클립을 설교 중에 사용하는 경우가 증가하고 있습니다. 영상 선교 단체에서 3분에서 5분 사이의 좋은 영상을 계속 만들어 공급하고 있는데, 그중에는 꽤 좋은 것들이 많습니다. 또한 유튜브 혹은 갓튜브Godtube에 들어가서 다루려는 주제를 클릭하면 좋은 영상을 찾을 수 있습니다. 설교 중 적절한 타이밍에 그런 영상을 보여주면 강력한 감동을 이끌어낼 수 있습니다. 저 자신도 한때 영상을 자주 사용했었습니다.

하지만 영상의 사용이 독으로 작용할 수도 있음을 기억할 필요가 있습니다. 영상이 회중에게 주는 감동이 감정의 표피만을 건드리는 경우가 적지 않습니다. 파토스에 대한 논의에서 말씀드린 것처럼, 사람들은 감정의 변화를 성령의 터치로 쉽게 오인합니다. 그러므로 어떤 영상에 감동하고 눈물을 쏟을 경우 설교자도, 회중도 "은혜 받았다"고 오인할 수 있습니다. 그런 표피적 감동에 익숙해지면 마약과 같이 더 강한 감동을 추구하게 되어 있습니다. 또한 영상의 사용은 설교자가 설교 준비에 안일하게 대하도록 만들 수 있습니다. 본문을 붙들고 씨름하고 기도하여 말씀의 생수를 길어 올리기를 게을리하며 인터넷 서핑에 시간을 허비하는 어리석음에 빠질 수 있습니다.

　　최근 몇 년 동안 저는 영상 자료를 거의 사용하지 않았습니다. 제가 와싱톤한인교회에서 몇 차례 진행한 '문화영성 프로젝트'의 경우는 예외입니다.[23] 제한된 설교 시간의 적지 않은 분량을 비디오에 넘겨 줄 겨를이 없기 때문입니다. 또한 교인들이 표피적 감동을 은혜로 오인하기를 원하지 않기 때문입니다. 지금 저의 입장은 설교 중에 비디오 클립을 사용하는 것은 예외적인 경우여야 한다는 것입니다.

□　설교 원고 작성

네 가지 유형

　　설교에 대한 구상이 끝나면 설교문을 쓰는 단계로 넘어

갑니다. 설교문을 준비하는 유형에도 여러 가지가 있습니다. 저의 관찰이 옳다면 적어도 네 가지 유형이 사용되고 있습니다.

첫째, 설교의 요점만 노트하는 유형입니다. 삼대지 설교나 해설 설교의 경우에는 이렇게 준비하는 것이 가능합니다만, 한 주제 설교의 경우에는 아주 위험한 방법입니다. 간단한 흐름표만을 가지고 기승전결의 흐름을 이끌어 가는 것은 보통의 구변 능력이 아니고는 불가능합니다. 저는 새벽기도회를 인도할 때 혹은 주중 예배를 인도할 때 노트를 가지고 설교합니다. 이 방식에는 나름대로 장점이 있습니다. 준비된 골격에 현장에서 회중과의 상호작용-interaction을 통해 발생하는 아이디어와 감정을 더할 수 있기 때문입니다.

서재에서 홀로 말씀을 준비하는 것과 회중과 얼굴을 맞대고 말하는 것은 분명히 차이가 있습니다. 인간은 영적 존재이기 때문에 영혼과 영혼이 마주칠 때 더 큰 무엇인가가 더해집니다. 하지만 이 유형에는 단점도 많습니다. 때로 준비되지 않은 말로 '설화'說禍를 겪을 수 있습니다. 특히 교회에 예민한 문제가 발생할 때면 그럴 가능성이 커집니다. 또한 같은 예화를 무심코 반복할 위험이 있습니다. 인간의 기억력에 한계가 있기 때문입니다. 심한 경우에는 설교 전반부에서 사용한 예화를 후반부에서 반복하기도 합니다.

둘째, 완전한 원고를 쓰고 강단에서도 그 원고를 충실하게 따르는 유형입니다. 저는 주일 설교의 경우 이 유형을 사용해 왔습니다. 처음부터 그렇게 했습니다. 이 책을 정리하면서 스스로에게 물어보았습니다. '왜 내가 이 유형을 나의 표준으로 삼았을까?' 생각해 보니, 집히는 것이 있었습니다.

청년 시절에 어느 청년 집회에 갔는데, 강사가 설교 원고를 한 장 한 장 넘기면서 설교를 했습니다. 저는 그 모습에서 아주 깊은 인상을 받았습니다. 그분의 말에 신뢰가 갔습니다. 그 전까지는 즉흥적인 설교 혹은 메모에 근거한 설교만 들었는데, 잘 준비된 원고 설교를 접하니 신뢰감이 생겨난 것입니다. 그래서 그것이 제게 모델이 된 것 같습니다.

서문에서 소개했듯이 설교자로서 저의 형성 과정에 큰 영향을 미친 분은 새문안교회를 섬기셨던 고 김동익 목사님입니다. 저는 그분의 글과 설교를 좋아했습니다. 그래서 신학생 시절에 자주 그분의 설교를 들었습니다. 그분의 설교를 통해 이 방식이 제게 고정된 것 같습니다. 또한 저는 그분에게서 명료한 딕션 곧 발음의 중요성을 배웠습니다. 그분은 결코 달변가가 아니었습니다. 하지만 집중하게 하는 무언가가 있었습니다. 한 단어도 그분의 입에서 그냥 흘러나오지 않았습니다. 설교문에 있는 모든 단어를 정확하게 씹어서 말씀하셨습니다. 그것이 좋아 보였던 것 같습니다. 저도 모르는 사이에 그렇게 설교하고 있는 저를 발견했기 때문입니다.

완전한 원고를 작성하는 것에는 그 외에도 여러 가지 장점이 있습니다. 앞에서 말한 대로, 생각하는 것과 말하는 것이 다르고, 말하는 것과 글로 쓰는 것이 다릅니다. 차분히 앉아서 묵상한 내용을 적다 보면 엉클어진 생각의 실타래가 술술 풀려 나가는 것을 경험합니다. 묵상할 때는 전혀 떠오르지 않던 생각이 글을 통해 끌려 나옵니다. 그렇기 때문에 정연하게 정리된 말씀을 나눌 수 있는 장점이 있습니다. 또한 즉흥적인 말로 인한 실수를 방지할 수 있습니다. 즉흥적인 말이 강할 수도 있지만 실언의 가능성도 있습니다. 실언하고 나면 주워 담을 수 없습니다. 또한 같은 예화를 반복하는 잘못을 피할 수도 있습니다.

원고를 작성하는 과정에서 언어를 꾸준히 연마하는 것이 중요합니다. 언어라는 것이 참 놀랍습니다. 상투적이고 판에 박힌 언어는 듣는 사람들을 무감각하게 만듭니다. 반면, 똑같은 내용을 말해도 신선한 언어와 표현을 사용하면 정신이 번쩍 납니다. 그러려면 원고를 작성한 후에 여러 번 읽으면서 갈고닦아야 합니다. 한 문장, 한 단어도 무심코 쓴 것이 없도록 고치고 또 고쳐야 합니다. 보석 세공사가 미세한 흠까지 없애려고 연마하듯 말입니다. 이 점에서 마틴 로이드 존스는 아주 좋은 모범입니다. 그의 설교에 수많은 군중이 모이는 현상에 대해 「해럴드 오브 웨일스」 신문은 이렇게 논평했습니다.

독터[의사 출신인 로이드 존스를 가리키는 칭호]의 설교에서 느낄 수 있는 한 가지 매력은, 그가 사용하는 언어가 완전히 그만의 고유한 언어라는 점이다. 케케묵은 용어도, 상투어도 아니다. 옛날부터 쓰는 구태의연한 표현도 아니다. 설교자들의 의례적인 언어에서 자유롭다는 것이 그가 사람들을 끌어모으는 힘의 비결인 것이다.[24]

이것을 '타고난 능력'이라고 치부하지 마시기 바랍니다. 이것은 연마하여 개발되는 능력입니다. 자신에게 주어진 비밀을 제대로 전달하려는 열심과 노력이 있다면 적절한 언어와 표현을 찾게 되어 있습니다. 상투어를 사용한다는 것은 말하는 사람의 생각이 죽어 있다는 뜻입니다. 가족에 대한 사랑이 주부로 하여금 끼니마다 새로운 음식을 준비하는 수고를 기쁘게 감당하게 합니다. 이와 마찬가지로, 회중에 대한 사랑이 설교자로 하여금 식상한 언어를 쓰레기통에 버리고 새로운 재료를 구하여 신선한 음식을 준비하게 합니다.

강단에서 원고를 충실히 따라가며 설교하는 것은 결코 나쁘지 않습니다. 다만 원고를 읽으면서도 말하는 것처럼 설교하는 것이 필요합니다. 원고를 쓸 때도 말하는 것을 상상하면서 구어체로 쓰는 것이 필요합니다. 저는 문장을 작성하면서 속으로 읽으면서 호흡과 리듬까지 점검합니다. 거듭 하다 보면 무의식적으로 그렇게 하게 됩니다. 강단에 서서 설교할 때도 가능한 대로 회중의 눈을 맞추어 가며 말하는 것처럼 읽습니다. 원고를 여러 번 읽으면서 수정하다 보면 원고의 내용과 흐름의 대부분이 머릿속에 저장됩니다. 그러므로 원고를 충실히 따르지만 원고에 매이지 않을 수 있고, 읽지만 말하는 것처럼 설교할 수 있습니다.

셋째, 충실하게 원고를 쓰고 숙지한 후에 원고 없이 자유롭게 설교하는 유형이 있습니다. 유진 피터슨은 설교 원고를 완전하게 작성하지만 단에 오를 때는 빈손으로 올라간다고 합니다. 마틴 로이드 존스도 이 유형이 제일 좋다고 말합니다. 그러면서 강단에서 즉흥적으로 떠오른 내용을 자유롭게 더하라는 것입니다. 저는 한 번도 그렇게 시도해 보지 않아서 이 유형에 대해 뭐라 말할 입장이 아닙니다. 앞에서 말씀드린 저의 기준 때문에 꼭 그럴 필요가 없다고 생각했기 때문입니다. 하지만 매 주일 이러한 원칙을 충실히 지키는 설교자들은 존경과 칭찬을 받을 만한 자격이 있습니다.

넷째, 충실하게 쓴 원고를 완전히 외워서 설교하는 유형이 있습니다. 이 유형의 설교자로는 100주년기념교회 이재철 목사님이 대표적입니다. 그분에게는 나름대로 터득한 암기 방식이 있습니다. 준비한 원고를 가장 작은 폰트로 프린트하여 사진을 찍듯 원고의 이미지를 머릿속에 저장하는 방식입니다.

그분의 증언에 의하면, 이런 방식으로 훈련이 되면 암기하는 것이 그리 어렵지 않다고 합니다. 하지만 그분도 얼마 전부터는 건강 문제로 인해 원고를 보면서 설교하는 방식으로 바꾸었습니다. 이 유형에 대해서도 저는 어떤 평가를 할 입장이 아닙니다. 꼭 그렇게 해야 한다는 확신도 없고, 그래 본 적도 없기 때문입니다. 하지만 그렇게 하는 정성에 대해서는 존경을 표합니다.

네 가지 유형 중에 어느 것을 택할지는 여러분의 상황과 경험과 배경에서 결정하십시오. 그동안의 경험으로 볼 때, 적어도 주일 설교만큼은 철저히 원고를 작성하라고 권합니다. 작성한 원고를 할 수 있는 대로 여러 번 읽고 다듬으십시오. 문학적인 면에서 그리고 문법적인 면에서 완성도를 최대한 높이십시오. 그런 다음 설교 중에 그 원고를 어떻게 사용할지는 각자여러분 자신에 맞게 정하시기 바랍니다.

디아트리베

설교 구상이 어느 정도 이루어지면 원고를 작성합니다. 설교자의 어려움 중 하나는 묵상과 구상이 충분히 되어 있지 않아도 시간이 되면 원고를 써야 하고 또 설교를 해야 한다는 사실에 있습니다. 일반 작가들은 글에 대한 구상이 충분히 이루어질 때까지 기다릴 수 있습니다. 조정래 작가의 자전에세이 『황홀한 글감옥』을 보면, 얼마나 오랫동안 연구와 구상과 준비를 한 다음에 글을 쓰는지를 알고 놀랍니다.[25] 물론 훌륭한 작가의 경우입니다만, 그의 작업은 거의 구도적이라 할 만합니다. 여러분도 이 책을 꼭 읽어 보시기 바랍니다. 설교자들이 배울 점이 참 많습니다.

설교도 그렇게 할 수 있으면 얼마나 좋겠습니까? 하나의 본문에 대해 연구와 묵상과 구상이 충분히 되었을 때 설교할 수 있다면 말입니다. 하지만 대개의 경우 그럴 수 없습니다. 때가 되면 원고를 써야 하고, 때가 되면 강단에 서야 합니다.

저의 경험으로 말씀드리자면, 우리의 몸뿐 아니라 정신과 영혼도 규칙적인 습관으로부터 큰 도움을 받을 수 있습니다. 본문을 선정하고 연구하고 묵상하고 구상하여 원고를 작성하는 과정이 매 주일 규칙적으로 이루어지도록 몸과 마음에 습관을 들여야 합니다. 이 책의 제목대로 '설교자의 일주일'에 규칙과 리듬이 있어야 한다는 뜻입니다. 앞에서 밝힌 대로 저는 목요일에 원고 작성을 시작합니다. 그렇게 한 지 벌써 15년이 되어 갑니다. 그러다 보니 이제는 제 마음과 영혼까지 이 리듬에 익숙해져 있습니다. 목요일이 되면 원고 작성을 시작할 만한 준비가 이루어집니다. 준비가 충분히 되어 3-4시간이면 초고를 완성할 때도 있고, 어떤 때는 하루 종일 초고의 반도 못

쓰는 경우도 있습니다. 하지만 썼다 지웠다 하는 과정도 묵상의 한 과정이라는 것을 배웠습니다. 그러므로 장례식이나 위기 심방 같은 특별한 일이 없는 한, 정해진 날짜와 시간에 원고 작성을 시작하는 것이 좋습니다.

원고를 쓰는 동안에 설교자는 듣는 사람들이 가질 만한 반론 혹은 질문을 생각해야 합니다. 그것들 중에는 그냥 무시하고 넘어가서는 안 되는 것들이 있습니다. 또한 그런 반론 혹은 질문이 설교의 진행을 이끄는 견인차 역할을 하기도 합니다. 설교자가 회중을 대신하여 질문을 제기하고 그 질문에 대해 답하는 방식은 이미 오래전부터 사용되어 온 수사 기법입니다. 그것을 헬라어로 '디아트리베'διατριβή라고 부릅니다. 이 기법은 예수님의 말씀에도 나옵니다만, 바울 사도는 그의 편지에서 이 기법을 자주 사용합니다. 특히 로마서에서 바울은 디아트리베 기법을 주요 도구로 사용합니다. 3장에는 바울의 가상적 질문으로 가득차 있습니다.

- 그런즉 유대인의 나음이 무엇이며 할례의 유익이 무엇이냐1절.
- 어떤 자들이 믿지 아니하였으면 어찌하리요. 그 믿지 아니함이 하나님의 미쁘심을 폐하겠느냐3절.
- 그러나 우리 불의가 하나님의 의를 드러나게 하면 무슨 말 하리요. [내가 사람의 말하는 대로 말하노니] 진노를 내리시는 하

나님이 불의하시냐5절.

• 또는 그러면 선을 이루기 위하여 악을 행하자 하지 않겠느냐8절.

• 그러면 어떠하냐. 우리는 나으냐9절.

• 그런즉 우리가 믿음으로 말미암아 율법을 파기하느냐31절.

　이렇게 회중의 입장에서 질문하고 대답하는 방식으로 주제를 전개해 나갑니다. 이 기법에 대해 관심이 간다면, 로마서를 처음부터 읽어 가면서 모든 의문문에 밑줄을 치고 살펴보시기 바랍니다. 이 기법은 여러 가지 장점을 가지고 있습니다.

　첫째, 주제에 대한 논의를 점점 깊은 차원으로 이끌어 갈 수 있습니다. 설교의 내용이 피상적 차원에 머무르지 않게 도와줍니다. 정용섭 목사님이 설교 비평에서 제기한 매우 중요한 주장이 있습니다. 한국 교회 강단의 설교가 주로 믿음을 '강화'시키는 데 집중되어 있는데, 실은 믿음을 '심화'시키는 것이 되어야 한다는 주장입니다. 믿음이 심화되면 자연히 강화됩니다만, 믿음이 강화된다고 심화되지는 않습니다. 오히려 기본 체력이 부실한 신앙이 됩니다. 그런 점에서 저는 이 주장에 전적으로 동의합니다. 믿음을 심화시키는 설교가 되기 위해 가장 중요한 노력이 회중의 입장에서 반론을 제기하고 그 반론에 응답하는 것입니다. 이렇게 정직하게 반론과 의문을 제기하며 그것에 답하기 위해 노력하다 보면 설교자가 신학적으로 그리고 사상적으로 깊어집니다.

둘째, 디아트리베 기법은 회중으로 하여금 설교자를 신뢰하게 하고 설교자의 말에 공감하게 만들어 줍니다. 설교자가 정직하게 씨름하고 있다는 사실은 회중에게는 신뢰감을 줍니다. 또한 설교를 듣는 중에 마음에서 고개를 들고 일어나는 의문과 반론이 이상한 것이 아니라는 사실을 느끼고 안심합니다. 한국 교회의 전반적 분위기는 설교에 대해 무조건 '아멘'을 하라는 식입니다. 선포되는 말씀에 의문을 제기하거나 반론을 제기하는 것은 사탄의 일이라고 가르칩니다. 그렇게 억압하니 표출하지는 않습니다만, 마음에서 꿈틀대는 의문과 반론은 어쩔 수 없습니다. 그것을 설교자가 대신 제기해 주고 또한 그것에 대해 정직하게 답하기 위해 씨름한다면, 회중은 큰 위로와 해소감을 느끼게 됩니다.

셋째, 디아트리베 기법은 설교자와 회중의 상호작용을 강화시킵니다. 서두에서 저는 '케뤼소'라는 단어를 설명하면서 설교는 기본적으로 일방적인 선포라고 했습니다. 회중은 그 선포에 대해 가부간의 응답을 해야 합니다. 그렇기 때문에 설교자는 일방적으로 말하고 회중은 일방적으로 듣습니다. 이러한 의사소통은 가장 비효율적인 방식입니다. 포스트모던 시대에 이르러 이런 식의 일방 소통은 점점 거부당하고 있습니다. 그런 시대이기에 이 기법은 더욱 중요해졌습니다. 이것은 설교자와 회중 사이에 보이지 않는 상호작용을 만들어 내기 때문입니다. 겉으로는 회중이 모두 침묵하고 있지만 속으로는 설교에 계속 응답합니다. 보이지 않는 차원에서 강단과 회중석 사이에 대화가 일어나고 있는 것입니다.

이것을 '기법'이라고 표현했지만, 알고 보면 기술 혹은 방법의 문제가 아니라 '태도'의 문제입니다. 진리를 대하는 태도의 문제요, 회중을 대하는 태도의 문제입니다. 진리에 대한 정직한 탐구가 있고 회중에 대한 존중심이 있다면, 원고를 작성하는 과정에서 자주 멈추어 '회중은 이 말을 어떻게 받아들일까? 제대로 이해할까? 달리 받아들이지는 않을까?'라는 질문을 하게 될 것입니다. 그러면 잠시 멈추어 그 문제를 두고 연구하고 묵상하는 시간을 가져야 합니다. 그리고 다시 글쓰기를 진행합니다. 그럴 경우 첫 문장이 이렇게 될 것입니다. "혹시 어떤 분은 이 대목에서 이렇게 질문하실지 모르겠습니다." 그때 회중은 귀를 쫑긋 세우게 되고, 자신이 느낀 문제와 같을 경우 큰 해소감을 느끼고 더욱 경청하게 됩니다.

다섯 가지 초점

원고를 작성하는 동안에 설교자가 염두에 두고 있어야 할 다섯 가지 초점이 있습니다. 그동안 본문에 대해 탐색하고 연구하고 묵상하고 구상한 내용을 글로 정리하면서 설교의 메시지가 지향할 방향을 분별하라는 것입니다.

첫째, 설교에는 '설득'persuasion의 기능이 있습니다. 신을 부정하는 사람들로 하여금 신에 대해 재고하도록 그리고 자신의 삶의 태도에 대해 다시 생각해 보도록 영향을 미치는 것입니다. 주일에 예배당에 나와 있다고 해서 다 믿는다고 전제하면 안 됩니다. 신을 믿지 않으면서 나와 있는 사람도 있고, 신의 존재를 탐색하는 과정에 있는 사람도 있습니다. 그러므로 설교자는 그런 사람들을 염두에 두어야 합니다. 모두가 믿는다고 전제하지 말아야 합니다. 그래서 설교는 믿지 않는 사람들 혹은 회의하는 사람들에게 말을 걸어 설득해야 합니다.

둘째, 설교는 '회심'conversion을 목표 삼아야 합니다. 인도의 선교사였던 스탠리 존스E. Stanley Jones는 자서전 『순례자의 노래』A Song of Ascents에서 "교회 안에 있는 사람의 삼분의 이는 여전히 복음 전도 대상이다"라고 말합니다.[26] 세 사람 중 두 사람은 진정한 회심을 거치지 않았다는 뜻입니다. 목회자만 모여 있는 자리라고 상황이 나을까요? 아닐지도 모릅니다. 그들 중에도 진정한 회심이 필요한 분들이 있을 것입니다. 그러므로 설교자는 항상 이 사람들을 염두에 두어야 합니다. 매 주일 동일한 교인 몇 사람과 예배드려야 하는 오지의 교회에서도 마찬가지입니다. 이미 회심의 단계를 거친 사람도 회심을 촉구하는 메시지를 통해 첫사랑을 회복할 수 있습니다.

셋째, 설교는 '변화'transformation를 목표 삼아야 합니다. 회심과 변화를 나누어 볼 것이냐 아니면 같은 것으로 볼 것이냐의 문제를 논하는 것은 이 책의 관심사가 아닙니다. 원론적으로 두 사건이 동전의 양면과 같이 밀접한 관계를 가지고 있습니다만, 실제로는 분리되는 경우가 많습니다. 회심은 마음의 상태를 강조하는 말이고, 변화는 삶의 방향과 삶의 질을 강조하는 말로 쓰입니다. 하나님을 등지고 살아가던 상태에서 하나님께로 돌아섰다면 그 증거가 삶에서 드러나야 합니다. 그러나 그것은 저절로 일어나지 않습니다. 그래서 세례 요한도 '회개에 합당한 열매'를 맺으라고 촉구했고 구체적인 지침도 주었습니다.마 3:8, 눅 3:8 그것이 설교 중에 포함되어야 합니다.

넷째, 설교는 '성장'growth을 목표 삼아야 합니다. 변화와 성장은 같은 말인 것 같지만 중첩되지 않는 의미가 있습니다. 긍정적인 변화가 지속되는 것을 성장이라고 할 수 있을 것입니다. 그 목표는 '그리스도의 장성한 분량'에 이르는 것입니다. 영적인 면에서 성장을 하지 않는 것은 곧 퇴보를 의미합니다. 그러므로 설교자는 회중을 영적 성장으로 이끌어야 합니다. 여기서 가장 중요한 것은 설교자 자신의 영성 생활입니다. 교인들이 설교자의 영적 성장을 볼 수 있어야 합니다. 그래서 바울 사도는 디모데에게 "너의 성숙함을 모든 사람에게 나타나게 하라"*딤전 4:15*고 말한 것입니다. 목마른 말에게 물을 먹일 수 있는 가장 좋은 방법은 시원하게 물을 마시는 모습을 보여주는 것이라고 합니다. 영적 성장도 마찬가지입니다. 설교자가 삶을 통해 그 과정을 보여주어야 합니다. 일부러 보여주려 하면 위선자가 됩니다. 저절로 드러나게 해야 합니다. 그리고 회중으로 하여금 영적 성장을 갈망하게 만들어야 합니다.

다섯째, 설교는 '실천'*action*을 목표 삼아야 합니다. 설교가 회중의 지적 욕구만 만족시키고 만다면 별 의미 없습니다. 작은 것이라도 무엇인가를 행하도록 인도해야 합니다.

하나의 설교로 다섯 가지 목표를 모두 이룰 수는 없습니다. 하지만 할 수 있는 대로 다섯 가지 요소를 모두 포함하도록 노력해야 합니다. 혹은 다섯 가지 초점을 번갈아 가면서 강조하는 것도 좋습니다. 누구에게나 잘하는 것이 있고 또한 좋아하는 것이 있습니다. 어떤 설교자는 늘 회심을 강조하는가 하면, 또 어떤 설교자는 늘 실천만 강조합니다. 여기서 말한 다섯 가지를 염두에 두고 의도적으로 균형과 조화를 이루기 위해 노력하지 않으면 그런 잘못에 빠지게 됩니다. 그렇게 되면 피해는 고스란히 교인들에게 돌아갑니다. 회심의 기쁨은 뜨거운데 열매 없는 신앙으로 흐르거나, 회심의 기쁨 없이 율법적 공로 의식이나 의무감에 빠지게 됩니다.

저는 설교를 마치고 나면 교인들과 잠시 묵상의 시간을

갖습니다. 묵상을 시작하기 전에 여기서 말한 다섯 가지의 요소를 염두에 두고 도전합니다. "여러분 중에 아직 결단하지 않은 분이 있습니까? 그렇다면 이번 기회에 결단하십시오. 이미 결단하시고 여기까지 오셨습니까? 그렇다면 우리 더욱 앞으로 나아갑시다. 오늘 말씀을 통해 성령께서 무엇을 하라고 하시는지 들어 봅시다. 그리고 순종합시다." 이런 식으로 회중의 수준에 따라 결단을 요청합니다. 그렇게 함으로 회중 전체를 품을 수 있습니다.

요리_글의 내용 정리

설교 원고 작성을 '요리' 과정에 비유해 볼 수 있습니다. 본문을 선택하고 탐색하고 연구하고 묵상하고 구상하는 모든 과정은 좋은 요리를 위한 준비입니다. 요리를 위한 모든 재료가 준비되면 본격적으로 요리를 시작합니다. 그 과정에서 영양과 맛을 잘 조화시키는 사람이 좋은 요리사입니다. 이와 마찬가지로, 설교자도 준비된 재료를 이용하여 영적 요리를 하게 됩니다. 이 과정에서 설교자는 다음의 다섯 가지 질문을 항상 스스로에게 물어야 합니다. 맛내는 일에만 몰두하느라 몸에 해로운 음식을 만들어 내는 것과 같은 어리석음을 범하지 않기 위함입니다. 또한 좋은 설교가 갖추어야 할 요소들을 골고루 갖추게 하려는 노력입니다.

첫째 질문은 '진리를 담고 있는가?'Is it truthful?라는 질문입니다. 설교가 담아야 할 진리는 복음입니다. 모든 설교는 예수 그리스도를 통해 주어진 구원의 길에 관한 것이어야 합니다. 얼마나 많은 설교가 복음과 하나님 나라의 진리와 관계없는 말로 채워지는지 모릅니다. 불행한 일이지만, 만담과 잡담 수준의 설교가 많습니다. 또한 선전 및 선동성 설교도 많습니다. 교회의 어떤 필요를 요구하는 설교를 말합니다. 진리를 왜곡하는 설교도 많습니다. 우리는 이런 문제의식을 가지고 우리 자신을 철저히 지켜야 합니다. 매 주일 주어지는 짧은 시간을 헛된 것으로 허비하지 않겠다는 다짐이 있어야 합니다. 매 주일 성령께서 주시는 말씀을 정직하고 진실하고 담대하게 전하겠다는 결심이 있어야 합니다. 그렇기에 원고를 수정해 가면서 스스로에게 물어야 합니다. 원고를 다 작성한 후에 이 질문에 대해 자신 있게 답할 수 없다면 다시 시작해야 옳습니다.

둘째, '성경적인가?'Is it biblical?라는 질문입니다. 이 질문은 두 가지 의미를 내포합니다. 우선, 선택한 본문에 대해 제대로 연구하고 해석했는지의 문제입니다. 복음의 진리를 전할 수만 있다면 성경 본문을 왜곡해도 된다고 생각하는 설교자들이 의외로 많습니다. 하지만 그렇지 않습니다. '말씀의 종'으로서 설교자는 가장 먼저 성경 본문 앞에서 겸허히 경청해야 합니다.

그런 다음 복음의 빛 아래에서 그 본문의 메시지를 살피라는 뜻입니다. '성경적'이라는 말은 '선택한 본문과 일치하느냐'의 질문과 동시에 '성경 전체의 정경적 메시지와 일치하느냐'의 질문이기도 합니다. 그런 까닭에 동일한 구약 본문에 대한 유대교 랍비의 해석과 기독교 목사의 해석이 달라지는 것입니다. 그리스도인은 신구약 전체의 정경적 맥락에서 구약성경을 읽습니다. 달리 표현하자면, 복음의 빛으로 구약을 읽습니다. 제가 배운 구약학 교수님 한 분은 "구약을 읽을 때는 예수 그리스도라는 렌즈로 읽어야 한다"고 말씀하시곤 했습니다. 현대 구약학자들은 이 말을 제일 싫어합니다만, 그것이 바로 초대 교회가 구약성경을 읽은 방법이었습니다. 우리가 구약성경을 읽는 것은 예수 그리스도의 복음 때문입니다. 그렇기 때문에 복음의 시각으로 구약을 읽는 것은 마땅한 일입니다.

그리스도의 렌즈로 구약을 읽으라는 말은 모든 구약성경을 유형론적으로 읽어야 한다는 뜻은 아닙니다. 즉 구약의 모든 본문을 예수 그리스도에 대한 예표 혹은 예언으로 보라는 뜻이 아닙니다. 가령 창세기 22장에 나오는 '이삭의 제사' 이야기는 그것 자체로 읽고 해석해야 합니다. 이 이야기의 핵심 메시지는 아브라함의 믿음에 관한 것입니다. 예수 그리스도에 대한 예표로 이삭의 순종만을 강조하면 주인공인 아브라함은 실종되어 버립니다. 동시에 본문의 중심 메시지도 증발해 버립니다. 먼저 그것 자체로 읽고 해석한 다음 복음의 빛에서 그 메시지를 재조명해야 합니다. 그것이 정경적인 해석입니다.

또 다른 예로 시편 해석을 생각해 볼 수 있습니다. 시편 해석에 대해서는 두 극단이 있습니다. 하나의 극단은 시편 모두를 예수 그리스도에 대한 예언으로 해석하는 것이고, 다른 극단은 시편에 대한 기독론적 해석을 철저히 배격하는 것입니다. 이 문제에서도 역시 신약성경의 시편 해석이 좋은 기준입니다. 시편은 우선 있는 그대로 과거의 삶의 자리에서 해석해야 합니다. 그런 다음 예수 그리스도의 렌즈로 다시 보아야 합니다. 또한 시편 110편처럼 분명한 예언적 시편도 있음을 인정해야 합니다.

셋째, '은혜를 전하고 있는가?'Is it graceful?라는 질문입니다. 설교가 구원의 은혜를 전하고 있는지를 물어야 합니다. 설교는 근본적으로 복음을 전하는 것입니다. 복음의 핵심은 예수 그리스도를 통해 이루신 하나님의 구원입니다. 회개를 촉구하는 설교라고 해도 은혜가 그 안에 소금 치듯 뿌려져야 합니다. 그런 까닭에 설교자의 표정과 몸짓에서도 은혜가 느껴져야 합니다. 때로는 울기도 하고 때로는 분노한 표정을 지을 필요도 있습니다만, 결국은 은혜와 기쁨의 표정으로 돌아와야 합니다. 만들어 내는 표정을 말하는 것이 아닙니다. 설교자 자신이 구원의 은혜를 진실하게 경험해야 합니다. 강단에 서 있는 설교자의 눈빛과 표정과 몸짓에서 은혜가 느껴져야 합니다. 그럴 때 설교문에도 은혜가 고루 스며들 것입니다.

여기서 잠시 바울 사도의 복음적 접근에 대해 생각해 보겠습니다. 신약성경을 공부한 사람들은 다 알듯이, 바울의 편지들은 대개 두 부분으로 나뉩니다. 전반부에서 바울은 복음의 '원리'를 설명하고, 후반부에서는 복음이 만들어 내는 '윤리'를 설명합니다. 로마서를 예로 들면, 1장부터 11장까지가 원리에 관한 내용이고 12장부터 16장까지가 윤리에 대한 내용입니다. 이 두 부분을 이어 주는 접속사는 12:1의 '그러므로'입니다.

> 1-11장: 우리는 이렇게 구원받았습니다(하나님께서 이렇게 하셨습니다).
>
> "그러므로"
>
> 12-16장: 이렇게 삽시다.

앞부분을 '서술형'indicative이라 부르고, 뒷부분을 '명령형'imperative이라 부르기도 합니다. 또한 앞부분을 '그리스도 안에서 하나님이 하신 일'이라고 부르고, 뒷부분을 '그리스도 안에서 우리가 할 일'이라고 부르기도 합니다. 바울 사도는 언제나 이 방식을 따릅니다. 먼저 그리스도 예수 안에서 하나님께서 베푸신 구원의 은혜를 분명히 한 다음, 그리스도인으로서 어떻게 살 것인지를 말합니다. 그렇게 함으로써 윤리적 권고를 새로운 율법으로 오해하지 않도록 만듭니다. 그리스도인의 삶은 구원을 얻기 위해 쌓는 공로가 아니라 이미 얻은 구원의 은혜에 대한 응답입니다. 그렇기 때문에 그는 호소하고 권면하고 기도합니다.

복음을 경험한 설교자라면 언제나 이 원리를 따라야 합니다. 그리스도 예수 안에서 하나님께서 하신 일이 모든 설교의 기저에 깔려 있어야 합니다. 그렇기에 모든 설교에는 은혜가 깃들어 있어야 합니다. 또한 그 은혜가 만들어 내야 하는 변화에 대해 언급해야 합니다. 은혜는 자동적으로 변화를 만들어 내지만 그 방향에 대해서는 구체적으로 언급해 주어야 합니다. 은혜의 움직임에 의지적 노력이 더해지면 변화가 더 빠르고 뚜렷해지기 때문입니다. 그래서 팀 켈러는 이렇게 말합니다.

> 우리 설교가 복음의 선포와 연계 없이 단지 사람들에게 도덕적으로 선하게 살 수 있는 길을 일러 주는 것에 그쳐서는 안 된다. 또 구원이 어떻게 우리 삶을 변화시키는지를 보여주지 않은 채, 단지 값없는 은혜로 구원받을 수 있다는 것만 거듭 반복해서도 안 된다.[27]

이런 맥락에서 설교문 작성 중에 조심할 표현이 있습니

다. "…해야 합니다"라는 표현입니다. 복음이 우리에게 만들어 내야 할 변화에 대해 강조하다 보면 이렇게 표현하고 있는 자신을 발견합니다. 그렇게 되면 율법주의와 공로주의의 경계선을 넘어가게 됩니다. 얼마 전 설교에서도 저는 "진정한 변화를 경험하기 위해서는 그리스도 예수 안에 지속적으로 머물러 있어야 합니다"라고 썼다가 최종 수정 단계에서 "예수 그리스도가 누구신지를 제대로 알았다면 우리는 그분 안에 지속적으로 머물러 있게 될 것입니다. 그럴 때 진정한 변화가 일어납니다"라고 고쳤습니다. 전하는 내용은 같지만 표현하기에 따라 새로운 율법으로 제시할 수도 있고 은혜의 비밀로 제시할 수도 있습니다. 설교자가 늘 은혜의 원리를 기억하고 있어야 하는 이유입니다.

넷째, '도전적인가?' Is it challenging?라는 질문입니다. 회중을 흔들어 깨우는 요소가 있는지를 묻는 것입니다. 흔들어 깨우는 요소는 설교자가 아니라 말씀에서 나옵니다. 말씀은 늘 우리 앞에 있습니다. 그렇기에 그 말씀을 제대로 들으면 우리는 우리 자신이 어디에 있는지를 깨닫습니다. 그러므로 설교에는 회중을 회개로, 회심으로, 거룩한 삶 가운데로 그리고 사명을 향해 나가도록 도전하는 요소가 있게 마련입니다.

다섯째, '실제적인가?' Is it practical?라는 질문입니다. 설교를 듣고 나서 '그러면 이제 어떻게 할 것인가?' Now what?라는 질문에 스스로 답할 수 있게 해야 합니다. 들을 때는 좋았는데 막상 돌아서서 무엇을 어찌할지 모르겠다고 한다면 설교를 잘못한 것입니다. 설교를 경청한 후에 회중의 마음에 '그래, 이렇게 해야지!'라는 구체적 결단이 들어차게 해야 합니다.

이런 질문을 스스로에게 물으면서 원고를 작성하는 것은 때로 피곤한 일입니다. '뭐, 그렇게까지 해야 하나?'라는 생각을 할 수도 있습니다. 하지만 하나님은 우리의 최선을 요구하십니다. 설교의 본질을 확보하기 위한 분투를 포기하는 일은 하나님 앞에 설교자가 범할 수 있는 심각한 직무 유기입니다. 주어진 시간 안에 주어진 환경에서 최선의 원고를 만들어 내도록 힘써야 합니다.

플레이팅_글의 형식

설교의 내용을 정리하는 것을 요리하는 과정에 비유한다면, '플레이팅'은 '글의 형식'에 비유할 수 있습니다. 좋은 요리를 만들어 아무 그릇에나 담아내는 요리사는 없습니다. 아무리 좋은 음식이라도 이가 빠진 그릇이나 볼품없는 그릇에 담겨 있으면 먹고 싶은 마음이 생기지 않습니다. 또한 요리의 종류에 따라 어울리는 그릇이 다릅니다. 된장국은 뚝배기에 담아내야 하고, 냉면은 놋그릇에 담아내야 제맛입니다. 이와 같이 설교의 내용도 좋은 그릇에 담아야 합니다. 문장이 정밀해야 하고 단어 선택이 정확해야 합니다. 또한 논리에 빈틈이 없어야 하고 흐름이 자연스러워야 합니다.

현대 직업군 중에 목회자만큼 글을 자주 써야 하는 직업이 있을까요? 교수 혹은 교사가 상대가 될까요? 교수들은 한 해에 연구논문 한두 편을 발표하면 잘하는 편입니다. 교사도 항상 글을 써야 하는 것은 아닙니다. 또한 쓴 글을 모두 공개해야 하는 것은 아닙니다. 신문 기자라 해도 편집국으로부터 선택받아야만 기사를 내보낼 수 있습니다. 판사와 검사 혹은 변호사도 많은 글을 씁니다만, 일부만 공개됩니다. 반면, 목회자는 매 주일 여러 가지의 글을 써야 하고, 그중 다수는 교인들에게 공개되고, 요즘에는 인터넷에도 공개됩니다. 그러므로 목회자가 자신의 생각을 정확하게 표현하는 능력을 기르는 것은 매우 중요한 일입니다. 그뿐 아니라 읽는 사람들이 관심을 가질 수 있도록 쓸 줄 알아야 합니다.

글 쓰는 능력은 천부적으로 타고나기도 하지만 후천적으로 개발되기도 합니다. 천부적 재능을 가졌다는 것은 축복이지만 그것이 오히려 장애로 작용하는 경우를 저는 많이 보아 왔습니다. 재능만 믿고 노력하지 않기 때문입니다. 오히려 재능이 없기에 꾸준히 노력하는 사람은 얼마 지나지 않아서 재능을 가진 사람보다 더 뛰어난 능력을 발휘하게 됩니다. 목회자로 산다는 것은 평생 말과 글을 가지고 산다는 뜻입니다. 그러므로 젊을 때부터 좋은 글을 쓰도록 연마하는 것이 필요합니다. 글이 좋아지면 말도 좋아집니다.

『나의 문화유산답사기』의 저자 유홍준 교수가 몇 년 전한 강좌에서 '문화유산을 보는 눈과 나의 글쓰기'라는 제목으로 강연을 했는데, 그 내용을 보고 놀랐습니다. 대중적 글쓰기와 관련하여 그가 제시한 열다섯 항목이 모두 설교자의 글쓰기에 적용되어야 할 것들이었기 때문입니다. 그 내용을 정리하면 다음과 같습니다.

1. 주제를 장악하라. 주제가 명확하지 않으면 글이 흔들린다. 제목만으로 그 내용을 전달할 수 있을 때 좋은 글이 된다.

2. 내용은 충실하고 정보는 정확해야 한다. 글의 생명은 담긴 내용에 있다.

3. 기승전결이 있어야 한다. 들어가는 말과 나오는 말이 문장에 생명력을 불어넣는다.

4. 글의 길이에 따라 호흡이 달라야 한다. 짧은 글의 경우 문장이 짧아야 하며 길면 호흡이 늘어진다. 긴 글의 경우 기승전결이 명확해야 한다.

5. 잠정적 독자를 상정하고 써라. 내가 쓰는 글을 읽을 독자를 머리에 떠올리고 써야 한다.

6. 본격적인 글쓰기와 매수를 맞춰라. 미리 말로 리허설을 해보고, 쓰기 시작하면 한 호흡으로 앉은자리에서 끝내라.

7. 문법에 따르되 구어체도 놓치지 마라. 당대의 입말을 구사해 글맛을 살리면서 품위를 잃지 않는다.

8. 행간을 읽게 하는 묘미를 잊지 마라. 문장 속에 은유와 상징이 함축될 때 독자들이 사색하며 읽게 된다.

9. 독자의 생리를 좇아야 하니, 가르치려 들지 말고 호소하라. 독자 앞에서 겸손해야 한다.

10. 글쓰기 훈련에 독서 이상의 방법이 없다. 좋은 글, 배우고 싶은 글을 만나면 옮겨 써 보고 그 글의 형식을 분석해 보자.

11. 몇 가지 금기사항. 멋 부리고 치장한 글, 상투적 말투, 접속사.

12. 완성된 원고는 독자 입장에서 읽으면서 윤문하라. 리듬을 타면서 마지막 손질을 한다.

13. 자기 글을 남에게 읽혀라. 완성된 글을 완성이라고 생각하지 말고 객관적 검증과 비판 뒤 다시 읽고 새로 쓰는 것이 낫다.

14. 대중성과 전문성을 조화시켜라. 대중적 글쓰기라고 해서 전문성이 떨어지면 내용이 가벼워지고 글의 격이 낮아진다.

15. 연령의 리듬과 문장이란 게 있다. 필자의 나이는 문장에 묻어나오니 맑고 신선한 젊은이의 글, 치밀하고 분석적인 중년의 글을 즐기자.[28]

이것은 이론이 아닙니다. 오랫동안의 글쓰기를 통해 터득한 경험적 지식입니다. 이와 같은 지침을 따라 훈련하시기 바랍니다. 처음에는 어려워도 시간이 지나면 그것이 습관으로 몸에 배일 것입니다. 한 마디를 해도 자신의 뜻이 정확하게 전달되도록 말하는 습관이 만들어질 것입니다. 글을 써 놓고 갈고닦는 버릇이 몸에 배일 것입니다. 작가들은 "글을 세상에 내놓는 것은 벌거벗고 대중 앞에 서는 것과 같다"고도 말하고, "글은 자식과 같다"고도 말합니다. 글을 쓴다는 것에 그런 엄숙함과 의미가 담겨 있다는 것을 생각한다면, 좋은 글을 쓰기 위해 노력해야 하는 것은 어쩌면 당연한 일일 것입니다.

소수자와 약자에 대한 배려

오래전 교직에 있을 때, 원주 지방에서 열린 연합집회에 강사로 초청을 받았습니다. 저는 첫 설교 본문으로 '예수께서 나병 환자를 고친 이야기'막 1:40-45를 선택했습니다. 설교를 시작하고 얼마나 지났을까, 뒤에 앉아 있던 대회장께서 갑자기 손으로 자신의 입을 가리며 저에게 사인을 보내십니다. 저는 그것이 무슨 뜻인지 도무지 알 수 없었습니다. '저 사인이 무슨 뜻일까?' 생각하며 설교를 진행하느라 많이 힘들었습니다. 그러던 중에 진행팀에서 작은 쪽지를 강단에 전달해 주었습니다.

설교 중에 쪽지를 펴 보니 "음성 나병 환자 교우들 몇몇이 와 있으니 '문둥이'라는 말을 사용하지 마십시오"라고 쓰여 있었습니다.

그 이후로 어떤 정신으로 설교를 계속 이어 나갔는지 생각이 나지 않습니다. 그때는 『개역한글』 성경 본문에 '문둥병자'라고 쓰여 있었으니, 저는 무심코 그 단어를 사용했던 것입니다. 첫 설교가 끝나고 나서야 한센병 환자들이 '문둥이'라는 단어를 얼마나 혐오하는지를 알았습니다.[29] 그들은 성경 본문에서 그 단어를 까맣게 칠해 놓고 읽는다는 것입니다. 그 사실을 알고 나니 집회를 계속할 용기가 나지 않았습니다. 하지만 사전에 약속한 일정을 다 소화해야 했습니다. 그날 밤을 뒤척이다가 새벽 집회에 나갔습니다. 두 번째 본문으로 선택한 것이 '과부와 재판장의 비유'눅 18:1-8였습니다. 그 말씀을 읽는 순간 속으로 '아차' 싶었습니다. '과부'라는 말도 부정적 의미를 담고 있기 때문입니다. 하지만 아직 그런 문제에 대해 의식이 깨이지 않았던 때라서 당장 다른 용어를 찾아낼 수 없었습니다.

과거에는 '소수자'와 '약자'에 대한 배려가 부족했습니다. 다수자와 강자들은 소수자와 약자들을 무심히 그리고 무참히 우롱하고 경멸하고 차별했습니다. 다들 그것을 당연하다고 생각했습니다. 하지만 지금은 의식이 많이 바뀌었습니다. 그래서는 안 된다는 사회적 합의가 형성되어 있습니다. 사실, 이러한 변화는 교회에서 그리고 강단에서 먼저 시작되어야 했습니다. 예수님은 사람 대접 받지 못하는 소수자와 약자들을 환영하셨고 그들에게 하나님 나라를 열어 주셨습니다. 당시의 강자들 곧 바리새파 사람들, 율법학자들, 사두개파 제사장들 그리고 권력자들은 소수자들을 죄인 혹은 '땅의 사람들'암 하아레츠로 무시하고 차별하고 정죄했습니다. 만일 과거의 설교자들이 이 사실을 주목했더라면 소수자와 약자들에 대한 차별적 언어들을 고치는 운동을 주도했을 것입니다. 불행하게도 교회보다 사회에서 먼저 그 사실을 주목하고 소수자와 약자들을 존중하는 의식의 변화를 시작했습니다.

그런 변화를 위해 다민족 국가인 미국에서 표현이나 용어 사용에서 인종·민족·종교·계층·성차별 등의 차별적 요소들을 바로잡자는 목적하에 펼쳐지고 있는 운동이 이른바 '정치적 올바름'Political Correctness, PC 운동입니다. 과거 미국에서는 '니그로negro 혹은 '니거'nigger라는 말을 사용하여 흑인들을 비하했으나, 지금은 그 대안으로 '아프리카계 미국인'African American이라고 부릅니다. 또한 우리가 예전에 중국인들을 '떼놈'이라고 불렀듯이 미국인들은 '칭크'Chink라고 불렀는데, 지금은 '중국계 미국인'Chinese American이라고 부릅니다. 우리나라에서도 그런 변화가 시작되었습니다. '때밀이'를 '세신사' 혹은 '목욕관리사'로, '청소부'를 '환경미화원'으로, '보험외판원'을 '생활설계사'

로 고쳐 부르고 있습니다. 그런 추세에 맞추어 『개역개정판』과 『새번역』 성경은 비하적 언어를 바로잡아 놓았습니다. '문둥병'은 '나병'으로, '소경'은 '맹인'으로, '난쟁이'는 '키 못 자란 사람'으로, '앉은뱅이'는 '못 걷는 사람'으로, '벙어리'는 '말 못 하는 사람'으로 고친 것입니다.

　　이러한 노력에 대해 못마땅하게 생각하는 사람들이 있습니다. 보수주의자들 중에는 지나치고 불필요한 일이라고 여기는 사람들이 있고, 진보주의자들 중에는 그것만으로는 부족하다고 주장하는 사람들이 있습니다. 사회적 제도와 구조를 고치지 않고 언어를 바꾸는 것만으로 만족할 수 없다는 뜻입니다. 그 주장에도 일리는 있습니다만, 언어를 바꾸는 것은 출발점으로서 아주 의미 있는 일입니다. 언어가 사람의 생각을 지배하기 때문입니다.

　　이 점에서 설교자들은 그 누구보다도 세심한 배려를 해야 합니다. 소수자와 약자를 절대적 가치를 가진 하나님의 자녀로 보는 것이 복음의 기본입니다. 과거에 부흥사들이 얼마나 무신경하게 비하적 언어를 쏟아냈던지요! 오늘날도 그런 사례들이 심심찮게 보도되고 있습니다. 한 사람의 영혼을 온 천하보다 귀하게 여겨야 하는 설교자가 강단에서 언어 폭력을 휘두른다는 것은 크나큰 죄입니다. 따라서 자신이 사용한 언어가 한 사람도 실족하게 만들지 않도록 노력해야 합니다. 그런 마음으로 단어 선택에 세심한 배려를 기울여야 합니다. 그래서 원고를 정성껏 작성하고 여러 번 고치는 것이 중요하다는 것입니다.

소수자와 약자에 대한 배려는 단어 사용에서뿐 아니라 설교의 내용에도 반영되어야 합니다. 이 문제와 관련해서도 여러분과 나누고 싶은 경험이 있습니다. 뉴저지에서 백인 교회를 섬길 때의 일입니다. 하루는 어머니날Mother's Day, 5월 둘째 주 일요일을 맞아 어머니에 관한 설교를 준비했습니다. 그 설교 중에 제 어머니에 대한 일화를 나누었습니다. 제 어머니는 평생 자녀들을 위해 희생만 하신 분입니다. 그래서 생각하는 것만으로도 눈가가 촉촉해집니다. 그 당시 저의 영어 설교 원고를 읽어 주는 미국인 친구가 있었습니다. 제가 미국 문화에 익숙하지 않았기에 주일 전에 설교 원고를 그 친구에게 보내어 읽게 했습니다. 그러면 그 친구는 종종 제가 상상하지도 않았던 문제를 지적해 주었습니다. 그 주일에도 그 친구는 설교 원고에 "모든 어머니가 당신의 어머니와 같지 않다는 사실을 잊지 마십시오"라고 적었습니다. 그 친구의 충고에 따라 저는 어머니에 관한 이야기를 나눈 다음에 "혹시나 어머니에 대한 경험이 저와 같지 않은 분이 있다면 양해를 바랍니다"라고 덧붙였습니다. 예배 후에 교인들과 인사를 나누는데, 어느 어르신이 제게 다가와 귓속말로 다음과 같이 말해 주었습니다. "내 마음을 알아주어 고

맙습니다. 나는 어머니를 생각할 때마다 속에서 쓴물이 올라옵니다."

그것이 저에게는 큰 교훈이 되었습니다. 어쩔 수 없이 설교자는 정상 혹은 보편에 해당하는 다수를 생각하고 말해야 합니다. 하지만 그 범주에서 벗어나는 소수도 있다는 사실을 언제나 기억해야 합니다. 저는 어머니 주일에 설교를 하면서 어머니에 대한 아픈 기억을 가진 이들, 어머니를 알지 못하는 이들 그리고 어머니가 되지 못한 이들이 회중 가운데 있다는 사실을 기억하고 그분들에게 상처가 되지 않도록 표현에 최선을 다합니다. 어린이 주일에는 결혼하지 못한 이들 그리고 자녀를 두지 못한 가정들을 기억합니다. 그렇게 소수자들을 기억하는 것은 성가신 일입니다. 마음대로 말하지 못하기 때문입니다. 하지만 그 성가심을 기꺼이 감당해야 합니다. 여러 사람 앞에서 공적으로 말하는 사람은 자신의 말이 누군가에게 비수처럼 꽂힐 수 있음을 늘 기억해야 합니다. 때로 그것은 한 사람의 영혼을 죽이는 죄가 될 수 있습니다.

글쓰기의 유혹

글을 쓰는 사람은 자신을 드러내고 싶은 유혹에 대해 경계를 늦추지 말아야 합니다. 어떤 글을 쓰더라도 이 유혹은 늘 있게 마련입니다. 우리 모두에게는 자신을 드러내고 그로 인해 인정받고 싶은 욕망이 있기 때문입니다. 설교자들에게도 이 유혹은 아주 은밀하고 집요하게 따라붙습니다. 과거에 설교자들이 기도할 때 자주 하던 말이 있습니다. "이 부족한 종은 십자가 뒤에 감추어 주시고 오직 주님만 나타나게 하소서." 설교자에게 따라붙는 자기 증명 혹은 자기 과시의 욕망을 아는 사람이 드릴 만한 기도입니다. 문제는 진실로 그렇게 되도록 노력하느냐에 있습니다.

설교 중에 히브리어와 헬라어 원어를 자주 언급하는 설교자들을 봅니다. 꼭 필요한 경우에는 필요한 일입니다만, 그것이 자주 반복된다면 유혹에 지고 있는 것일지도 모릅니다. 실제로 히브리어나 헬라어 원문을 읽을 만한 실력이 있다면 그래도 양해할 만합니다. 아니, 그런 사람이라 하더라도 일반 회중 앞에서 원어를 자주 거론하는 것은 바람직하다고 볼 수 없습니다. 하물며 원문을 읽는 것은 고사하고 알파벳도 제대로 발음할 줄 모르는 사람이 설교 중에 자주 원어를 거론하는 것은 위선에 해당하고 자신을 드러내고 싶은 유혹에 넘어진 것입니다. 또한 설교자의 가장 중요한 덕목인 정직성에도 문제가 생긴 셈입니다. 그럴 경우에는 정직하게 "성경학자들에 의하면 이 부분에 대한 원어의 의미는 이러이러한 뜻이라고 합니다"라고 말하는 것이 좋습니다.

설교자가 받는 유혹 중에는 회중을 향하여 "당신들은 모르는 의미를 나는 알고 있습니다"라는 식으로 말하고 싶은 유혹이 있습니다. 그것이 원어를 거론하는 숨은 동기이기도 합니다. 소위 '영해'를 좋아하는 설교자들도 그런 유혹에 넘어간 것이라고 볼 수 있습니다. 그런 것을 통해 회중으로부터 '신령한 설교자'라는 인정을 받고 싶은 것입니다. 물론 자신도 모르는 사이에 그런 비밀스러운 성경 해석에 설득된 사람들도 있습니다. 시한부 종말론 혹은 임박한 종말론에 사로잡혀 있는 설교자들에게 그런 패턴이 보입니다. 숨겨진 의미를 찾아냈다고 주장하지 않으면 그들이 전하는 비밀을 입증할 수 없기 때문입니다.

이러한 유혹에서 자신을 지키지 않으면 설교자는 결국 영적 사기꾼이 되어 버립니다. 또한 이것은 회중으로 하여금 스스로 말씀을 읽고 묵상하여 하나님의 음성을 들으려는 노력을 포기하게 만듭니다. 자신들의 수준에서는 그런 비밀을 찾아낼 도리가 없다고 생각하기 때문입니다. 그 결과 설교자에게 전적으로 의지하게 되는 병적 믿음에 이르게 됩니다. 사실 그것이 병적인 설교자들이 은근히 기대하는 결과인지도 모릅니다. 이것은 설교자의 가장 큰 과실입니다. 설교는 회중으로 하여금 직접 성경 말씀을 펼쳐 읽고 싶은 거룩한 욕구를 자극하고, 말씀을 통해 하나님의 음성을 듣는 방식을 습득하도록 도와주어야 합니다.

저는 자주 제 목회의 목표는 저와 함께하는 성도들이 '목사가 필요 없는 신자'가 되게 하는 데 있다고 말하곤 합니다. 한국 교회의 문화는 신자들이 목회자를 전적으로 의지하게 만드는 경향이 있습니다. 그것이 한국 교회의 문제이고 또한 목회자와 성도들의 문제라고 저는 진단합니다. 저는 할 수 있는 대로 성도들이 스스로 서서 매일 영적 생활을 해가면서 스스로 생수를 길어 마실 수 있도록 도우려고 노력합니다. 영적으로 스스로 서서 목사에게 의지하지 않아도 되는 수준까지 성장하기를 바랍니다. 이렇게 말하면 "그렇게 되면 목사님은 뭐 하시려 합니까?"라고 묻는 사람들이 있습니다. 그러면 저는 이렇게 대답합니다. "그런 상태가 되어야 교회가 제 기능을 발휘하고 목사도 제 사명을 다할 수 있습니다." 목회자와 성도들이 동역자가 되어 세상을 위해 섬기려면 그 정도까지 성장해야 합니다.

설교 중에 자신을 드러내고 싶은 욕구는 그 외에도 여러 가지 방식으로 표현됩니다. 자신의 이야기를 예화로 사용할 때가 특히 조심할 때입니다. 앞에서도 말씀드린 것처럼, 그것은 가급적 삼가할 일이며, 꼭 자신의 이야기를 나누어야 할 경우에는 자랑이 되지 않도록 절제하고 또 절제해야 합니다. 설교 중에 사용하는 언어를 보아도 그 사람이 회중을 더 생각하는

지 아니면 자신을 드러내는 데 더 관심을 두고 있는지를 짐작할 수 있습니다. 자신이 읽은 책을 소개하거나 만난 사람 이야기를 하는 경우에도 마찬가지입니다.

　　오래전 일입니다. 출근하면서 방송 설교를 듣고 있었습니다. 명설교자로 알려진 초대형 교회의 목사님의 설교였습니다. 설교 중에 그분은 최근에 자신에게 있었던 이야기를 나눕니다. 얼마 전에 2성 장군 교인의 직장을 심방했는데, 그 교인이 자신의 전용 헬기에 탑승하는 영예를 주었다는 것입니다. 그러면서 2성 장군의 자리에 앉아 천하를 내려다보니 감개무량했다고 자랑했습니다. 결과적으로, 그 이야기는 하지 않았더라면 더 좋았을 것입니다. 그 이야기 안에 그 설교자의 내면이 고스란히 드러났기 때문입니다. 그분은 2성 장군에게 대접받은 자신에 대해 감격한 것입니다. 알고 보면, 이 간증은 백조의 신분을 잊고 거위 중에 으뜸이 되었다는 사실에 감격하고 있는 셈입니다.

부단히 다듬어라

　　초고에서는 그동안 묵상하고 구상한 것을 있는 대로 쏟아 놓는 것이 좋습니다. 생각의 흐름을 따라가십시오. 성령께서 우리의 생각의 흐름을 인도해 주십니다. 처음부터 완벽한 원고를 쓰려는 욕심을 가지면 막히는 일이 더 자주 발생합니다. 일단 머릿속에 저장되어 있는 생각을 글로 표현해 놓고, 그런 다음 여러 번 수정을 해야 합니다.

원고를 다듬을 때는 숲과 나무를 균형 있게 보아야 합니다. 숲을 본다는 말은 원고의 전체적 얼개를 살피고 생각의 흐름을 보는 것을 뜻합니다. 회중의 입장에서 읽어 가면서 불분명한 표현은 없는지도 살펴야 합니다. 설교의 '분량'은 설교자가 말하는 만큼이 아니라 회중이 듣는 만큼입니다. 제 어릴 적에 주일학교 선생님이 생각납니다. 그분은 아이들에게 어떻게든 많은 말씀을 전해 주고 싶은 열정에 불타는 분이었습니다. 어쩌다 그분이 설교를 할 때면 지루해서 못 견딜 정도로 길게 설교하셨습니다. 그분은 눈을 질끈 감고 준비해 온 말씀을 모두 전할 때까지 계속하셨습니다. 그로 인해 분반 공부를 하지 못할 때도 많았습니다. 지금도 그분의 열정을 생각하면 감탄하고 존경스럽지만 지혜로운 방법은 아니었습니다.

나무를 본다는 말은 단어와 표현을 하나씩 꼼꼼히 살핀다는 뜻입니다. 말하듯이 원고를 쓰다 보면 말할 때의 습관이 원고에 그대로 반영됩니다. 문장이 길어지고 반복이 심해지는 것이 가장 자주 나타나는 구어체의 문제입니다. 말끝마다 "…하는 것입니다"라고 문장을 끝내는 것도 설교자들에게서 흔히 보는 말 습관입니다. 말할 때는 잘 모르지만 글을 써 놓고 보면 그것이 글의 흐름을 지루하게 만드는 것을 알 수 있습니다. 그런 것에 초점을 맞춰 글을 수정하고 그것을 익혀 설교를 하면 회중에게 메시지가 선명하게 전달됩니다.

초고를 쓰고 나서 적어도 한나절 이상 원고에서 빠져나와 다른 일에 마음을 쓰는 것도 좋습니다. 요즘 저는 목요일 오전에 원고 쓰기를 시작해서 이른 오후쯤 손을 놓습니다. 그리고 나서 운동이나 산책 혹은 다른 활동으로 시간을 보냅니다. 그렇게 몇 시간을 보내고 저녁에 다시 원고를 대하면 원고에 빠져 있을 때 보이지 않던 점들이 보입니다. 또한 그 사이에 새로운 영감을 얻을 수도 있습니다. 그렇게 초고를 완성하고 잠자리에 듭니다. 그리고 나면 금요일 새벽에도 묵상이 이어집니다. 그럴 때 "아!"하고 감탄하며 감사하곤 합니다. 준비된 원고에 새로운 빛이 임하기 때문입니다. 그것을 기도 일기에 적어 놓았다가 시간을 내어 원고를 다시 수정합니다. 토요일에도 적어도 한 번 정도는 다시 읽으며 손질하고, 주일 아침에 한 번 더 합니다. 그러니까 적어도 네 번 이상은 다듬는 셈입니다.

피드백을 받으라

최종 원고를 마무리하기 전에 다른 사람의 피드백을 받는 것은 매우 유익한 일입니다. 설교문의 경우에는 회중과 교회의 상황을 아는 사람에게 읽어 주는 것이 좋습니다. 설교는 진공 상태에서 작성된 것이 아니라 구체적 상황 가운데서 구체적 회중을 위해 작성된 것이기 때문입니다.

그런 사람으로서 배우자만한 사람이 없습니다(배우자가 없는 분의 경우에는 가까운 사람 중에 그런 역할을 해줄 사람을 찾는 것이 좋습니다. 교인 중에서 찾는 것은 좋지 않습니다). 설교자에게 가장 안전한 사람이고, 가장 정직하게 말해 줄 수 있는 사람이기 때문입니다. 저는 설교 사역을 시작할 때부터 그렇게 해왔습니다. 원고를 주면서 읽어 달라고 하지 않고, 제가 읽는 것을 들어 달라고 부탁했습니다. 다행히 아내도 그렇게 하기를 즐겼습니다. 저를 아끼고 또한 교회를 사랑했기 때문입니다.

이 습관을 통해 제가 받은 유익이 아주 큽니다. 그래서 다른 목회자들에게 이 방법을 권하지만 실천하는 사람이 별로 없습니다. 배우자에게 지적받는 것을 견디지 못하는 것 같습니다. 하지만 목회자가 배우자에게까지 '목사 노릇'을 하려 하면 안 됩니다. 목사로 살다 보면 비판받는 것을 참지 못하는 병에 걸리기 쉽습니다. "설교는 목회자의 성역이다"라면서 아무도 말 못하게 하는 사람도 많습니다. 그것은 열등감을 포장하는 거짓 명분입니다. 배우자에게도 그런 방어적 자세를 견지하는 것은 병이 깊다는 뜻입니다. 배우자가 피드백을 주는 과정에서 상처 주는 말을 사용하기 때문에 엄두를 내지 못하는 경우도 있는데, 그 장애물을 통과해야 합니다. 목회자는 부끄러움 없이 있는 그대로 자신을 열어 비판을 달게 받을 준비를 하고, 배우자는 "사랑으로 진리를 말하는"^{엡 4:15, 새번역} 법을 배워야 합니다.

제가 그동안 아내에게 받아 온 피드백은 보통 교인의 입장에서 할 수 있는 것들입니다. 설교를 작성한 사람은 그 안에 빠져 있어서 보지 못하는 것을 처음 듣는 사람은 정확히 볼 수 있습니다. 제 아내가 제게 해준 평은 주로 "중간 부분이 조금 어려운데?", "그 이야기는 너무 반복되는 것 같아", "그 비유는 참 좋아", "너무 딱딱하지 않을까?", "전체적으로 지루할 것 같은데?" 같은 것들입니다.

아내에게서 받은 평 중에서 가장 귀하고 중요한 평은 "그 이야기는 누가 들으면 자기를 두고 말하는 것처럼 듣겠는데?"라는 것입니다. 앞에서 말한 대로 저는 표적 설교를 설교자가 범하는 최악의 죄라고 생각합니다. 그렇게 믿고 철저히 경계를 하는데도 마음이 여러 겹인지라 스스로에게 정당화시키면서 제 마음에 있는 응어리를 글 속에 숨겨 넣을 때가 있습니다. 저는 스스로를 속이는데 제 아내는 속지 않는 것입니다. 그런 지적을 받을 때면 부끄럽기도 하고 기분이 상하기도 합니다. 제가 부탁하여 한 일인데도 기분이 상하는 것은 어쩔 수 없습니다.

아내에게 받은 평을 마음에 두고 기도하고 묵상하다 보면 그것이 성령께서 아내를 통해 주시는 음성이라는 것을 느낄 때가 많습니다. 그러면 마지막 수정 단계에서 그것을 반영합니다. 제가 그동안 설교 사역을 해오면서 표적 설교로 인해 어려움을 당한 적이 없었던 것은 아내 덕분이고 또한 아내를 통해 제게 말씀하시는 성령님 덕분입니다. 그렇게 철저하게 걸러 내는데도 간혹 자신을 두고 설교했다고 느끼는 분들이 있습니다. 그런 경우에는 문제가 되지 않습니다. 다른 사람은 그렇게 느끼지 않기 때문입니다. 설교자가 의도적으로 표적 설교를 하면 본인뿐 아니라 다른 사람도 그것을 감지합니다. 그렇기 때문에 문제가 일어나는 것입니다.

이렇게 피드백을 받아서 필요한 부분을 수정하면 거의 예외 없이 좋은 결과를 얻습니다. 회중에게 더 잘 전달이 되는 것입니다. 또한 부부 관계도 이러한 대화로 인해 깊어집니다. 앞에서 말한 대로 처음에는 이것이 불화를 일으킬 수 있습니다. 실제로 그렇게 불화를 겪고 포기한 사람들이 적지 않습니다. 그 단계를 넘어서면 일상적 대화를 나누는 관계에서 목회적 혹은 신학적 대화를 나누는 관계로 깊어집니다. 그러한 대화는 부부 관계의 질을 변화시킵니다.

농담 반 진담 반으로 하는 말이기는 합니다만, 이 습관의 또 다른 유익은 설교의 결과에 대해 부부가 공동 책임을 지도록 한다는 것입니다. 목회자들이 주일예배 후에 가장 눈치가 보이는 사람이 배우자라고 합니다. 예배를 마치고 집에 돌아오는 차 안에서 아내가 설교에 대해 무슨 말을 할지 두렵다고 합니다. 미리 설교문을 읽어 주고 피드백을 받으면 그런 일이 없습니다. 오히려 서로에게 감사를 표할 때가 많습니다. 저는 좋은 평을 해준 아내에게 감사하고, 아내는 자신의 평을 받아들여 준 남편에게 감사합니다.

얼마 전부터는 저와 아내 사이의 이 예식을 더 이상 하지 않고 있습니다. 오래도록 그렇게 하다 보니 이제는 제 스스로 저의 설교를 객관화시켜 보는 시각이 만들어졌기 때문이며, 제가 설교문 작성 중에 자주 지적받은 패턴을 알기 때문입니다. 이제는 혼자 원고를 읽어도 아내의 음성이 들립니다. 이심전심, 일심동체가 된 것입니다.

정치와 설교

요즘 정치 문제에 대해 설교자가 어떤 입장을 취해야 하느냐의 문제로 논란이 많습니다. 정치적 상황이 혼란스러워지면 늘 이 문제가 야기됩니다. 최근 한국에서는 '최순실 국정농단' 사태로 인해 그리고 제가 사는 미국에서는 도널드 트럼프의 대통령 당선으로 인해 이 문제가 목회자와 신학자 사이에 뜨거운 감자가 되었습니다. 어떤 사람은 설교자가 설교 중에 정치 문제를 전혀 다루지 말아야 한다고 주장하고, 어떤 사람은 예언자적 전통에 따라 정치 현실의 문제를 정면으로 다뤄야 한다고 주장합니다. 제가 청년이었던 시절에도 이 문제로 인해 교회가 두 쪽으로 나누어졌습니다. 다수의 교회들은 정치 문제를 신앙의 문제가 아니라고 외면했고, 소수의 교회들만이 그것을 신앙의 문제로 믿고 행동했습니다. 아무래도 이 논쟁은 결판나지 않을 듯합니다. 우리에게 남겨진 선택지는 각자 자신의 입장을 따라 정직하게 말하고 행동하는 것입니다.

저는 설교자가 정치적으로 중립을 지켜야 한다고 믿습니다. 그러나 '중립을 지킨다'는 말은 정치 문제나 현실 문제를 외면하라는 뜻이 아닙니다. 존 하워드 요더John Howard Yoder가 『예수의 정치학』The Politics of Jesus에서 "믿는 것은 정치하는 것이다"라고 말한 적이 있습니다.[30] 여기서 '정치'는 넓은 의미로 쓰였습니다. 믿는 것은 예배당에 국한된 문제가 아니라 우리의 구체적 삶의 현장의 문제입니다. 그렇기에 정치 문제가 신앙의 문제와 별개일 수 없습니다. 설교자가 강단에서 특정 정치적 입장을 지지하거나 어떤 정파를 옹호하는 일은 피해야 합니다. 예수님은 공화당원도, 민주당원도 아니었습니다. 복음은 좌파도, 우파도 아닙니다. 하나님 나라는 공산주의도, 민주주의도 아닙니다. 그렇기에 그리스도인은 언제나 현실 정치에 어느 정도 거리를 두어야 하고 비판적이어야 합니다. 오래전에 읽은 비유가 생각납니다. 예언자는 홍수로 인해 불어난 강물에 다른 사람들과 함께 휩쓸려 떠내려가지만, 두 눈은 강둑 위에 두고 지켜보는 사람이어야 한다는 비유입니다. 설교자는 현실 정치의 문제를 하나님 나라의 시각으로 보고 원론적 차원에서 방향을 제시해야 한다는 뜻입니다.

문제는 정치적 문제를 원론적으로 다루었다 해도 회중은 자신들의 입장에서 받아들이는 경향에 있습니다. 2014년 세월호 사건이 발생한 후에 설교 중에 몇 차례 그 문제에 관해 언급한 적이 있습니다. 정치 문제로 다룬 것이 아니라 하나님의 정의의 문제로 다뤘습니다. 저로서는 어느 정파에 기울어지지 않도록 최선을 다했습니다. 하지만 교인들 사이에서 "목사님이 '좌클릭' 하는 것 아닌가 걱정스럽다"는 우려가 퍼지고 있다는 이야기를 전해 들었고, 정치적 이슈를 다루는 것이 쉽지 않다는 사실을 다시 한 번 경험했습니다. 그렇다고 해서 입을 다물 수는 없는 일입니다. 설교자에게는 목회자의 역할과 함께 예언자의 역할이 주어졌기 때문입니다.

2015년 가을에 저는 '제자됨을 방해하는 열한 가지 사상'이라는 제목의 연속 설교를 했습니다. 현대인의 생각과 삶을 지배하고 있는 여러 가지 사상들—소비주의, 자본주의, 쾌락주의, 개인주의 등—을 하나씩 다루면서 복음의 입장에서

4 로고스─설교와 본문 사이

조명하였습니다. 이 경우에도 원론적 접근을 시도했던 것인데, 자칫 잘못하면 진보적 이념을 선전하는 것처럼 될 것 같아서 신경을 많이 썼습니다. 이런 문제를 다룰 때 원론적 경계선을 찾기란 쉽지 않습니다. 그렇기 때문에 그것들을 다루는 가운데 오해받을 각오를 해야 합니다.

그동안 정치적 문제를 다룸으로 인해 교인을 떠나보내야 했던 경험이 몇 번 있었습니다. 2015년 6월 미국 연방대법원에서 동성결혼을 합법화시키는 판결을 내렸을 때, 많은 교인들이 혼란스러워했습니다. 저는 이 문제를 설교에서 다룰 필요가 있다고 느꼈습니다. 한인 이민자들 중에는 동성애에 대해 극도로 혐오하는 입장을 가지고 있는 사람들이 많습니다. 그래서 주저되었습니다만, 침묵하고 있을 수 없었습니다. 저는 동성결혼 지지자도 아니고 동성애를 옹호하는 사람도 아닙니다. 하지만 동성애적 성향을 가지고 씨름하는 사람들에 대해 충분한 이해와 배려가 필요하다고 믿으며 그 문제로 인해 권리를 제한당해서는 안 된다고 믿습니다. 저는 절치부심하여 최대한 균형 잡힌 설교를 했다고 생각했고, 인터넷으로 전해져 많은 이들에게 공감도 얻었습니다. 하지만 그 설교로 인해 몇 가정이 교회를 떠났습니다.

또 한번은 팔레스타인 문제를 설교에서 언급할 기회가 있었습니다. 그 설교에서 저는 그리스도인들이 무조건 이스라엘 편을 들어서는 안 되는 이유를 이야기했고, 약자인 팔레스타인 사람들 편에 서야 할 이유에 대해 말했습니다. 그때 한 가정이 교회를 떠났습니다. 웨스트포인트[미 육군사관학교]를 졸업하고 미군 장교로 근무하다가 은퇴한 분의 가정입니다. 그분은 정책적으로 이스라엘 편을 지지하는 군대에서의 교육과 교리적으로 이스라엘을 옹호하는 보수주의 교회에서 받은 교육으로 인해 저의 설교를 받아들이지 못했던 것입니다. 그분은 "다른 모든 점에서 목사님을 존중하지만 이 문제만큼은 극복이 되지 않습니다"라고 정중히 말씀하시고 떠나가셨습니다.

　　반면, 그 설교 후에 눈물겨운 메일을 받았습니다. 교우 가운데 아랍인 남성과 결혼한 분이 있었습니다. 남편은 베들레헴에서 태어난 아랍인이었습니다. 그분은 언어 문제로 인해 아내와 다른 교회에 다니고 있었지만, 늘 관심을 가지고 우리 교회를 지켜보았습니다. 그러던 중에 아내로부터 영어로 번역된 제 설교를 전해 받았습니다. 그는 베들레헴이 고향인 자기 가족이 난민이 되어 여러 나라를 전전하다가 미국에 정착한 과정을 설명하면서, 제가 설교 중에 팔레스타인 아랍인들을 위해 목소리를 내어 준 것에 대해 깊은 감사의 뜻을 전했습니다. 그는 미국에서 교회를 다니면서 목사가 팔레스타인 아랍인들에게 관심을 두고 설교하는 것을 한 번도 들어 보지 못했다고 했습니다. 저는 그 메일을 받고 무한한 위로를 받았습니다. 그 기뿜과 위로는 한 가정이 떠나간 상실감에 비할 수 없었습니다.

조국의 '최순실 국정농단' 사태와 2016년 11월에 있었던 미국 대통령 선거 역시 설교자가 침묵해서는 안 될 문제라고 여겼습니다. 여기저기서 드러나는 박근혜 전 대통령의 어이없는 처사는 조국을 염려하고 기도하는 사람으로서 모른 체할 수가 없었습니다. 또한 미국 백인 복음주의자의 절대다수가 트럼프를 지지하는 상황을 그리스도인으로서 도무지 참을 수 없었습니다. 트럼프의 부도덕한 삶의 이력과 거짓과 술수와 약자에 대한 모욕적 언사는 기독교적 가치와 정면으로 대립하는 것이었습니다. 그래서 목회 기도와 설교 그리고 목회 칼럼에서 이 문제에 관해 자주 언급했습니다. 저로서는 중립적으로 표현하려고 최대한 노력했지만, 교인들 중에는 그렇게 받아들이지 않은 분들이 있었습니다. 그래서 이번에도 두 가정을 잃었습니다. 하지만 다시 그런 상황을 맞는다 해도 그렇게 할 것입니다.

저는 설교자가 가능한 한 중립적 입장에서 복음적 시각으로 정치 문제를 다뤄야 한다고 믿습니다. 회중은 달리 받아들여도 설교자 자신은 그 점에서 정직해야 한다고 믿습니다. 하지만 설교자가 어느 한 정파를 지지하거나 반대할 수밖에 없는 극단적 상황이 있습니다. 그럴 때는 희생을 각오하고 한편에 서야 한다고 믿습니다. 내가 지지하는 편이 복음에 온전히 일치하지 않는다 해도 현실적으로 그것만이 유일한 대안일 경우에는 그렇게 해야 합니다. 디트리히 본회퍼가 좋은 예입니다. 나치의 폭압적 정권에 대해 복음은 중립적일 수 없습니다. 2014년 한국을 방문한 프란치스코 교종이 "고통 앞에서 중립은 없다"고 말한 것은 그런 뜻이라고 믿습니다.

이 문제에 대해 존 스토트가 한 말을 인용합니다. 지금까지 제가 설명한 내용이 잘 요약되어 있습니다.

강단에는 언제나 정치적 영향력이 있습니다. 강단에서 정치와 조금이라도 관계있는 내용을 전혀 언급하지 않는다 해도 그렇습니다. 설교자의 침묵은 그가 사회에서 일어나고 있는 일을 옹호한다는 것을 시사합니다. 설교자가 침묵할 때 강단은 사회를 변화시켜 하나님을 더 기쁘시게 하는 사회가 되도록 돕는 대신 사회를 반영하기만 하는 거울이 되고 교회는 세상에 순응하게 됩니다. 강단은 중립일 수 없습니다. 우리의 과제는 문제를 회피하는 것도 아니고, 빠르고 쉬운 답변을 제시하는 것도 아닙니다. 성경에 기록된 것을 넘어서지 않으면서 성경이 명확히 말하지 않은 것은 신중하게 말하는 지혜가 필요합니다. 하지만 겸손과 지혜가, 우리가 오늘날 세계가 직면한 긴급한 문제에 대해 논하는 것을 막아서는 결코 안 됩니다.[31]

서론과 결론 그리고 제목

'서론'은 매우 중요합니다. 커뮤니케이션 이론가들은 "첫 3분 안에 회중의 관심을 사로잡지 못하면 그 연설은 실패한 것이다"라고 말합니다. 서론의 중요성을 강조하기 위해 과장한 말일 것입니다. 그만큼 서론이 중요하다는 뜻입니다. 회중은 서두에서 설교 중에 무엇인가 중요한 문제가 다루어질 것이라는 예감을 받아야 합니다. 그렇기에 설교자는 처음 3분 안에 회중의 관심을 사로잡지 못하면 실패한다는 긴장감을 가져야 합니다.

설교자들에게는 회중을 '전용 청중'으로 간주하는 경향이 있습니다. 전통적이고 보수적인 교회일수록 그런 경향이 강합니다. 설교자가 무슨 이야기를 하든 회중은 듣게 되어 있고 또한 들을 수밖에 없다고 생각합니다. '아멘'으로 응답하는 것에 잘 훈련된 교인들은 설교자가 무슨 말을 하든 우렁찬 '아멘'으로 응답합니다. 그러다 보니 무슨 말을 하든 듣고 있다고 착각합니다. 그렇게 긴장감 없이 시작하는 설교를 들을 때면 의분이 솟아오릅니다. 회중을 무시하고 있다는 뜻이기 때문입니다. 교인 한 사람 한 사람이 그 시간에 그 자리에 나와 있기 위해 얼마나 많은 것을 포기했는지를 기억해야 합니다. 그 시간이 허비되지 않도록 설교자는 최선을 다해야 합니다. 긴장감

없이 무심하게 설교를 시작하는 것은 회중으로 하여금 시간을 허비하도록 돕는 행동입니다.

많은 설교자들이 서론을 맨 나중에 씁니다. 저는 항상 서론부터 씁니다. 하지만 열에 다섯 번 정도는 나중에 서론을 바꿉니다. 전체를 다 버리고 새로 쓰는 경우도 많습니다. "그럴 거면 차라리 처음부터 서론을 쓰지 않는 것이 낫지 않겠습니까?"라고 질문할 수 있습니다. 저의 경험으로는 그렇지 않습니다. 서론부터 시작하는 것은 설교의 흐름에서 매우 중요합니다. 삼대지 설교의 경우에는 서론을 나중에 붙여도 상관없지만, 기승전결의 흐름을 따라 한 주제 설교를 할 경우에는 서론부터 시작하는 것이 좋습니다. 그러니까 열에 다섯 번 정도는 처음에 쓴 서론이 길잡이 역할을 하고 사라지는 것입니다. 초고를 다 써 놓고 그 빛에서 서론을 다시 보면 판단이 섭니다.

이 책을 집필하면서 제가 서론을 시작하는 몇 가지 패턴을 정리해 보았습니다. 첫째, '그날의 주제'와 관련된 질문으로 시작하는 경우입니다. 최근에 행한 복음에 대한 연속 설교 중 한 편에서 저는 "신은 과연 존재하는가?"라는 질문으로 시작했습니다. 모두가 관심 가질 만한 중요한 질문을 제기하는 것은 서론으로서 아주 좋은 방법입니다. 둘째, '시사 문제'를 언급하는 것으로 시작하는 경우입니다. 최근에 일어난 어떤 사고 혹은 사건을 언급하는 것입니다. 물론 그 사건이나 사고가 설교의 주제와 관련성이 있어야 합니다. 셋째, 저 자신에게 일어난 '일화'로 시작하는 경우입니다. 마지막으로, 선택한 본문에 대한 이야기로 직접 들어가기도 합니다. 설교의 시작 패턴이 늘 같은 방식으로 진행되는 것도 좋은 것은 아닙니다.

'결론'은 서론보다 비교적 용이합니다. 저의 경우, 결론은 결단에 대한 요청입니다. "자, 그러면 이제 어떻게 하겠습니까?"라는 식의 질문입니다. 저는 신앙의 단계에 따라 회중을 둘 혹은 셋으로 나누어 결단을 청합니다. 우선, 아직 회심의 단계를 지나지 않은 사람들을 향한 결단의 호소입니다. 그들에게는 어떤 주제를 다루든지 상관없이 항상 회심에 대한 결단을 요청합니다. 다음으로, 회심의 단계는 지났지만 침체 상태에 있는 사람들을 향한 결단의 호소입니다. 그들에게는 "여러분은 이대로 괜찮겠습니까? 이렇게 있을 수는 없지 않습니까?"라는 식의 도전을 던집니다. 마지막으로, 영적으로 충만한 상태에 있는 사람들에 대한 도전도 빠뜨리지 않으려고 노력합니다. 이렇게 함으로써 그날의 메시지가 회중 모두에게 적용되도록 도우려는 것입니다. 그러고는 설교의 중심 메시지를 담아 짧은 기도문을 적습니다. 최근 교회를 옮긴 후에는 설교 후에 주제와 관련된 현대 찬양을 부릅니다.

마지막으로 정하는 것이 '제목'입니다. 제목 정하는 것을 무신경하게 대하는 설교자들이 많은 것 같습니다. 고민 없이 정한 듯한 설교 제목을 여기저기서 볼 수 있습니다. 저는 제목을 매우 중요하게 여깁니다. 좋은 제목의 경우에는 설교를 듣고 나서 제목을 오래도록 기억합니다. 설교의 메시지를 기억하는 데 제목이 도움이 된다는 뜻입니다. 또한 제목이 설교에 대한 기대감을 불러일으키기도 합니다. 교인들이 예배실에 와 앉으면 첫 번째로 보는 것이 설교 제목입니다. 열에 아홉은 그럴 것입니다.

제목은 반쯤 열려 있고 반쯤 닫혀 있어야 좋습니다. 설교 제목을 보고 설교의 주제를 쉽게 짐작할 수 있다면 좋은 제목이 아닙니다. 제목을 보고 '다 알았다'고 생각하고는 기대를 내려놓을 수 있기 때문입니다. 뭔가 짐작이 가는 바가 있지만 그것이 무엇인지는 확실히 잡히지 않아야 합니다. 설교를 다 듣고 나서는 '아, 그거구나!' 하고 느끼게 해주어야 합니다. 그래서 저는 늘 설교를 완성하고 나서 제목을 정합니다.

교과서적 제목은 피하는 것이 좋습니다. '성도의 세 가지 의무', '구원의 조건', '천국의 소망' 같은 제목들은 별 기대감을 불러일으키지 못합니다. 정적인 표현보다는 동적인 표현이 좋습니다. 간단한 문장이 제일 좋습니다. 광고 카피도 대개 간단한 문장을 사용합니다. 짤막한 문장이지만 그 안에 많은 것을 담을 수 있습니다. '사랑이면 된다', '내겐 사랑이 없다', '눈을 감고 세상을 본다' 같은 것이 그 예입니다. 제목을 하나의 문장으로 지을 때는 설교 중 그 문장을 몇 번 반복하는 것이 좋습니다. 그렇게 되면 교인들이 그 문장을 쉽게 기억합니다.

제목으로 가장 좋은 것은 선택한 본문 안에 있는 어구 혹은 문장을 사용하는 것입니다. 예컨대, 에스겔 1장 말씀을 본문으로 설교하면서 '그때에야 비로소'라는 제목을 잡은 적이 있습니다. 에스겔서새번역에서 반복적으로 사용되는 표현입니다. 이 짧은 어구 안에 아주 무거운 메시지가 담겨 있습니다.

표절의 문제

앞에서도 잠깐 말씀드렸습니다만, '표절'은 양심을 파는 행위입니다. 설교자로서의 기본 자격을 허무는 일입니다. 설교자에게 가장 중요한 덕목은 정직성이기 때문입니다. 다만 저자의 허락을 받고 교인들에게 출처를 밝히고 왜 그렇게 하는지 그 의도를 분명히 밝힌다면, 한시적으로 다른 사람의 설교를 이용할 수 있다고 생각합니다. 저도 가끔 목사님들로부터 인터넷에 올라 있는 제 설교를 사용하도록 허락해 달라는 요청을 받습니다. 그런 요청을 받으면 참 감사하고 기쁩니다. 정직하게 자신을 지키려 하고 바른 길을 가려 하는 모습 때문입니다. 그럴 경우에도 그것은 한시적인 것이어야 합니다.

몇 년 전, 목회자 멘토링 컨퍼런스에서 어느 교수께서

하신 말씀이 기억납니다. "자신의 설교에 자신이 없으면 차라리 교인들에게 알리고 좋은 설교자의 설교를 쓰십시오. 그것이 엉터리 설교를 하는 것보다 낫습니다." 왜 그런 말씀을 하셨는지 공감이 됩니다만, 전적으로 받아들여지지는 않습니다. 가장 좋은 설교는 그 설교자의 영성과 삶을 정직하게 반영한 설교라고 믿기 때문입니다. 내용이 좋다고 좋은 설교는 아닙니다. 설교자로서 평생 다른 사람의 설교를 사용해야 할 정도로 부족한 사람은 없다고 생각합니다. 다만, 그럴 만한 정성이 없고 그만한 노력을 기울이지 않는 것입니다. 표절의 문제는 능력의 문제가 아니라 노력의 문제입니다. 하나님께서 설교자에게 항상 절대적인 수준의 설교를 기대한다고 생각하지 않습니다. 각 설교자가 진심과 최선을 다한 설교라면 성령께서 쓰시기에 충분하다고 믿습니다.

소위 '자가 표절'도 설교자들에게 자주 일어나는 일입니다. 과거에 했던 설교를 조금 수정하여 다시 반복하는 것입니다. 컴퓨터가 발전된 요즘에는 이것이 매우 용이해졌습니다. 원고를 저장하기도 쉽고, 저장된 원고를 꺼내어 수정하기도 쉽습니다. 분주한 목회 일정에 휘둘리다 보면, 과거에 했던 설교를 다시 재활용하려는 유혹에 흔들릴 수 있습니다. 그것 역시 정직성에 위반되는 행위입니다. 꼭 그래야 한다면 교인들에게 알려야 합니다. 그리고 처음부터 연구와 묵상을 다시 하여 설교문을 대폭 수정해야 합니다. 그것이 구도자로서 혹은 비밀을 전하는 자로서 설교자가 져야 할 책임이요 영예입니다. 같은 성경 본문을 여러 번 설교하는 것은 문제가 없고 또 때로는 필요한 일입니다. 하지만 설교할 때마다 초점이 달라져야 합니다. 그 사이에 회중의 상황도 바뀌었고 설교자의 영성도 달라졌기 때문입니다. 설교자가 아무 고민 없이 자가 표절을 한다는 것은 영적 진보를 멈추었다는 뜻입니다.

　　어떤 종류의 표절이든 설교자 자신에게는 결국 해를 끼치게 되어 있습니다. 게다가 실제적으로도 문제가 많습니다. 교인들 중에는 그런 것에 유독 밝은 사람들이 있습니다. 제가 아는 사람 중에 자가 표절이 문제가 되어 교회를 떠날 뻔한 사람도 있고, 다른 사람의 설교를 표절한 것이 밝혀져서 떠난 사람도 있습니다. 어떤 사람은 다른 사람의 예화까지도 자신에게 일어난 일인 것처럼 표절을 한다고 합니다. 또 어떤 사람은 다른 사람의 목회 칼럼을 표절하여 문제가 되었습니다. 이 모든 것이 분주함에 쫓기는 까닭이고, 자신과 다른 모습을 보여주고 싶은 허영심 때문이며, 비밀을 맡은 자로서의 영예를 망각한 까닭입니다. 그런 사실이 밝혀지고 나면 설교자로서의 권위와 신뢰를 잃습니다. 그러면 설교자로서의 생명은 끝나는 것입니다. 설교의 질 혹은 수준보다 더 중요한 것은 설교자의 진심이라는 것을 꼭 명심하시기 바랍니다.

☐ 말씀의 선포

원고를 여러 번 읽고 다듬는 일은 어느 지점에선가 끝내야 합니다. 만족스러운 완성도에 이른다는 것은 불가능한 일이기 때문입니다. 저의 경우, 주일 아침에 한 번 더 읽으며 마지막 손질하는 것으로 마칩니다. 그 이후에는 부족하면 부족한 대로 성령께서 쓰시도록 맡깁니다. 앞에서도 말씀드린 것처럼, 말씀을 통해 사람을 변화시키는 일은 준비된 원고의 내용이나 논리 혹은 언어를 통해 성령께서 하시는 일입니다. 설교자로서는 성령께서 하시려는 일을 방해하지 않도록 최선을 다할 뿐입니다. 저는 원고를 다 마친 후에 "주님, 이것은 무익한 물건입니다. 성령께서 역사하셔야 합니다. 오직 주님께만 의지합니다. 오늘의 말씀을 통해 역사하여 주십시오"라고 기도하고 맡깁니다.

음성과 몸짓

말씀을 선포할 때 '음성'과 '몸짓'을 얼마나 그리고 어떻게 활용할지에 대해서도 고민해야 합니다. 사실, 여기에는 어떤 정답이 없습니다. 가장 좋은 것은 그 사람에게 자연스러운 것입니다. 또한 상황에 따라서 달라질 수 있습니다.

미국 개혁교회 전통에서 가장 강한 영향을 미치고 있는 설교자 중 하나가 존 파이퍼John Piper입니다. 그의 설교 영상을 보면 대단합니다. 음성의 고조 변화도 극적이고 손짓과 팔짓도 크고 힘이 넘칩니다. 자신의 모든 것을 쏟아붓는 웅변가의 모습입니다. 그것이 그에게는 너무도 자연스러워 보입니다. 그렇기에 거부감이 없습니다. 그의 파토스는 그렇게 설교해야 맞습니다. 하지만 꼭 그래야만 하는 것은 아닙니다.

아마도 그 반대 극단에 있는 사람은 미국의 대각성 운동의 중심에 서 있던 조나단 에드워즈일 것입니다. 18세기에 살았던 사람이니 그의 설교 영상을 볼 수는 없습니다. 하지만 당시의 기록을 보면 그는 존 파이퍼와 완전히 다른 방식으로 설교했습니다. 그의 전기 작가인 조지 마즈던George M. Marsden은 이렇게 서술합니다.

에드워즈는 윗필드처럼 극적인 웅변을 자유자재로 구사하여 회중을 사로잡는 유형은 아니었다. 그는 목소리가 작았고, 완성된 원고를 거의 다 외워서 설교했다. 몸짓도 거의 없었고 회중과 눈을 맞추는 일도 거의 없었다. 교회 뒤쪽에 있는 종 줄만 내내 바라보는 것 같다는 말이 나올 정도였다. 그러나 그의 설교에는 때로 청중을 매료시키는 영적인 뜨거움과 명쾌하고 분명한 논리가 결합되어 있었다. '진노하시는 하나님의 손에 잡힌 죄인들'에는 다

른 대다수의 설교와 달리 광범위하고 생생한 심상들이 사용되었다. 그 결합의 효과는 압도적이었다.[32]

에드워즈의 가장 유명한 설교 '진노하시는 하나님의 손에 잡힌 죄인들'은 두 부분으로 구성되어 있습니다. 앞부분에서 죄인들에 대한 하나님의 진노가 얼마나 무서운 것인지를 설명하고, 중간 이후에는 하나님의 자비가 얼마나 위대한지를 설명합니다. 미국 대각성 운동의 기폭제로 기억되는 엔필드 집회에서 에드워즈는 이 설교를 끝마치지 못했습니다. 하나님의 진노에 대한 부분을 마치고 자비에 대한 이야기로 넘어가려는데, 회중이 하나님의 진노에 대한 두려움에 사로잡혀 울고불고 신음했기 때문입니다. 그 소리가 500미터 떨어진 곳에서까지 들렸다고 하니, 엄청난 회개가 일어난 것입니다. 이러한 역사가 일어난 것은 에드워즈가 고성을 질러서도 아니고 몸짓을 사용해서도 아닙니다. 그가 준비한 말씀을 성령께서 사용하셨기 때문입니다.

중요한 것은 얼마나 말씀을 잘 준비했는가 그리고 그 말씀을 성령께서 어떻게 쓰시느냐에 달려 있습니다. 다른 모든 것들은 부수적 역할만을 할 뿐입니다. 자신에게 가장 잘 어울리는 것이 무엇인지 그리고 회중에게 가장 잘 받아들여질 수 있는 것이 무엇인지를 고려하여 판단하면 됩니다. 제가 유학 시절에 만난 어느 목사님은 설교 중에 아무 맥락 없이 고성을 지르곤 하셨습니다. 그분은 졸음에 빠진 교인들을 깨우기 위한 노력이었다는 입장이었지만, 결국 그것이 문제가 되어 교회를 떠나야 했습니다. 설교 중에 언제 어디서 터질지 모르는 고성으로 인해 교인들이 신경쇠약에 걸릴 지경이 되었기 때문입니다. 설교의 내용으로 승부를 볼 수 없다 싶을 때 설교자들은 이렇게 외적인 것으로 문제를 해결하려는 유혹을 받습니다.

딕션

이 문제와 관련하여 한 가지 더 강조할 것이 있습니다. 다름 아니라 '딕션'diction의 문제입니다. 사전적 의미인 '발음'뿐 아니라 표현력과 전달력을 포괄한 화술을 가리킵니다. 설교자들 중에 이 문제를 중요하게 생각하고 지속적으로 훈련하는 사람들이 많지 않다는 사실에 놀라곤 합니다. 설교자는 무엇보다 말로 소통하는 사람입니다. 그렇다면 말을 정확하게 발음하려는 노력을 해야 합니다. 성악가들의 가장 기본이 되는 훈련이 딕션이라는 것은 잘 알려진 사실입니다. 훌륭한 가수들의 노래를 들어 보시기 바랍니다. 단 한 단어도 흘려보내지 않습니다. 단어 하나하나를 '씹어' 뱉습니다. 설교자에게도 딕션 훈련은 기본입니다. 제게 설교학을 가르치신 분은 나무 앞에 서서 발음을 연습하라고 하셨습니다. 아나운서들은 볼펜을 입에 물고 정확한 발음을 연습한다고 합니다. 음성을 크게 할지 작게 할지, 몸짓을 어떻게 할지도 간과해서는 안 될 문제입니다만, 발음을 정확하게 하는 것은 핵심적 사안입니다.

여기에 더하여 생각을 응축하여 말하는 습관을 기르는 것도 중요합니다. 아마 여러분도 느끼실 것입니다. 어떤 사람의 말에서는 힘과 무게가 느껴지고, 어떤 사람의 말에서는 그런 것이 느껴지지 않습니다. 어떤 사람이 말할 때는 귀를 기울이게 되고 또한 신뢰감이 생기는데, 어떤 사람이 말할 때는 자꾸 다른 생각을 하게 되고 믿음이 가지 않습니다. 그런 차이를 만들어 내는 가장 큰 원인은 앞에서 말한 에토스 때문입니다. 하지만 에토스가 잘 형성된 사람의 말이 항상 무게 있는 것은 아닙니다. 말하는 훈련이 필요하다는 뜻입니다. 한 마디를 해도 두 번 세 번 생각하여 꼭 필요한 단어만으로 가장 적절한 표현을 하도록 꾸준히 노력해야 합니다. 그럴 때 수정같이 단단하고 빛나는 언어를 구사할 수 있습니다.

설교자는 가장 기본적으로 '커뮤니케이터'communicator라는 사실을 기억하시기 바랍니다. 소통이 일어나게 하기 위해 최선을 다해야 한다는 뜻입니다. 때로 그러한 것에 전혀 무관심한 설교자들을 만납니다. 귀담아들어 보면 정말 귀한 말씀인데 도무지 들리지 않습니다. 자신의 설교가 '들리게' 하려는 정성과 노력이 없기 때문입니다. 회중이 경청하고 있는지 아닌지에 대해 무관심해 보입니다. 자신은 그저 자신의 몫만 다하면 된다고 생각하는 것 같습니다. 설교가 선포되는 중에도 설교자와 회중 사이에는 보이지 않는 상호작용이 일어나는 법입니다. 따라서 설교자는 그 상호작용이 더 활발하게 일어나고 끝까지 유지되도록 노력해야 합니다. 그런 노력을 하지 않으면 그 상호작용이 죽어 버립니다. 설교가 진행될수록 분위기가 가라앉고 냉랭해집니다.

선포, 그 이후

설교는 강단 위에서 일어나는 사건입니다만, 설교자는 강단에서 내려와 계속 그 설교를 살아가야 합니다. 설교자가 말씀의 칼날을 첫 번째로 들이대야 하는 상대는 바로 자기 자신입니다. 설교의 내용은 항상 설교자의 삶보다 앞서갑니다. 진리를 전하는 한, 하나님의 말씀을 전하는 한, 설교자는 항상 그 말씀 앞에서 죄인입니다. 그 괴리는 어쩔 수 없지만, 설교자는 회중의 어느 누구보다 그 괴리를 좁히기 위해서 노력하는 사람이어야 합니다.

그런 까닭에 저는 설교 중에 '여러분'이라는 단어를 가급적 피하고 '우리'라는 단어를 사용합니다. 특별히 결단을 요청할 때는 "여러분, 이렇게 하십시오"라고 말하지 않고 "우리, 이렇게 합시다"라고 말합니다. 앞에서 말한 대로, 설교의 결론부에서 결단을 요청할 때 저는 회중을 적어도 두세 그룹으로 나눕니다. 아직 회심하지 않은 사람들과 이미 회심한 사람들에게 각각 다른 결단을 요청합니다. 저는 회심한 사람에 속하므로 첫 번째 회중에게 말할 때는 '여러분'이라고 합니다만, 두 번째 그룹에게 말할 때는 '우리'라는 호칭을 사용합니다. '여러분'이라는 호칭으로 말을 시작하면 좀 더 강력한 도전을 할 수 있습니다. 하지만 그렇게 하면 설교자는 도전을 받는 대상에서 제외되고 명령하는 사람이 되어 버립니다.

교인들은 목사에게 완전하기를 기대하지 않습니다. 가끔 목사에게 비현실적 기대감을 갖는 교인들이 있지만 그분들도 목사가 완전하지 않다는 사실을 다 알고 있습니다. 교인들이 목사에게 기대하는 것은 복음의 진리를 정직하고 용기 있게 선포하고, 선포한 말씀 앞에 자신도 회중의 한 사람으로 겸손하게 서는 것입니다. 그렇게 진실하고 진지한 삶의 태도가 있다면, 실력과 능력이 부족하고 이런저런 실수가 있다 하더라도 문제가 되지 않습니다. 문제는 마음의 중심이 어디를 향해 있는지 그리고 몸이 그 방향을 따라가고 있는지에 있습니다.

설교에 짓눌리는 현장

저는 지금까지 주일예배 설교에 집중하여 말씀드렸습니다. 주일예배는 교회의 삶의 사이클로 볼 때 절정에 있다고 할 수 있습니다. 신학적으로도 주일예배는 다른 예배와는 다른 특별한 의미를 가집니다. 예수 그리스도의 부활을 기억하고 축하하고 경험하는 것이기 때문에 그렇습니다. 그러므로 주일예배와 설교를 위해 많은 시간을 할애하고 정성을 다할 필요가 있습니다.

목회자가 차분히 앉아 말씀을 연구하고 묵상하며 원고를 작성할 만한 여유를 만들기 어렵다는 것이 한국 교회의 목회 현실입니다. 목회자는 한 주일에도 수없이 크고 작은 자리에서 설교에 대한 요구를 직면합니다. 대형 교회에서 부목사로 일한다면 상황이 조금 다르겠습니다만, 크든 작든 담임목회를 하다 보면 숨이 벅차도록 설교할 자리가 이어집니다. 저도 첫 목회를 시작하고 몇 주일 되지 않아서 그런 느낌에 압도된 적이 있습니다. 말을 너무 많이 하다 보니 제 속에 있는 것이 다 빠져나가는 것 같았습니다. 설교 시간 외에는 말하고 싶지 않았습니다. 기본적으로 해야 하는 것만 따져도 주일예배, 주일 오후 혹은 저녁예배, 수요저녁예배, 새벽기도회 그리고 심방이 있습니다. 여기에 금요철야예배를 드리는 경우도 있고, 장례식이나 결혼식 같은 특별한 경우도 발생합니다. 이런 상황 때문에 설교에 대한 강의를 끝내고 나면 자주 다음과 같은 질문을 받습니다. "끝도 없이 이어지는 일더미에 눌려 살면서 어떻게 그렇게 정성을 다해 주일 설교를 준비할 수 있습니까?"

이 문제에 대해 저는 두 가지의 조언을 드립니다. 우선, 여러분의 목회 현장을 정리하시기 바랍니다. 꼭 해야 되는 것과 하지 않아도 되는 것을 분별하시고 하지 않아도 되는 것은 과감히 버리시기 바랍니다. 또한 여러분의 목회의 목적을 '교인' 만드는 것이 아니라 '제자' 만드는 것에 맞추시기 바랍니다. 목회를 하다 보면 사람들을 교회에 붙들어 매놓기 위해 발버둥치는 잘못에 빠질 수 있습니다. 교회로 모이는 횟수가 얼마나 많고 얼마나 많이 모였느냐가 목회의 성패를 결정하는 것처럼 오해합니다. 또한 "놀리면 해이해진다. 다른 생각 하지 못하도록 뺑뺑 돌려라!"는 식의 군대식 지혜가 목회자들에게도 널리 퍼져 있습니다. 그러다 보니 자기가 판 무덤에 갇히는 것입니다.

한국 교회는 전반적으로 교회로 모이는 횟수를 대폭 줄일 필요가 있습니다. 그 시간에 자신의 삶의 자리에서 말씀 읽고 기도하며 예수 그리스도의 제자로 살아가도록 도와야 합니다. '주일 신자'가 아니라 '매일 신자'가 되도록 목회의 방향을 바꿔야 합니다. 교회로 얼마나 자주 얼마나 많이 모이느냐가 아니라, 교인들이 자신의 삶의 현장에서 얼마나 제자답게 사느냐가 목회의 성패를 결정한다는 사실을 굳게 믿어야 합니다.

둘째로, 한 주간에 감당해야 할 설교들을 유형별로 다양화시키고 패턴을 만드시기 바랍니다. 가령 새벽기도회를 매일 인도하고 있다면 그에 맞는 패턴을 만드는 것이 좋습니다. 저의 경우에는 매년 전교인 성경일독 진도를 따라 차례로 읽어 나갑니다. 찬송부터 시작하여 전체 기도회 시간은 30분 정도인데, '렉시오 디비나'*Lectio Divina* 방식을 약간 변형하여 인도합니다. 찬송을 부르며 시작하고 기도를 올린 다음 정해진 성경 본문을 교독하여 읽습니다. 다 읽고 나면 잠시 시간을 주어 읽은 내용을 다시 살펴보게 합니다. 그런 다음 약 15분 정도 말씀에 대한 저의 묵상을 나눕니다. 그리고 그날의 주제에 맞추어 찬송을 한 번 더 부르고 기도한 다음 개인기도로 들어갑니다. 렉시오 디비나는 '읽기', '묵상하기', '기도하기', '관상하기'로 이어집니다. 앞의 세 가지를 제가 인도하고 마지막 관상의 단계를 개인기도 시간에 맡기는 것입니다.

새벽기도회 시간을 위한 말씀 준비는 한 시간을 넘지 않습니다. 전날 시간을 내어 본문을 읽고 필요한 정보를 간단히 체크한 다음 묵상을 시작합니다. 저는 잠에 빠지기 전까지 20분 정도 뒤척입니다. 그 시간이 저에게는 새벽기도회 말씀을 묵상하는 시간입니다. 그러다 보면 말씀의 문이 슬며시 열리는 경험을 합니다. 그 정도면 충분합니다. 새벽에 일어나 간단히 메모를 하고 강단에 섭니다. 새벽기도회에서 필요한 것은 강력한 메시지의 선포가 아니라 함께 읽은 본문에 대한 묵상의 문을 여는 것입니다. 그런 패턴이 익숙해지면 주일 설교 준비에 크게 방해되지 않습니다. 새벽기도회는 말 그대로 기도회로 운영하는 것이 좋습니다.

수요예배 혹은 금요찬양예배를 위한 말씀의 경우, 주일 설교와 차별성을 두면 큰 도움이 됩니다. 주일 설교가 한 주제 설교라면 수요예배 설교는 해설 설교를 하는 식으로 말입니다. 이렇게 패턴과 유형이 다르면 서로에게 영향을 미치지 않습니다. 주일 설교 본문에 대해 묵상을 하는 중에 수요예배 설교를 준비할 수 있습니다.

심방을 가서도 꼭 설교를 해야 한다는 부담감이 목회자들에게 있는 것 같습니다. 그렇게 할 이유가 없습니다. 심방의 목적은 교우의 삶을 살피고 그들의 말을 경청하기 위한 것입니다. 저의 경우, 새벽기도 중에 그날 심방할 가정을 두고 중보하면서 적당한 성경 말씀을 찾습니다. 앞에서 언급했듯이, 저는 심방대원들과 우르르 몰려가서 후다닥 예배드리고 나오는 심방은 하지 않습니다. 저와 제 아내 혹은 한두 사람을 동반하고 가서 적어도 두세 시간을 보내고 옵니다. 먼저, 차를 마시거나 음식을 나누면서 대화를 합니다. 그러면서 그분에게 일어나고 있는 이야기를 귀 기울여 듣습니다. 그동안 제 머리 한구석에서는 부지런히 검색 작업이 이루어집니다. 새벽에 정한 말씀이 그분의 상황에 맞지 않으면 다른 말씀을 찾습니다. 그리고 예배를 드립니다. 예배에서 설교는 그리 중요하지 않습니다. 그 가정에 주시는 하나님의 말씀을 읽고 간단히 위로와 권면의 말을 한 다음 마음 담아 기도하는 것으로 충분합니다.

장례식이나 결혼식 혹은 특별한 모임에서의 설교도 설교자의 생활 리듬을 방해할 수 있습니다. 저는 그중에서 장례식 설교에 가장 마음을 씁니다. 간단히 말하자면, 많은 목회자들이 하듯이 '장례용 설교'를 몇 개 준비하여 재활용하지 마십시오. 장례예배는 고인에 대한 목회자의 마지막 정성을 드리는 자리입니다. 고인의 삶의 이야기를 성경 말씀에 비추어 '맞춤 설교'를 하도록 노력하십시오.[33] 결혼식 설교의 경우에는 '혼전 상담'premarital counseling을 따로 하기 때문에 10분을 넘기지 않습니다. 중요한 이야기는 혼전 상담에서 다 하기 때문입니다. 다른 애경사 모임에서도 설교 준비보다는 그 자리에 맞는 말씀을 택하여 읽는 것으로 만족합니다. 그런 자리에서 목사의 긴 설교를 듣고 싶어 하는 사람은 많지 않습니다. 다만 적절한 성경 말씀을 읽어 주고 그 말씀에 근거하여 마음 담아 기도하는 것으로 충분합니다.

이런 식으로 차별화하고 패턴화시키면 주일 설교를 위

해 일주일 내내 연구하고 묵상하고 구상하고 원고를 작성할 만한 마음의 여유와 시간의 여유를 찾아낼 수 있을 것입니다. 이것 역시 방법의 문제이기보다는 마음의 문제이고 태도의 문제입니다. 상황을 핑계 삼지 마시고 부단히 길을 찾으십시오. 길은 있습니다.

이제 마지막으로 저의 간증으로 긴 이야기를 마치려 합니다. 제가 캐나다 토론토에서 첫 담임목회를 할 때의 일입니다. 신학 공부를 시작하면서 저는 '좋은 목사'가 되기 위해 적어도 10년 동안 공부하기로 마음먹었습니다. 그래서 유학을 가게 되었습니다. 몇 년 후 박사 자격시험을 마치고 논문을 쓰기 시작하면서 단독 목회를 시작할 때가 되었다고 생각했습니다. 그때 마침 30여 명의 한인들이 담임목사를 찾고 있다는 소식을 들었고, 그분들과 함께 첫 목회를 시작했습니다.

오랫동안 기다리고 준비한 단독 목회였으니 제 나름으로는 최선을 다했습니다. 한 주의 절반은 학교에서 논문을 쓰는 데 보내고, 나머지 절반은 목회하는 일에 사용했습니다. 그럼에도 교회는 성장했고 저는 멋모르고 신나서 목회했습니다. 주일마다 전심을 다해 설교했고, 교우들은 저의 설교에 대해 칭찬을 아끼지 않았습니다. 이런 식이라면 교회가 수적으로 성장할 뿐 아니라 교인들의 삶에 괄목할 만한 변화가 일어날 것

같았습니다.

하지만 그렇게 6개월쯤 지나자, 서서히 회의감이 제 마음을 파고들었습니다. 교인 수는 늘었지만 교인들의 삶에는 변화가 보이지 않았습니다. 특히 가까이에서 저의 설교를 칭찬하시던 분들에게서 자주 실망스러운 모습을 보게 되었습니다. 그런 모습에 실망할 때마다 '그렇다면 저분이 내 설교를 칭찬하는 뜻은 무엇일까?'라는 의문이 들었고, 마침내 '내가 저분들의 귀를 즐겁게 해주고 그 대가로 생활비를 받고 있는 것은 아닌가?'라는 무거운 회의감에 빠졌습니다. 목회가 그런 것이라면 당장이라도 그만두고 싶었습니다. 목회에 대한 마음을 접고 학위를 마친 다음 학자로 살아가는 것이 좋겠다고 생각했습니다.

저는 가부간에 결단을 내리기로 마음먹었습니다. 때는 한겨울이었습니다. 일주일 동안 기도원에 올라가서 결정을 내리고 오기로 했습니다. 토론토 북쪽에 닭장을 개조해 만든 기도원이 있었는데, 월요일부터 그곳에서 이불을 뒤집어쓰고 기도하기 시작했습니다. 기도하다가 말씀 읽다가 다시 기도하며 답을 찾았습니다. 목회를 계속해야 한다면 어떤 마음으로 해야 하는지, 아니면 지금 그만두어도 되는지 답을 달라고 간구했습니다.

그렇게 씨름하던 중 수요일 저녁이 되었습니다. 추위와 싸우며 몸을 웅크리고 기도하며 말씀을 읽던 중에 마태복음

24장을 읽다가 하나님의 응답을 발견했습니다.

> 그러므로 깨어 있으라. 어느 날에 너희 주가 임할는지 너희가 알지 못함이니라. 너희도 아는 바니 만일 집 주인이 도둑이 어느 시각에 올 줄 알았더라면 깨어 있어 그 집을 뚫지 못하게 하였으리라. 이러므로 너희도 준비하고 있으라. 생각하지 않은 때에 인자가 오리라. 충성되고 지혜 있는 종이 되어 주인에게 그 집 사람들을 맡아 때를 따라 양식을 나눠 줄 자가 누구냐. 주인이 올 때에 그 종이 이렇게 하는 것을 보면 그 종이 복이 있으리로다 마 24:42-46.

이 말씀을 읽는 동안 제가 목회에 대해 얼마나 잘못 생각하고 있었는지가 선명하게 드러났습니다. 저는 제가 섬기는 교인들이 "주인의 집 사람들"임을 잊고 있었습니다. 제게 맡겨진 소임이 "때를 따라 양식을 나눠" 주는 것임을 몰랐습니다. 제가 저의 설교로 교인들을 어찌해야 하는 것으로 알았습니다. 의욕이 지나쳤고, 저의 분수를 몰랐습니다. 저는 저의 기준으로 교인들을 판단했고, 저의 기준으로 교인들이 변하기를 바랐습니다. 제가 뭐라고!

알고 보니, 저는 때를 따라 좋은 양식을 나누어 주면 되는 것이었습니다. 양식은 설교가 될 수도 있고 상담이 될 수도 있고 기도가 될 수도 있습니다. 제가 교우들을 위해 하는 모든 활동이 곧 양식을 나누어 주는 것이었습니다. 제가 그 일에 어떻게 임하느냐에 따라 맛있고 영양 많은 양식이 될 수도 있고 맛도 없고 영양도 부실한 양식이 될 수도 있습니다. 저로서는 오직 맛있고 영양 좋은 양식을 때를 따라 공급해 주는 일에 전심하면 되는 것이었습니다. 그러면 나머지는 주님께서 다 알아서 하실 것이었습니다.

그 응답을 받고 저는 감사의 기도를 드렸습니다. 찬양을 부르며 주님을 높였습니다. 그리고 주어진 기간 동안 저의 최선을 다해 좋은 양식을 공급하겠다고 하나님 앞에 기도드렸습니다. 바로 그때, 기도원 주인께서 저를 찾아오셨습니다. 집에서 전화가 왔으니 받아 보라고 하셨습니다. 전화를 받으니 아내였습니다. 아들아이가 놀다가 엎어졌는데 계속 울고 있다고, 아무래도 어디 다친 것 같은데 잠시 와 줄 수 없느냐고 사정했습니다. 저는 속으로 '하나님의 타이밍은 기가 막히다!'라고 생각하면서 집으로 내려갔습니다.

목회를 해보니, 그때 받은 응답이 진실로 하나님께서 주신 것임을 알겠습니다. 교인들은 내 사람들이 아니라 주님의 가족입니다. 그분들이 변화하는 것은 제가 해서 될 일이 아니라 주님께서 하시는 일입니다. 저는 다만 저에게 주어진 시간 동안 저의 최선을 다해 가장 좋은 양식을 제공하면 됩니다. 그러면 주님께서 다 알아서 하십니다. 지금까지 사역을 통해 그 진실을 거듭 확인해 왔습니다. 그래서 그런 마음으로 저는 오늘도 설교에 그리고 목회에 임하고 있습니다. 그 마음으로 끝까지 완주했으면 좋겠습니다.

5
나가는 말

설교, 그 무거운 영예

마지막 결론으로 몇 마디만 더 하고 마치겠습니다. 이번 장의 제목을 '설교, 그 무거운 영예'라고 붙였습니다. 모순적인 표현입니다. 설교자로의 부름은 인간이 받을 수 있는 가장 큰 영예입니다. 하나님께서 뽑아 세우셔서 당신을 위해 말하게 하셨으니, 얼마나 큰 영예입니까? 이 세상에 그 무엇도 교회를 대신할 수 없고, 그 무엇도 예배를 대신할 수 없습니다. 마찬가지로 그 무엇도 설교를 대신할 수 없습니다. 인간의 언어로 할 수 있는 최고의 사역이 설교 사역입니다. 그래서 마틴 로이드 존스는 "설교자만이 세상의 가장 중대한 필요를 채울 수 있는 자리에 있습니다"라고 단언합니다.[1] 설교는 언어뿐 아니라 전 인격과 영성을 동원하는 일이고 하나님께서 주목하시는 가장 중요한 언어 사건입니다. 그 사실을 기억한다면, 설교자로의 부름이 얼마나 고귀하고 영예로운 부름인지를 망각하는 일은 없을 것입니다.

그래서 첫 번째로 당부하고 싶은 말은, 설교자로서의 부름이 얼마나 고귀한지를 기억하라는 것입니다. 제가 자주 받는 질문이 있습니다. "학교로 돌아가고 싶은 마음은 없습니까? 강의에 대한 미련은 없습니까?" 그럴 때마다 저는 질문하는 사람들이 무안할 정도로 쉽게 대답합니다. "없습니다." 강한 부정은 긍정을 의미한다고 생각할 분이 있을지 모르겠습니다. 그래서 제 자신에게 정직하게 자주 물어 봅니다. 대답은 여전히 같습니다. 학교에서 신학을 연구하고 가르칠 때도 좋았지만, 목회하는 지금이 훨씬 더 행복합니다. 그때보다 지금이 제가 더 살아 있기 때문입니다. 혹시 은퇴하고 나서 하나님께서 건강을 허락하신다면 그리고 그런 기회가 주어진다면 그렇게 할 마음은 있습니다. 하지만 지금은 설교 사역이 훨씬 의미 있고 보람 있습니다. 은퇴 후에도 학교에서 가르치기보다는 교회를 돕는 일을 할 수 있으면 좋겠다고 소망하고 있습니다.

둘째로, 한 눈으로는 '성도들의 삶'을, 다른 한 눈으로 '하나님 나라'를 보도록 힘쓰라고 말씀드립니다. 설교자는 여러 가지 면에서 '중간적 존재'입니다. 설교 본문과 회중의 중간에 설교자가 서 있습니다. 또한 과거에 쓰인 본문과 현재의 회중 중간에 설교자가 서 있습니다. 더 중요하게 설교자는 하나님과 성도의 중간에 서 있습니다. 그렇다고 오해하지는 마십시오. 설교자는 제사장이 아닙니다. 신약성경에서 제사장의 직책이 설교자나 목회자에게 적용된 적이 없다는 사실은 매우 의미심장합니다. 많은 목회자들이 스스로를 제사장이라고 자처하면서 그에 맞는 '예우'를 요구합니다. 이것은 예수 그리스도가 허물어뜨린 것을 다시 세우는 죄를 범하는 것입니다. 베드로 사도는 목회자가 아니라 성도 전체에게 "왕 같은 제사장"^{벧전}^{2:9}이라는 영예로운 칭호를 붙였습니다. 목회자가 제사장일 수 있는 것은 오직 성도들과 같은 차원에서만 그렇습니다.

설교자가 하나님과 성도의 중간에 서 있다는 말은 제사장이라서가 아닙니다. 설교자로서의 소임이 설교자를 그 자리에 서게 합니다. 강단은 하나님과 성도의 중간에 세워져 있습니다. 설교자는 그 자리에 서서 하나님의 말씀을 전해야 합니다. 그러므로 설교자는 성도들의 삶을 공감적인 시각으로 관찰해야 합니다. 회중의 삶의 현장에 대한 시각을 잃으면 독백을 하게 됩니다. 동시에 설교자는 하나님 나라를 보아야 합니다. 설교자의 시각과 관심이 회중의 삶에 고착되고 제한되어서는 안 됩니다. 설교는 회중을 하나님 나라의 드라마로 인도해 들이는 것입니다. 일상의 자잘한 관심사에 파묻혀 영원을 망각하지 않도록 회중을 깨워 일으켜야 합니다. 그러기 위해서는 설교자가 먼저 영원을 탐구해야 합니다. 그렇게 하여 영원의 시각에서 일상의 사소한 문제들을 대할 수 있도록 회중을 도와야 합니다. 그런 점에서 기독교 변증가이자 사회비평가인 오스 기니스Os Guinness가 『선지자적 반시대성』Prophetic Untimeliness에서 지적한 것은 적절합니다.

> 현대 세속적인 삶의 무게와 소음, 그리고 그 속도는 우리가 전혀 저항할 수 없을 정도로 압도적이다. 하나님에 대한 모든 것(알고도 죽지 않을 정도)을 알기를 열망하는 자들만이 영원한 관점을 견지할 수 있으며, 그래서 무엇이 진실로 적합한지 결정할 수 있다. 시몬 베이유가 옳았다. 적합성을 유지하기 위해서는 영원성이 요구된다. 시간을 초월한 초자연적인 것을 계속해서 접촉하는 것만이 우리를 진정으로 시대에 적합하게 만들어 줄 것이다.[2]

셋째로, '성장'이 아니라 '성실'을 목표로 삼고, '성공적인 목회'가 아니라 '진정성의 목회'를 목표로 삼으라고 말씀드립니다. 성경 안에 '성공'이라는 단어가 나오지 않는다는 사실을 아시는지요? 물론 번역본마다 다르지만, 영어 성경의 경우에도, 한글 성경의 경우에도 성공이 믿는 사람들의 목표로 제시된 적은 없습니다. 하나님께서 믿는 사람들에게 기대하시는 것은 성실이며 신실입니다. 성공은 결과를 말하는 것인 반면, 성실 혹은 신실은 과정을 말합니다. 하나님은 결과를 당신께 맡기고 우리는 과정에 집중하라고 하십니다. 그런데 우리는 너무도 쉽게, 너무도 자주 과정에 소홀히 하면서 결과를 주목합니다. 결과는 인간이 결정할 수 있는 것이 아닙니다. 오직 하나님만이 결정하십니다. 우리는 오직 '오늘'이라고 불리는 하루하루를 신실하고 성실하게 하나님의 뜻을 따라 살아가야 합니다.

성장 혹은 성공을 목표로 삼는 것이 목회자의 가장 큰 유혹이라는 것을 저는 경험으로 증언할 수 있습니다. 그것을 목표로 삼을 때 설교가 길을 잃습니다. 하나님 나라의 비밀이 아니라, 축복을 받는 비결을 선전합니다. 개인과 공동체로서 어떻게 하나님 나라를 위해 이바지할 것인지에 대해서는 침묵하고, 교회를 키우기 위한 필요에 집중합니다. 하늘의 음성을 전하는 설교가 아니라, 잔소리와 선전과 선동이 됩니다. 그런 설교에 설득되어 열심을 내는 사람들은 교회의 성장이 곧 하나님 나라를 위한 것이고 목사에게 행하는 것이 곧 하나님께 행하는 것이라고 오해합니다. 헌신적인 교인은 길러낼 수 있을지 모르지만, 그리스도의 제자 곧 하나님 나라의 일꾼은 길러내지 못합니다. 그것은 성공같이 보이는 실패이며, 성장같이 보이는 쇠퇴입니다.

넷째로, 부단히 '성장과 성숙'을 위해 노력하라고 당부드립니다. 제 경험으로 볼 때 목회자들 중에 자신의 발전을 위해 꾸준히 노력하는 사람들이 많지 않습니다. 배우기를 원한다고 말하지만 실제로는 그렇게 하지 않습니다. 물론 목회 기술에 대해서는 배우려고 노력합니다. 책도 읽고 세미나도 다닙니다. 하지만 그보다 더 깊은 문제에 대해서는 대면하기를 꺼립니다. 실상 문제는 기술이나 기법에 있는 것이 아닙니다. 예수께서 말씀하신 대로, 문제는 열매에 있는 것이 아니라 나무에 있습니다. 영성에 있고 인격에 있으며 삶의 습관에 있습니다. 더 깊고 진지한 자기 성찰이 있어야 한다는 뜻입니다. 자신을 개혁하기 위한 부단한 노력이 있어야 합니다. 그것은 상당한 용기를 필요로 합니다. 자신의 부족함을 진실하게 대면하는 것은 두려운 일이기 때문입니다. 그렇기에 설교를 불가침 영역으로 선언하고는 그 속에 숨어 버립니다. 사실, 설교의 문제는 설교자의 영성의 문제이고 인격의 문제입니다. 설교에 대한 지적과 비판을 견디지 못하는 이유는 자신의 영성과 인격에 대한 비판임을 알기 때문입니다.

이런 것을 자존심의 문제라고 하는데, 실은 열등감의 문제입니다. 열등감을 가지고 있지 않은 사람은 없습니다. 하지만 목회자들에게는 특히 심한 면이 있습니다. 그렇기 때문에 외적 권위로 울타리를 쳐 놓고 그 안에 숨어 지내는 것입니다. 다른 사람이 자신의 부족한 면을 지적하는 것을 견디지 못할 뿐 아니라, 본인 또한 그것을 대면하고 싶어 하지 않습니다. 그러니 변화가 없습니다. 열등감의 문제를 해결하지 못했다는 말은 아직도 십자가 앞에 모든 것을 내려놓지 못했다는 뜻입니다. 믿음이 성숙한다는 말은 자신의 열등감과 우월감의 모든 요소를 십자가 아래에 내려놓고 오직 예수 그리스도 한 분만을 자존감의 원인으로 삼는 것을 의미합니다. 그렇게 한 사람은 자신의 약점을 대면할 용기를 얻습니다. 다른 사람이 그것을 비판하는 것을 겸허히 받아들일 수 있습니다. 자신의 약점은 더 이상 자신의 것이 아니기 때문입니다. 그렇기 때문에 자신의 부족함을 거리낌 없이 인정하고 더 자라기 위해 노력합니다.

젊은 목회자들에게 권합니다. 십자가 앞에 여러분의 약점을 내려놓고 예수 그리스도에게서 여러분의 진정한 자존감을 찾으시기 바랍니다. 그리고 부단히 여러분 자신을 성찰하시기 바랍니다. 여러분의 영성, 인격 그리고 삶의 습관을 점검하십시오. 잘못된 것이 있으면 인정하고 고치도록 힘쓰고, 부족한 것이 있으면 채우기 위해 노력하십시오. 그러면 5년 후 혹은 10년 후 여러분의 모습은 몰라보게 달라져 있을 것입니다. 자신을 돌아볼 줄 모르는 목회자는 평생 자신과 가족과 교인을 고생시킵니다. 하나님도 고생하실 것입니다. 옮겨 다니는 곳마다 교회를 병들게 합니다. 처음부터 잘난 사람 없습니다.

사실 처음부터 잘난 사람이 가장 위험한 사람입니다. 자신의 부족함을 인정하고 꾸준히 자신을 연마하는 사람에게 희망이 있습니다. 하나님께서는 그런 사람을 쓰십니다.

마지막으로, 기도하고 기도하고 또 기도하라고 말씀드립니다. 톰 라이트가 한 저작에서 자신의 설교 사역에 가장 큰 영향을 준 멘토의 조언을 소개한 적이 있습니다.

> 당신의 기도와 당신의 설교는 길이가 같아야 한다. 한쪽 다리가 다른 한쪽 다리보다 짧아서 절뚝거리는 격이 되어서는 안 된다. 하나님은 기법과 영리함이 아니라 기도와 신실함의 결과로 일하신다.[3]

앞에서 저는 설교자의 에토스와 파토스와 로고스를 말씀드렸습니다. 이 세 가지 영역에서 가장 중요한 요소는 기도입니다. 설교자의 에토스는 깊고도 지속적인 기도로써 형성됩니다. 설교자의 파토스는 기도로써 뜨거워집니다. 설교자의 로고스 또한 기도로써 형성되어야 합니다. 설교가 하나님 나라의 말씀을 이 땅에 선포하는 것이라면, 기도는 설교의 가장 중요한 요소라 할 수 있습니다. '간구'로서의 기도도 중요하지만 '사귐'으로서의 기도는 더욱 중요합니다. 사귐의 기도는 설교자의 존재를 하나님 나라에 든든히 뿌리내리게 하기 때문입니다.

유진 피터슨의 회고록을 읽으면서 가장 깊게 공감한 부분이 있습니다. 그는 목회자의 소명과 과제를 이야기하면서 허먼 멜빌Herman Melville의 소설 『모비 딕』Moby Dick을 소개합니다.[4] 아시다시피, 이 소설은 고래잡이배에서 일어나는 이야기를 그리고 있습니다. 그 배에 탄 사람들은 각자 자신에게 맡겨진 일을 하느라고 부산합니다. 그들 가운데 작살꾼이 있습니다. 그는 고래가 나타났을 때 단번에 명중시킬 수 있도록 모든 신경을 집중시키고 그 순간이 올 때까지 미동도 하지 않고 한자리에 앉아 있습니다. 만일 작살꾼이 다른 사람들을 돕기 위해 분주히 다니다 보면 정작 자기의 소임을 그르칠 수 있습니다. 그러면 다른 사람들의 노력마저 수포로 돌아갑니다. 작살꾼은 다른 사람들이 분주하게 일하는 배의 한복판에서 자신의 순간이 올 때까지 조용히 앉아 있는 사람입니다.

　　유진 피터슨은 그러한 작살꾼을 목회자에 대한 비유로 사용합니다. 영적 작살꾼이 되기 위해서는 "바쁘지 않은 목사"가 되어야 한다고 말합니다. 분주함이야말로 목사가 피해야 할 가장 큰 적이기 때문입니다. 게으름을 피우는 목회자들이 이 말을 핑계 삼지 않기를 바랍니다. '바쁘지 않은 목사'라는 말은 '꼭 필요한 영적 책임에 전념하는 목사'라는 말의 반어적 표현입니다. 목회자의 영적 과제의 중심에는 기도가 있습니다. 모든 목회 활동의 바탕에 기도가 있어야 하고, 모든 목회 활동이

기도로 이루어져야 합니다. 그런 의미에서 기도로 저의 이야기를 마치겠습니다.

주님, 저희가 여기에 있습니다. 하나님 나라의 비밀을 맡은 자로서 저희를 불러 주시니 감사드립니다. 하오나 그 무거운 소임을 저희로서는 감당할 수 없습니다. 저희로 더욱 주님 앞에 머물게 하소서. 성령의 은혜로써 저희에게 맡겨 주신 영예로운 직분을 감사함으로, 감격함으로, 두렵고 떨림으로 감당하도록 인도하여 주소서. 저희의 사역이 하나님의 영광을 드러내고 교회의 권위를 회복하며 설교의 품격을 회복하도록 붙드소서. 복음의 능력과 신비와 영광을 전하는 설교자로 세워 주소서. 예수 그리스도의 이름으로 기도합니다. 아멘.

1. 시작하는 말_설교와 설교자

1. 스탠리 하우어워스, 『한나의 아이』, 홍종락 역(서울: IVP, 2016), p. 375. "그리스도인으로 사는 것은 답 없이 사는 법을 배우는 과정 이다. 이렇게 사는 법을 배울 때 그리스도인으로 사는 것은 너무나 멋진 일이다. 신앙은 답을 모른 채 계속 나아가는 법을 배우는 일 이다."
2. 스캇 맥나이트, 『하나님 나라의 비밀』, 김광남 역(서울: 새물결플러 스, 2016). 하나님 나라에 대한 바른 이해는 성경과 신학을 이해하 는 데 있어서 기초와 같다. 그런 점에서 이 책은 목회자의 필독서 중 하나로 꼽힌다.
3. 문순태, 『성자의 지팡이』(서울: 다지리, 2000).
4. 알베르트 슈바이처, 『나의 생애와 사상』, 천병희 역(서울: 문예출판 사, 1999).

2. 에토스_설교자와 말씀 사이

1. 아리스토텔레스, 『아리스토텔레스의 수사학』, 이종오 역(서울: 한국 외국어대학교출판부, 2015); 『수사학/시학』, 천병희 역(파주: 숲, 2017).

2. P. T. Forsyth, *Positive Preaching and the Modern Mind*(Milton Keynes, Exeter, 1998), p. 73. 팀 켈러, 『팀 켈러의 설교』, 채경락 역(서울: 두란노, 2016), p. 131에서 재인용.

3. 강태완, 『설득의 원리』(남양주: 페가수스, 2014), pp. 40-41. 이 책은 아리스토텔레스의 『수사학』과 현대 커뮤니케이션 이론의 대화로, 목회자들이 읽어 볼 만한 책이다.

4. 톰 라이트, 『그리스도인의 미덕』, 홍병룡 역(서울: 포이에마, 2010).

5. 김영봉, 『사귐의 기도』(서울: IVP, 초판 2002, 개정판 2012).

6. 존 웨슬리, '그리스도인의 완전', 「존 웨슬리 표준설교」 40번, 필자 번역.

7. 리처드 포스터의 대표작 『영적 훈련과 성장』(*The Celebration of Discipline*)은 "피상성은 우리 시대의 비극이다"라는 문장으로 시작한다. 『영적 훈련과 성장』, 권달천 역(서울: 생명의 말씀사, 1986), p. 15.

8. 에리히 프롬의 『소유냐 존재냐』는 다수의 출판사에서 번역 출간되었다. 그 외의 저작 또한 목회자들의 독서 목록에 포함될 충분한 이유가 있다.

9. 제럴드 히스탠드, 토드 윌슨, 『목사 신학자』(서울: 부흥과개혁사, 2016). 교회에서 목사가 사용하는 공간에 대해 과거에는 '목사 기도실'(pastor's prayer)이라고 했다가 '목사 서재'(pastor's study)라고 불렸는데 요즈음에는 '목사 사무실'(pastor's office)라고 부른다. 목사의 기능에 대한 인식의 변화를 보여주는 사례다.

10. 엘리자베스 퀴블러 로스, 데이비드 케슬러, 『인생수업』, 류시화 역(파주: 이레, 2006).

11. 월터 브루그만, 『설교자는 시인이 되어야 한다』, 주승중, 소을순

역(서울: 겨자씨, 2007).

12. William Willimon, *Calling and Character: Virtues of the Ordained Life*(Nashville: Abingdon Press, 2000), p. 45.

13. 마틴 로이드 존스, 『설교와 설교자』, 정근두 역(서울: 복 있는 사람, 증보판 2012), p. 273.

14. 리처드 포스터, 『돈, 섹스, 권력』, 김영호 역(서울: 두란노, 1989). 영적 생활에서 이 세 가지는 가장 큰 적으로 여겨져 왔고, 그래서 이와 비슷한 주제의 책들이 계속 저술되고 있다. 팀 켈러, 『팀 켈러의 내가 만든 신』, 윤종석 역(서울: 두란노, 2017)과 필립 라이큰, 『솔로몬: 어떻게 유혹을 이길 것인가』, 김명희 역(서울: IVP, 2016)을 참고하라.

15. 김영봉, 『바늘귀를 통과한 부자』(서울: IVP, 2003).

16. 마틴 로이드 존스, 앞의 책, pp. 271-272.

3. 파토스_설교자와 회중 사이

1. 강태완, 『설득의 원리』(남양주: 페가수스, 2014), p. 41.

2. 헨리 나우웬, 『상처 입은 치유자』, 최원준 역(서울: 두란노, 초판 1999, 개정판 2011).

3. 래리 크랩, 『영혼을 세우는 관계의 공동체』, 김명희 역(서울: IVP, 2013).

4. Ernest Best, *Second Corinthians*(Atlanta: John Knox Press, 1987), p. 60.

5. Abraham Joshua Heschel, *Between God and Man*(The Free Press, 1965), p. 40. "하나님의 의미와 예배의 중요성을 이해하지 못하게 만드는 가장 확실한 길은 모든 것을 당연시하는 것이다."

6. 폴 트립, 『목회, 위험한 소명』, 조계광 역(서울: 생명의 말씀사, 2013).

7. 같은 책, p. 162.

8. 아놀드 델리모어, 『조지 윗필드』, 오현미 역(서울: 복 있는 사람, 2015), p. 1137.

9. 팀 켈러, 『팀 켈러의 설교』, 채경락 역(서울: 두란노, 2016), p. 229.

10. 조나단 에드워즈, 『신앙감정론』, 정성욱 역(서울: 부흥과개혁사, 2005).

11. 토마스 G. 롱, 『증언하는 설교』, 황의무, 이우제 역(서울: CLC, 2006), pp. 18-19.

12. 디트리히 본회퍼, 『성도의 공동생활』, 정현숙 역(서울: 복 있는 사람, 2016), p. 160.

13. 아우구스티누스, 『고백록』, 최민순 역(서울: 바오로딸, 1965), p. 23. 최민순 신부는 이 구절을 이렇게 번역했다. "당신을 기림으로써 즐기라 일깨워 주심이오니 님 위해 우리를 내시었기 님 안에 쉬기까지는 우리 마음이 착잡하지 않삽나이다."

14. 톰 라이트, 『마침내 드러난 하나님 나라』, 양혜원 역(서울: IVP, 2009).

15. 요즘 국내 신학자들 사이에서 바울의 새 관점에 대한 논의가 한창이다. 샌더스의 동료로서 오래전부터 이 문제에 천착해 온 그의 저서가 국내에 소개되지 않고 있는 것이 큰 아쉬움이다. Stephen Westerholm, *Perspectives Old and New on Paul*(Grand Rapids: Eerdmans, 2003)과 *Justification Reconsidered: Rethinking a Pauline Theme*(Grand Rapids: Eerdmans, 2013)을 참고하라.

16. 마틴 로이드 존스, 『설교와 설교자』, 정근두 역(서울: 복 있는 사람, 증보판 2012), p. 146.

17. 김영봉, 『사귐의 기도를 위한 기도선집』(서울: IVP, 2004).

18. 크리스토프 블룸하르트, 『저녁 기도』, 칸앤메리 역(서울: 포이에마, 2015). 이 책은 종말론적 믿음 안에서 하루를 마감하고 개인 기도의 자리에서 온 세상을 품게 해주는 좋은 기도서다.

19. Stanley Hauerwas, *Prayers Plainly Spoken*(OR: Wipf and Stock

Publishers, 2003).

20. 스탠리 하우어워스, 『하나의 아이』, 홍종락 역(서울: IVP, 2016), p. 456.

21. 존 스토트, 『존 스토트의 설교』, 박지우 역(서울: IVP, 2016), p. 172.

4. 로고스_설교와 본문 사이

1. 강태완, 『설득의 원리』(남양주: 페가수스, 2014), p. 41.

2. 제임스 스마트, 『왜 성서가 교회 안에서 침묵을 지키는가?』, 김득중 역(서울: 컨콜디아사, 1982). 반세기 이전의 미국 교회 이야기인데, 오늘날 한국 교회 상황에 적용할 만한 의미 있는 지적이 많다.

3. 월터 브루그만, 『텍스트가 설교하게 하라』, 홍병룡 역(서울: 성서유니온선교회, 2012), pp. 86-88.

4. 교회력에 따른 '성서일과' 혹은 '성서정과'에 대해서는 다음의 책들을 참고하라. 주승중, 『은총의 교회력과 설교』(서울: 장로회신학대학교출판부, 초판 2004, 개정판 2014); 로버트 E. 웨버, 『교회력에 따른 예배와 설교』, 이승진 역(서울: CLC, 2012); 최창균, 『교회력에 의한 성서일과 탐구』(서울: 쿰란출판사, 2016). 성서정과 3년분에 대한 설교 안내에 대해서는 3권으로 출간된 한석문, 『주일 성서일과에 따른 말씀 묵상』(서울: 대한기독교서회, 2015)을 참고하라. 매 주일에 해당하는 성서일과 혹은 성서정과는 주요 교단 홈페이지에서 찾아볼 수 있다. 대한성공회, 기독교대한감리회, 기독교대한성결교회, 대한예수교장로회(통합) 등이 성서정과에 대한 안내를 제공하고 있다.

5. 유진 피터슨, 『메시지』, 김순현, 윤종석, 이종태, 홍종락 역(서울: 복있는 사람, 완역본 2015).

6. J. B. Phillips, *The New Testament in Modern English*(New York: MacMillan, 1958)은 매우 도움이 되는 사역 성경으로, 최근 우리말

로 번역되었다. 『예수에서 예수까지』, 김명희 역(서울: 숨숨, 2017). 학문적으로 주목할 만한 또 다른 사역 성경은 N. T. Wright, *The Kingdom New Testament*(New York: HarperOne, 2011)으로, 신약학자로서 톰 라이트의 연구가 고스란히 녹아 있다.

7. 케네스 E. 베일리의 저서는 모두 설교자들에게 유익하다. 『중동의 눈으로 본 예수』, 박규태 역(서울: 새물결플러스, 2016)과 『중동의 눈으로 본 예수님의 비유』, 오광만 역(서울: 이레서원, 2017)이 그 예다.

8. 존 스토트, 『현대 교회와 설교』, 정성구 역(서울: 생명의 샘, 2010).

9. 서구에서 출간된 주석 중에서 최고의 주석만을 선별하여 국내 독자에게 역사비평 방법의 연구 결과를 소개하겠다는 취지로 번역 출간된 『국제성서주석』(한국신학연구소)은 실패작이 되고 말았다. 내가 보기에 가장 중요한 이유는 역사비평 방법에 갇혀 있었기 때문이다. 너무도 지나치게 학문적인 논의에 함몰된 까닭에 설교자들에게 외면당한 것이다. 여기에 조잡한 번역 수준도 한몫을 했다.

10. 류호준 교수의 무지개성서교실: http://rbc2000.pe.kr/notes/11062

11. 이 주석 시리즈는 최근 새롭게 출간되었다. 『바클레이 성경 주석 시리즈』(서울: 기독교문사, 2009).

12. 존 드레인이 작업한 개정신판은 2001년 Westminster John Knox Press에서 *The New Daily Study Bible*이라는 제목으로 출간되었다.

13. 톰 라이트, 『톰 라이트 에브리원 주석 세트』, 양혜원, 김명희, 신현기, 이철민 역(서울: IVP, 2016).

14. 김진두, 『존 웨슬리의 생애』(서울: kmc, 2006), p. 141 이하.

15. 이안 머레이, 『마틴 로이드 존스』, 오현미 역(서울: 복 있는 사람, 2016), p. 536.

16. 팀 켈러, 『팀 켈러의 설교』, 채경락 역(서울: 두란노, 2016), p. 295.

17. 같은 책, pp. 294-295.

18. 정용섭, 『설교란 무엇인가?』(서울: 홍성사, 2011). 그의 '설교 비평 3부작' 역시 읽고 배울 만하다. 『속빈 설교 꽉찬 설교』(서울: 대한

기독교서회, 2006), 『설교와 선동 사이에서』(서울: 대한기독교서회, 2007), 『설교의 절망과 희망』(서울: 대한기독교서회, 2008). 이 책을 최종 마무리하는 기간에 저자의 『목사 공부』(서울: 새물결플러스, 2017)가 출간되어서 참고하지 못한 아쉬움이 있다. 이 책은 설교 자의 에토스와 관련하여 매우 중요한 지침들을 담고 있다. 필독을 권한다.

19. 존 스토트, 『존 스토트의 설교』, 박지우 역(서울: IVP, 2016), p. 129.

20. 팀 켈러, 앞의 책, pp. 53-57.

21. 윌리엄 폴 영, 『오두막』, 한은경 역(파주: 세계사, 2009). 이 소설 에 대한 신학적 논의에 대해서는 김영봉, 『사랑하는 사람은 누구 나 아프다』(서울: IVP, 2011)와 Randal Rauser, *Finding God in the Shack*(Colorado Springs: Authentic, 2009)을 보라.

22. 스탠리 하우어워스, 『한나의 아이』, 홍종락 역(서울: IVP, 2016), p. 247.

23. 나는 2006년부터 '문화영성 프로젝트'라는 설교 실험을 해왔다. 우리 시대의 문화적 현상 혹은 문화 콘텐츠로부터 영성에 대한 논의를 해보자는 것이 이 설교 실험의 취지다. 그것이 포스트모던 시대에 복음을 전하는 좋은 방편이 될 수 있을 것이라고 생각했 다. 믿지 않는 사람들에게 거부감 없이 말을 건넬 수 있는 계기를 만들어 줄 것이며, 현대 문화에 깊이 젖어 있는 사람들에게 유효 한 접근 방법이 될 것이라 생각했다. 이 프로젝트에 특별한 것이 있다면, 하나의 소설 혹은 영화를 몇 주일 동안 집중적으로 다룬 다는 점에 있다. 충분한 시간을 교인들에게 주어 미리 소설을 읽 거나 영화를 보게 하고 그 소재가 제기하는 몇 가지 주제를 중심 으로 설교를 이어 나가는 형식이다.

댄 브라운(Dan Brown)의 소설 『다 빈치 코드』(*The Da Vinci Code*)를 시작으로, 이창동 감독의 영화 「밀양」, 신경숙의 소설 『엄 마를 부탁해』, 윌리엄 폴 영(William Paul Young)의 소설 『오두막』

(*The Shack*), 마이클 샌델(Michael J. Sandel)의 『정의란 무엇인가?』
(*Justice*), 대런 아로노프스키(Darren Aronofsky) 감독의 영화 「노아」
(Noah)까지 8년간 총 여섯 작품을 연속 설교를 통해 다루었다. 이
연속 설교 가운데 네 권은 나중에 책으로도 출간되었다. 『다 빈
치 코드는 없다』(서울: IVP, 2006); 『숨어 계신 하나님』(서울: IVP,
2008); 『엄마가 희망입니다』(서울: 포이에마, 2009); 『사랑하는 사람
은 누구나 아프다』(서울: IVP, 2011).

이 프로젝트를 진행하면서 내가 스스로에게 거듭 다짐하는 원
칙이 있다. '철저히 성경적 설교가 되게 하라'는 원칙이다. 프로젝
트를 위해 선정한 소재는 설교를 위한 중요한 주제를 제기해 주었
고 또한 설교를 전개하는 과정에서 예화로 사용되었다. 하지만 설
교의 중심은 선정된 성경 본문에 있었다. 이런 원칙 때문에 나는
주제를 선정한 다음 그 주제를 가장 잘 다룰 수 있는 성경 본문을
선택했고 그 본문에 대해 연구했다. 또한 선정된 주제와 관련된
신학 서적들도 찾아 읽었다.

나는 이러한 형식의 단기 연속 설교를 시도해 보도록 설교자들
에게 권하고 싶다. 어떤 이름을 달아도 좋다. 문화 현상을 주목해
보라. 그것이 설교자의 예언적 사명 중 하나다. 문화 현상을 지켜
보면서 반기독교적 요소를 찾아내어 반대하는 것만이 설교자의
과제가 아니다. 문화적 소재를 사용하여 이 세대에게 말 걸기를
시도할 과제도 있다. 자신의 영적 분별력으로 좋은 소재를 찾아
교인들과 함께 씨름한다면, 분명히 영적인 면에서 한 단계 더 깊
은 곳으로 이끌 수 있을 것이다.

이 프로젝트의 가장 큰 이점은 설교자의 지평이 넓어지고 생각
하는 능력이 더 깊어지고 강해진다는 것이다. 새로운 소재로 프로
젝트를 준비할 때마다 나의 마음 한편에는 염려가 있었다. 잔뜩
기대감을 가지고 있는 교인들을 실망시키면 어쩌나 하는 염려였
다. 하지만 기도로써 준비하고 진행한 것이기에 할 때마다 유익을

얻었다. 영적으로 활짝 깨어 있었고 충만해 있었다. 낯선 주제를 붙들고 연구하고 씨름하며 많은 성장을 경험했다. 설교자로서 안일에 빠지지 않고 영적으로 도약하도록 자극해 주었다. 어떤 계획이 설교자 자신에게 유익이 있었다면 회중에게는 더 말할 필요가 없다. 이런 점에서 이와 같은 형식의 연속 설교를 시도해 보도록 권하는 것이다.

24. 이안 머레이, 앞의 책, p. 296.

25. 조정래, 『황홀한 글감옥』(서울: 시사IN북, 2009).

26. 스탠리 존스, 『순례자의 노래』, 김순현 역(서울: 복 있는 사람, 2007), p. 774.

27. 팀 켈러, 앞의 책, p. 73.

28. "유홍준의 대중적 글쓰기 15가지 도움말", 「중앙일보」(2013년 6월 2일) 기사 참조. http://news.joins.com/article/11688563

29. 참고로 2000년 전염병 예방법 개정으로 '나병'이라는 명칭 대신에 이 병의 균을 발견한 노르웨이 의사 한센(G. A. Hansen)의 이름을 딴 '한센병'(Hansen Disease)이 법적 용어가 되었다—편집자.

30. 존 하워드 요더, 『예수의 정치학』, 신원하, 권연경 역(서울: IVP, 2007). 요더가 말년에 여러 건의 성추문으로 인해 오명을 얻었지만 이 책과 그의 신학적 통찰은 여전히 유효하다.

31. 존 스토트, 앞의 책, p. 91.

32. 조지 마즈던, 『조나단 에드워즈와 그의 시대』, 정상윤 역(서울: 복 있는 사람, 2009), p. 117.

33. 장례 설교에 관한 보다 자세한 사항은 다음 책을 참조하라. 김영봉, 『사람은 가도 사랑은 남는다』(서울: IVP, 2016).

5. 나가는 말_설교, 그 무거운 영예

1. 마틴 로이드 존스, 『설교와 설교자』, 정근두 역(서울: 복 있는 사람, 증보판 2012), p. 51.
2. 오스 기니스, 『선지자적 반시대성』, 김형원 역(고양: 이레서원, 2016), p. 171. 기니스의 글은 모두 도움이 되지만 이 짧은 책은 설교 사역에 관한 매우 중요한 메시지를 던진다.
3. 톰 라이트, 『마침내 드러난 하나님 나라』, 양혜원 역(서울: IVP, 2009), p. 344.
4. 유진 피터슨, 『유진 피터슨』, 양혜원 역(서울: IVP, 2011), pp. 443-445. 유진 피터슨의 회고록 역시 목회자들에게 큰 깨우침을 주는 책이다.